KB047122

● 권두언 RE: START
○ 조성환, 동학, 어떻게 할 것인가?　　　　　　　4

● 다시뿌리다 RE: ACT
○ 이은영, 성평등의 시작은 동학이다　　　　　　14
○ 김진희, 한살림과 동학사상　　　　　　　　　24
○ 송지용, '지구의 몸짓'으로 나와 지구는
　　'우리'가 된다　　　　　　　　　　　　　30
○ 박은정, 내가 인문학을 공부하는 까닭과
　　의미를 생각해보다　　　　　　　　　　　42
○ 고석수, 타마, 공부하다, 글 쓰다, 놀다, 바라다
　　─이화서원에서 부치는 편지 1　　　　　　52

● 다시쓰다 RE: WRITE
○ 이주연, '여성'으로서의 여성, '한울'로서의 여성　64
○ 이병창, 서양철학의 관점에서 본 동학의
　　탈서구중심주의─유학사상, 기독교사상과
　　동학사상의 차이를 통해　　　　　　　　71
○ 김상준, 역사사회학자가 본 동학　　　　　　82
○ 김용휘, 수양학으로서의 동학─어떤 하늘을
　　열어낼 것인가가 내게 달렸다　　　　　　94
○ 이희연, 평화와 전환의 역동, 평화학과
　　동학의 만남　　　　　　　　　　　　　105

○ 홍박승진, 동학 민주주의는 상향식 평준화다　　111
○ 김동민, 대중문화의 과학　　121


● 다시말하다 RE: DIALOGUE
○ 박맹수, 뼈와 풀에서 사상의 몸을 느끼는 역사학자
　(인터뷰어 홍박승진)　　136


● 다시읽다 RE: READ
○ 강주영, 문명전환의 시대에 동학의 답은
　무엇인가—창비 좌담 「다시 동학을 찾아
　오늘의 길을 묻다」를 읽고　　178


● 다시잇다 RE: CONNECT
○ 이돈화, 박은미 현대어역, 「조선인의 민족성을
　논하노라」(『개벽』 제5호, 1920.11)　　200
○ 나용환, 라명재 현대어역, 「한울은 사람이 사용하는
　도구」(『천도교회월보』 제3호, 1910.10)　　213

# 동학,
# 어떻게 할 것인가

새별 조성환

홍박승진 편집위원이 인터뷰 준비를 하고 녹취까지 하는 노고를 마다하지 않는 바람에 영광스럽게도 ‹권두언›의 기회가 나에게로 돌아왔다. 그것도 내가 가장 심혈을 기울이고 있는 '동학' 특집호에서 말이다.

이번 호의 변화는 처음으로 신설된 "다시뿌리다" 코너이다. 이 코너에서는 연구실이 아니라 삶의 현장에서 동학을 하는 시민(侍民)들의 이야기를 담았다. 공주, 곡성, 광주, 전주, 익산에서 동학과 인문학을 하는 여성과 청년들이 동학과 만난 이야기와 인문학을 하게 된 경위를 들려주고 있다.

이어지는 ‹다시쓰다›에서는 다양한 분야에서 동학을 '학적'으로 조망한 글들을 모았다. 여성학, 역사사회학, 수양학, 평화학, 정치학 등의 분야에서 동학의 새로운 가능성을 모색하고 있다. ‹다시말하다›는 이번 동학특집호의 하이라이트라고 해도 과언이 아니다. 40여 년 가까이 한일 양국에서 동학을 연구하고 실천해 온 동학연구자 박맹수 총장(원광대학교)을 30대 동학연구자 홍박승진 편집위원이 단독 인터뷰하였다. ‹다시읽다›에서는 최근에 화제가 되고 있는 도올 김용옥 선생의 '동학론'을 시민논객 강주영이 정면으로 비판하고 있다. 마지막으로 ‹다시잇다›에서는 이돈화의 '한민족론'과 나용환의 '한울도구론'이 소개되고 있다.

이번 동학특집호의 특징은 시민과 학자의 '두 눈'으로 동학을 균형있게 보려 하였다는 점이다. 앞으로도 이런 '양행(兩行)'의 자세를 유지하려고 노력할 것이다. 또한 여성과 청년의 필진이 대부분인 점도 이번 호의 특징이다. 앞으로 동학이 어떤 방향으로 나아가야 할지를 시사하고 있다고 생각한다. 그럼 그 구체적인 목소리들을 하나씩 소개하면 다음과 같다.


【동학을 하는 시민들】


〈다시뿌리다〉의 첫 번째 주인공은 공주에 있는 '우금티기념사업회'에서 정선원 선생님과 함께 동학을 하고 있는 이은영 님이다. 공주에서 만난 여성과 동학으로 인생의 제2막을 살고 있다고 자신을 소개하고 있다. 「성평등의 시작은 동학이다」라는 제목이 말해주듯이, "여성의 눈으로 동학을 바라보고 동학을 실천하고" 있는 '동학페미니스트'이다. 각 지역에서 일어나고 있는 이런 움직임들이 머지않아 '여성동학'의 탄생으로 이어지리라 기대된다.

　광주한살림의 김진희 이사의 「한살림과 동학사상」도 필자에게는 귀한 글이다. 온라인과 오프라인(광주 무등공부방)을 오가면서 매달 1번씩 1년 동안 '동학사상사' 공부를 같이 해 주신 동학(同學)이기 때문이다. 저자는 1년 동안의 강의 후기에서 '동학'을 창도한 수운 최제우에서 '한살림'을 이끈 무위당 장일순에 이르는 140여 년간의 '동학사상사'를 개관하면서, 앞으로 한살림이 나아가야 할 방향을 고민하고 있다. 한살림을 아끼고 사랑하는 사람이라면 누구나 공감할 수 있으리라 믿는다. 엄마로서, 주부로서, 운동가로서, 1인 3역을 하느라 정신이 없는 와중에도 원고청탁에 응해 주신 데 대해 다시 한번 감사드린다.

　'댄스만달라'를 주제로 연구와 활동을 겸하고 있는 원광대학교 박사과정의 송지용은 지역과 국경을 넘나들면서 가장 활발하게 활동하고 있는 이 시대의 '동학 청년'이다. 최근에는 동학과 개벽학에서 지구학으로 영역을 확장하여 '지구되기' 워크샵과 퍼포먼스를 실험하고 있다. 「'지구의 몸짓'으로 나와 지구는 '우리'가 된다」에는 그가 참여한 예술적 활동과 실험적 도전들이 생생하게 소개되어 있다. 독자들은 이 글에서 시대의 문제를 고민하는 한 청년의 고민과 에너지를 느낄 수 있으리라 확신한다.

전주시평생학습관에서 인문학을 강의하고 있는 박은정 님의 「내가 인문학을 공부하는 까닭과 의미를 생각해보다」는 인문학 비전공자가 지역 인문학 강사가 되기까지의 여정을 솔직담백하게 들려주고 있다. 특히 강유원 선생님의 저작이 커다란 안내서가 되었다는 말에 공감이 갔다. 나 역시 비슷한 경험을 했기 때문이다. 글을 읽으면서 "무에서 유를 창조한" 저자의 뚝심과 인내에 박수를 보내고 싶어졌다.

곡성의 '이화서원'에서 동양고전을 연구하고 실천하는 타마 고석수의 「타마, 공부하다, 글쓰다, 놀다, 바라다─이화서원에서 부치는 편지 1」은 21세기에도 서원운동이 가능할 수 있음을 생생하게 증언하고 있다. '이화서원'은 『동학의 천지마음』의 저자 김재형 선생님이 문을 연 새로운 형태의 학문공동체이다. 이곳에서 『주역』과 『도덕경』을 한중일 3개 국어로 연마하고 있는 저자는 대학이 아닌 서원이야말로 살아있는 배움의 장이었음을 증언하고 있다.


【시대의 '학'으로서의 동학】


원불교 이주연 교무의 「'여성'으로서의 여성, '한울'로서의 여성」는 '에코페미니즘'의 관점에서 동학을 조망한 글이다. 그런 점에서는 앞에서 살펴본 이은영 님의 「성평등의 시작은 동학이다」와 상통하고 있다. 여성유학은 요원한데 여성동학은 활발한 느낌이다. 이 글은 무엇보다도 '어머니'의 모습에서 여성의 문제를 풀어가고 있는 점이 일상적이면서도 인상적이다. 그리고 그 어머니의 모습에서 해월이 말한 '한울로서의 여성'을 발견함으로써 '한울로서의 어머니'를 도출해내고 있다. 마지막으로 한울로서의 여성관이야말로 자칫 페미니즘이 범하기 쉬운 이분법적 오류에서 벗어날 수 있는, '여성성에 대한 포괄적 접근'이라고 평가하고 있다. 종래에 '동학'이라고 하면 혁명이나 전쟁의 이야기가 대부분이어서 대개 '남성'의 이미지를 떠올리곤 한다. 그런 의미에서 동학과 어머니를 연결시킨 기획은 동학의 이미지를 완전히 뒤바꾸고 있다고 할 수 있다. 저자의 관점에서 보면 가장 '한울'적인 사람은 아마도 '어머니'일 것이다.

이병창 명예교수의 「서양철학의 관점에서 본 동학의 탈서구중심주의 – 유학사상, 기독교사상과 동학사상의 차이를 통해」는 서양철학자의 시각에서 본 동학론이라는 점에서 귀를 쫑긋하게 한다. 이 글에서 저자는 동학을 "유학적 사상의 전통 위에서 기독교 사상을 수용하면서 동서양 사상의 결합을 시도"한 사상으로 평가하면서, 자신이 이런 결론에 도달하기까지 '깨달음의 과정'을 순차적으로 소개하고 있다. 나아가서 동학과 유학, 동학과 그리스도교의 '차이'를 섬세하게 구분하고 있다. 특히 동학에서 말하는 '영적 능력'을 "집단의지를 형성하는 사회적 능력"으로 해석하는 대목은 탄성을 자아내게 한다. 철학적 훈련과 종교학적 소양이 겸비된 학자가 아니고서는 이러한 결론에 도달하기 어려울 것이다.

이어지는 사회학자 김상준 교수의 글도 『다시개벽』으로서는 행운이자 영광이라고 하지 않을 수 없다. 홍박승진 편집위원과 박길수 대표의 '모심의 정성' 덕분일 것이다. 「역사사회학자가 본 동학」에서 김상준 교수는 '세계근대사 3단계론'의 지평에서 동학을 '후기 근대'로 자리매김하면서, 그동안 가려져 온 동학의 미래적 가치를 정치와 경제의 영역에서 부각시키고 있다. 특히 '관민공치의 집강소'가 지니는 세계사적 의미에 대한 분석은 다시 읽어도 탁월하다는 느낌이다.

동학·천도교 연구자이자 실천가인 김용휘 교수의 「수양학으로서의 동학—어떤 하늘을 열어낼 것인가가 내게 달렸다」는 서구중심적 철학 개념을 비판하면서 '수양학'이라는 렌즈를 통해 동학을 재조명하고 있다. 수운 최제우가 설파한 '수심정기(守心正氣)'를 마음챙김과 내맡김으로 해석하면서, 동학=천도를

'하늘 파도타기 기술'로 설명하고 있는 점이 독특하다. 이 글을 통해 독자들은 그동안 막역하게 느껴졌던 '수심정기'의 의미가 생생하고 구체적으로 전달될 것이다.

오스트리아 유학생 이희연의 「평화와 전환의 역동, 평화학과 동학의 만남」은 동학을 '평화학'이라는 지평에서 재구성하려는 야심찬 기획이다. 저자는 한국에서 초등학교 교사를 하다가 '평화학으로서의 동학' 연구를 위해 유학길을 떠난 용기있는 청년이다. 저자를 처음 알게 된 것은 올 여름 원광대학교에서 있었던 『동경대전』 공부모임'(좌장 박맹수 총장)에서였다. 매주 수요일 아침 8시에 시작되는 스터디에 참석하기 위해 광명에서 새벽차를 타고 나타난 것이다. 유학을 가게 된 자초지종을 듣고 "이제 동학을 이런 식으로 하는 시대가 됐구나"라는 깨달음을 얻었다. 세대가 거듭됨에 따라 동학이 진화하고 있다는 확신을 갖게 해준 사건이었다.

홍박승진 편집위원의 「동학 민주주의는 상향식 평준화다」는 자신이 서양철학사의 미궁 속에서 어떻게 동학을 만나게 되었는지를 자전적으로 소개하면서, 동학은 모든 생명이 절대적으로 존귀한 하늘님을 모시고 있다고 보는 점에서 '상향식 민주주의'라고 평가하고 있다. '상향식 민주주의'라는 말을 듣는 순간, 예전에 세종실록에서 자주 접했던 '승평(昇平)' 개념이 떠올랐다. '승평'이야말로 한국인들이 추구한 '상향식 평준화' 개념이 아닐까 싶다.

마지막으로 김동민 이사장의 「대중문화의 과학」은 최근에 다시 대두되고 있는 SF 장르 등을 예로 들면서, 대중문화 연구도 이제는 '과학적'이어야 한다고 주장하고 있다.


【동학의 역사를 다시 듣다】

이번 호의 압권은 30대의 신진 동학연구자와 60대의 원로 동학연구자 사이에 주고 받은 '동학문답'이다. 『다시개벽』의 편집위원 홍박승진(1988~)이 묻고 원광대학교 총장 박맹수(1955~)가 답한 「뼈와 풀에서 사상의 몸을 느끼는 역사학자」는 33년이라는 시간 차를 '동학'이라는 사상으로 잇고 있다. 무엇보다도 박맹수 총장의 일생의 동학 연구를 집대성한 『사료로 보는 동학과 동학농민혁명』과 『개벽의 꿈, 동아시아를 깨우다』를 정독하고, '학적인' 질문을 던진 최초의 인터뷰라는 점에서 의미가 크다. 인터뷰가 끝나고 박맹수 총장은 "질문 수준이 높으니까 답변 수준도 저절로 높아진다"는 소감을 피력하였다.

【동학의 의미를 다시 묻다】

이번 호의 ‹다시읽다›를 홀로 지키고 있는 「문명전환의 시대에 동학의 답은 무엇인가 – 창비 좌담 「다시 동학을 찾아 오늘의 길을 묻다」를 읽고」의 저자 강주영 선생은 목수이다. 그러나 그는 SNS에서 가장 논쟁적인 담론을 하는 '시민동학론자'이기도 하다. 내가 만난 가장 진지한 '동학하는 사람' 중의 하나이다. 동학농민혁명으로 말하면 '김개남'을 연상시킨다고나 할까? 지난 2019년 여름, 전주에서 '동학과 개벽' 시민강좌를 마치고 『봉준이 온다』의 저자 이광재 선생님과 셋이서 술자리를 같이 한 적이 있었다. 그때 받은 느낌은 "이분들에게는 아직도 80년대 혁명파의 분위기가 살아 있다"는 것이었다. 이번 글 역시 이번 호에서 가장 논쟁적인 글이다. 최근에 돌풍을 일으키고 있는 도올 김용옥 선생의 동학 이해를 '개신유학'과 '개신노자'로 정면 비판하고 있기 때문이다. 김용옥의 동학 이해는 동학의 종교적 측면을 외면하고 있다는 비판은 앞에서 살펴본 김용휘의 「수양학으로서의 동학」에서도 반복되고 있어 흥미롭다.

## 【동학의 유산을 다시 잇다】

신동엽 연구자 박은미 님의 「조선인의 민족성을 논하노라」는 천도교 이론가 야뢰 이돈화가 1920년에 쓴 글을 현대어로 번역한 것이다. 이 글에서 이돈화는 대종교 계열의 「단군신가(檀君神歌)」를 인용하면서 조선인의 민족성을 '선심(善心)'으로 규정하고 있다. 여기서 '선심'은 다른 말로 하면 '도덕'으로 바꿀 수 있는데, "앞으로의 세계는 반드시 도덕이 승리하는 세계가 되리라"는 야뢰의 확신은, 오구라 기조 교수의 표현을 빌리면, '도덕지향적'인 한국인의 성향을 단적으로 나타내고 있다. 그러나 그 도덕이 시대와 함께 변해야 한다는 지적은 도덕의 개벽을 주창한 개벽파의 입장을 대변하고 있다.

『천도교 경전 공부하기』의 저자 라명재 선생의 「천(天)은 인(人)의 기용(器用)」(1910)은 삼일독립운동 때 민족대표 33인 중의 한 사람으로 참여한 나용환의 글을 현대어로 번역한 것이다. 『노자』 41장에 나오는 '대기만성(大器晚成)'을 38장의 '상덕부덕(上德不德)'의 사상에 맞춰서 '대기불기(大器不器)'로 수정한 점이 인상적이다. 아울러 이것을 천도교의 한울 사상과 연결시켜 설명하고 있는 점도 흥미롭다.

## 【동학, 어떻게 할 것인가】

나는 지난 11월에 동학을 주제로 한 학술대회에 토론자로 3차례나 참여한 적이 있다. 나주에서 있었던 '한일동학학술대회', 여주에서 있었던 '여주동학학술대회', 공주에서 있었던 '『동경대전』 학술세미나'가 그것이다. 이들 동학학술대회에서 공통적으로 느낀 점은 동학 연구가 서서히 변하고 있다는 사실이다. '동학농민전쟁'이라는 역사적 사건의 사실 규명에만 집중해 왔던 지난 30여년 간의 연구 경향에서 조금씩 벗어나려는 움직임이 보이고 있는 것이다.

이러한 변화를 촉발시킨 것은 아마도 코로나19, 기후변화, 지방소멸과 같은 각종 '위기'의 징후들일 것이다. 이러한 위기의 시대에 동학은 과연 어떻게 응답할 수 있는지를 묻고 있는 것이다. 마치 19세기 말의 위기의 시대에 유학을 다시 물으면서 동학이 나왔듯이 말이다. 이 물음은 김용옥 선생의 『동양학 어떻게 할 것인가?』(1985)에 빗대어 말한다면, "동학 어떻게 할 것인가?"가 될 것이다.

　　새로운 물음은 새로운 학문을 낳는다. 그런 의미에서 "동학 어떻게 할 것인가?"는 '다시 동학'의 징후이기도 하다. 『다시개벽』은 이러한 물음과 징후에 답하고자 한다. 아마도 이런 추세대로라면 동학농민혁명 130주년을 맞이하는 2024년에는 '다시 동학'에 대한 구체적인 답안과 전망을 제시할 수 있지 않을까?

RE: ACT

# 성평등의 시작은
# 동학이다

이은영

【길 없는 길을 찾아 걷는 동학 답사】

바스락 바스락거리는 마른 낙엽 소리를 성스러운 기운처럼 귀에 담고 작은 입김을 뿜으며 무작정 산을 오른다. 동학 답사라 하지만 여느 역사유적지 답사처럼 흔한 알림 팻말도 없는 산길을 그저 지도 한 장 손에 들고 오른다. 이곳이 능티, 우금티 고개 어디쯤이고 저기 어디쯤에서 동학군이 올라왔을 것이다, 이야기하며 곳곳에 서려 있을 동학의 핏줄기를 밟아 나간다. 그러다 마을 어귀에서 나이 지긋한 어른 한 분이라도 만날라치면 어김없이 수십 년 전에라도 들었을 동학 이야기를 묻는다. 작은 이야기도 몇 십분은 꿈쩍 않고 듣는다. 이

미 10여 년 전부터 마을에 남아 있는 동학 구전 자료를 발품 팔아가며 모아 책까지 쓰신 공주의 정선원 선생님을 따라 일 년에 두어 번 답사라고 나서면 벌어지는 광경이다.

우금티 전투 훨씬 이전부터 동학이 숨쉬던 땅 공주의 곳곳을 누빈다. 1880년대 공주 사람 윤상오와 비밀포교 활동을 하던 해월 최시형 선생의 발자취를 찾을 수 있을까. 1883년 공주 접의 발의로 간행된 경주판 〈동경대전〉은 수많은 동학도들의 피나는 노력으로 간행되었으리라. 해월 선생이 충청도 순회 길에 머물렀다던 윤상오의 집으로 추정되는 곳으로 발걸음을 옮기고, 마을 사람들에게 묻고 또 묻는다. 해월 선생과 함께 동학의 꿈을 펼친 곳은 어디였을까. 동학군 7백여 명이 모였던 궁원은 어디였을까.

모처럼 먼 길을 떠나 포근한 구미산 자락을 따라 고운 은행나무 길로 접어든다. 다소 웅장해 보이는 포덕문을 지나니 대신사수운최제우상(大神師水雲崔濟愚像)이 보이는데 빨갛고 노랗고 푸른색들이 어우러진 가을 단풍의 아름다움에 먼저 매료되어 버렸다. 충남 공주에서 장장 3시간을 쉬지 않고 달려온 열세 명의 동학을 공부하는 이들의 발걸음은 그동안 공부했던 수운 선생님의 생각을 마음에 담고자, 한 걸음 한 걸음이 어쩐지 의미지다.

역사를 좋아하고 이를 매개로 학생들을 만나기도 하는 나는 이제 이렇게 조금 다른 답사를 즐긴다. 식민지 역사관이 만들어 놓은 틀, 승자의 기록으로 점철된 영웅의 역사를 교육이라는 이름으로 행했던 것과는 다른 방식으로 공부하고 실천하려 노력한다. 그 시작은 내가 지금 자리한 공주, 그리고 동학을 만나면서이다.


【공주에서 만난 여성과 동학】

나는 90년대에 대학을 다니며, 한국사회의 급격한 변화를 겪은 사회구조적 변화의 주인공이라 할 수 있는 386세대의 후발주자 또는 주변인으로서 그들과 함께 같은 문화와 정치적 지향을 가지며 이십대를 시작했다. 그때의 386은 이제 586 기성세대를 이루며, 정치적으로는 진보적이면서도 사회제도적 차원에서는 기득권자로서의 위상을 가지고, 기존의 기득권 세력이 가져왔던 태도와 별다르지 않은 모습으로 살아가고 있다. 상당수가 보수 권력의 핵심을 차지하기도 하고 진보정당, 단체 등에서도 그네들이 대상이 되는 미투 고발이 이어지고 있으니, 약자에 대한 보호나 평등 감수성은 좌우를 막론하고 낮은 것이 현실이다.

 '나'의 문제를 이야기하는 것이 '한국사회의 혁명'을 이야기하는 것보다 어려운 것이 이 세대들의 현실이다. 정치적으로는 민주적이지만 문화적으로나 개인의 심성에서는 위계적인 '마음의 구조'가 생겨난 것인가. 이러한 위계적 태도를 유지하며 사회나 가정에서 생활을 해 나갔으니 '나는 옳고 정의롭다'라며 이중성을 보이고 있는 것이다. 사실 이런 식으로 함께 살아내고 있었던 이들에 대한 평가를 할 수 있기까지는 꽤 오랜 시간이 걸렸다. 이것은 어쩌면 그들의 주변인으로 살기를 나만의 방식으로 거부하며 한참 지나고서야 깨달은 것이고 가능한 것이었다.

 생각해 보면 운동의 경험이 개인 차원의 내면적 민주주의로까지 연결되지 못했던 것은 나도 마찬가지였다. 주체적이지 못한 나의 선택 '결혼'으로 쉽게 이어진 삶은 무의식의 고정관념과 이중성에 갇혀 일상 안에서 민주주의를 실현하기에는 매우 힘든 시간이었다. 10여 년에 걸쳐 삼남매의 출산과 육아를 반복하며 지내온 삼십대는 그냥 열심히 살아내는 시간이자 결혼의 모순과 삶의 갈등을 깨닫는 시간들이었다. 시가(媤家)에서 맞닥뜨리게 된, 정체성의 혼란을 야기하는 당혹스런 현실, 사회경제적인 보조적 지위, 그리고 가부장 체제 등 여성이기에 더 깊고 강력하게 경험할 수 있었던 것들은 이제와 보니 이중적인 그들과는 다른 모습으로 지금 여기에 내가 있는 이유이기도 하다.

 나의 선택이나 자율성이 침해되었다는 깨달음에서 나의 자율성을 유지하고 주체적으로 살아가고자 하는 동력이 동학과 페미니즘을 공부하면서 더욱 생겨났다. 여성은 자신의 생애사에서 비롯되는 자기의식에 주목하는 경험을 통해 자각하고 페미니스트가 된다고 한다. 사회모순 앞에 새로운 세상, 변혁을 꿈꾸며 동학을 실천한 조선의 동학인들도 그러하지 않았을까.

원래 평탄한 삶은 내 삶이 아니려니 여기며 8년 전 갑자기 공주로 오게 되었다. 나고 자랐던 서울을 떠나 낯선 지방에서 4년을 살고 공주에 올 때만 해도 그냥 살아내는 것이었지 정착할 수 있으리라는 희망을 가지지는 않았다. 그런데 결과적으로는 공주에서 만난 여성들과 인생 제2막을 살아가고 있다.

혹독한 경제활동과 육아로 '안에서' 허덕이던 중 2014년 세월호 사건을 마주하면서 밖으로 나오기 시작했다. 사회와 동떨어지지 않은 내 삶을 마주하기 위해서 무엇이라도 해야 한다고 생각했던 때 운명처럼 거리로 나온 여성들을 만났다. 공주에서 광우병 사태 때부터 앞장서 촛불을 들었던 사람들이었다. 어린이책시민연대 공주지회를 꾸려 공주민주시민단체협의회와 함께 지역에서 사회운동을 하는 여성들, 어린이책을 읽고 나누며 어린이책 환경을 바르게 가꾸는 활동을 통해 경쟁과 결과 중심의 교육에서 벗어나 참된 가치를 찾아가는 그녀들은 우금티의 후예답게 동학도 공부하고 있었다. 여성동학다큐소설 공주편을 쓴 작가도 그 속에 있었다. 역사공부를 좋아하고 가르침을 업으로 삼았던 나는 그대로 흡수될 수 있었다. 그리고 우리의 동학은 페미니즘과 만나면서 다시 꽃을 피웠다.


【페미니즘과 동학-삶의 고민들, 잃어버린 가치들이 퍼즐처럼 맞춰지다】


2016년 5월 강남역 화장실에서 살인사건이 벌어졌다. 여성의 죽음은 우발적 사건, 조현병, 여성의 무시라는 키워드로 정리되었고 계급 및 젠더 불평등을 당연시하는 다양한 남성연대는 별로 변화하지 않았고 역차별을 말하고 있다.

그해 겨울은 최초의 여성 대통령을 탄핵시킨 촛불혁명에 동참하며 동지들뿐만이 아닌 온 가족이 손을 잡고 공주 시내와 광화문을 오가며 보냈다. 그리고 어린이책에서 확장되어 다양한 책을 통해 공부하며 민주시민단체로 거듭나는 여성행동으로 모임을 새로 구축하였다. 촛불혁명의 여진은 2018년 미투운동에서 다시 불붙었다. 가만히 있을 수가 없었다. 그렇게 시대의 흐름에 몸을 맡기다보다 자연스레 페미니즘 책을 읽고 토론하며 성장해 갔다.

  '개인적인 것이 정치적인 것이다'라는, 누군가에게는 식상하리만큼 오래된 문구가 가슴에 박히기 시작했고 혼란했던 자기 삶에 의미와 언어를 선사하며 우리는 눈물 어린 시행착오와 피땀어린 실천의 과정들에 박차를 가했다. 그렇게 학습하고 성찰하고 실천하는 우리 공동체는 성평등한 민주사회를 위한 여성단체 '공주책읽는여성행동'(이하 '공책여행')으로 탈바꿈했다. 여성 억압적 체제와 인종, 계급, 섹슈얼리티 등에 의한 불평등이 결합된 사회를 인식하는 순간 분노는 치솟았지만, 페미니스트라는 새로운 정체성을 찾아 기뻐하고 이런 가치를 지키고 어떻게 연대를 모색하고 관계를 이어갈지 함께 공부하면서 활동하는 것은 참으로 행복한 일상이었다. 사회적 금기를 벗어나 여성들의 유쾌한 앎이 눈앞에 펼쳐졌고, 성별이 권력으로 작용하는 이 사회에서 우리는 모두를 위한 성평등을 위해 고민하고 행동했다. 'me too, with you' 배지를 만들어 나누고 여성영화제, 페미니즘 작가 초청 강연을 벌이며 지역의 청소년도 만나고 지역여성들과 '안희정 유죄 판결 촉구를 위한 1인 시위'에도 나섰다. 낙태죄 폐지, 불법 촬영 및 편파수사 규탄시위 등의 페미니스트 운동에 동참하고 지역 성평등 정책에도 참여한다. 그리고 여성을 위한 지역 복합커뮤니티 공간 페미니즘 동네책방 '나,됨!'을 만들었다. 매주 금요일 저녁이면 그곳에 모여 책 토론도 하고 서로 공감하고 치유하며 다양한 연대 사업을 모색한다.

【'성평등의 시작은 동학이다'】

올해도 어김없이 '공책여행'은 우금티 고개에 만장을 내건다. '여성도 하늘이다!' '어린이도 하늘이다!' 수운 선생은 수행을 마치고 부인에게 절을 하고 여성 노비 두 명의 신분을 해방시켜 며느리와 수양딸로 삼았으니 그 실천력은 실로 대단하다. 당시의 가부장 중심 사회 내에서의 유교적 여성관이 동학의 생활 실천에 많은 제약을 가했으리라 짐작되지만, 기존의 차별 의식에 맞서고 여성의 권리 신장에 기여했으니 성평등의 시작은 '동학'임이 분명하다.

우리는 저항을 외치고 표현하는 것을 진보라 말한다. 그래서 근대적 진보 운동의 시작을 동학이라 말한다. 공주는 백제의 고도로 많이 알려져 있지만 시대별로 많은 역사적 유산을 보유하고 있다. 그중 한국 근대사의 기점이 되는 중요한 장소로 '우금티'를 재조명하고 있다. 동학은 당시 사회에서 가장 천대받고 있던 계층이던 노비, 여성, 아이들에 주목하여 그들을 가장 거룩한 존재인 하느님으로 모시고 섬기는 실천에 남다른 노력을 기울인 것이다. 차별이 없는 신분 평등 공동체, 여남 차별이 없는 성평등의 조직, 있는 사람과 없는 사람이 서로 돕고 서로 도움을 받는 생활공동체는 지금 시대 우리에게도 절실하다. 그래서 공책여행은 여성단체로서 공주시 여성친화도시 시민참여 활동에 150여 년 전의 동학의 기본 정신인 '평등'의 가치를 함께 이야기하고 앞장서고 있다.

그리고 여성의 눈으로 동학을 바라보고 동학의 역사를 찾고 동학을 실천하는 것이 무엇인가를 고민한다. '동학을 한다'고 하는 것은 혁명으로서의 의미도 중요하지만 생명 존귀한 우리 모두 잘 살기 위한 실천이었다. 이 시대 페미니스트들은 실천을 통해서 삶의 통합성을 이루려 하고, 그러기 위해 끊임없이 공부하고 노력해서 대안적 삶을 꾸려나간다. 19세기 조선에서이건 21세기 대한민국에서이건 그 속에 살고 있는 개개인의 삶, 경험, 마음, 나눔에 좀 더 집중하는 것이 잃어버린 가치의 퍼즐들이 맞춰지는 지점이다.

【공부, 성찰하고 실천하다】

얼마 전 '찾아가는 동학교실'이라는 지역교육사업으로 초등학생들을 만났다. 왜 우리 농민들은 죽음을 무릅쓰고 혁명으로 나아갔을까요?

"죽고 싶었나 보죠."

정말 살 이유를 찾지 못한 듯 어두운 표정으로 앉아 있던 학생의 툭 내던진 말에 다른 학생들이 어이없다는 듯 한마디씩 내뱉으며 수습해 나간다.

"후대를 위해서죠. 자신은 죽어도 좋은 세상을 물려줘야 하니까요."

때로는 아이들의 목소리를 통해 너무나 당연해 말로 꺼내어 보지 못한 이야기들을 하게 된다. 핍박한 민중으로 살아내기 어려워 죽음으로 뛰어들었을지 감히 헤아리기는 어렵지만, 동학의 가르침이라면 그들은 결국 죽고 죽이기 위해서가 아니라 살리기 위해 일어나고 나가간 것이 아닐까? 그것은 함께 살기 위한 몸부림이었음을 다시 이야기한다. 이런 이야기들이 진심으로 전해질까를 고민하며 다시 동학을 공부한다.

역사의 주인공은 '한국을 빛낸 100명의 위인들'에서 찾을 수 있는 것이 아니며, 사회변혁 운동은 명망가나 전문가가 주도하는 것이 아니라, 국가나 관료 조직 등에 의해 행사되는 통치 장치를 거부하고 스스로의 결정과 참여를 강조하는 개인들 간의 연대를 통해서 이루어진다. 그것이 동학혁명이었다.

공주에서 동학을 공부하는 어른들은 수년째 동학학교를 열어 강사를 초빙하여 강연을 듣고 공부모임을 만들어 박맹수 「개벽의 꿈, 동아시아를 깨우다」, 표영삼 「동학」 등의 책들을 읽는다. 그렇게 일상의 삶에서 동학을 실천하는 법을 천천히 체득하며 청소년도 만나며 동학을 겸손하게 안내하고자 한다. 진보적 사회운동은 페미니즘과 동학의 철학적 사상에 기반에 철저히 개개인의 성찰과 실천에서 이루어진다는 믿음이 있다. 이것이 우금티기념사업회에서 동학해설사단을 만든 이유이다.

우리는 과연 스스로 능동적이고 자율적 정치 공동체에 참여해 평등한 관계를 경험하고 있는가? 가장 친근한 혹은 함께 일하는 타인과 공정한 관계를 맺을 수 있으며 일상의 민주주의를 지향하고 경험하고 있는가? 무엇보다도 상호 존중하는 관계를 맺는 훈련이 필요하다. 동학과 페미니즘은 인간됨의 의미가 관계적인 평등한 존재로 어떻게 우리의 삶을 꾸려가는가가 중요하다고 말한다. 우리는 어떻게 장기적으로 관계 맺기를 할지에 대한 개방적 태도를 기르려 노력하고 나의 시간과 사회성을 회복하는데 필요한 에너지를 만들어 가기 위해 페미니즘과 동학의 가치를 또 공부한다.

## 【동학을 혹호(酷好)하다】

부패한 관리와 나라를 지키려 했던 동학군에서부터 항일의병, 독립운동, 4.19, 5.18, 87년 항쟁에 이르기까지 우리는 피를 뿌리며 민주화를 이룩했다. 그리고 한미 FTA반대, 5.18진상규명을 위해 싸웠던 나의 20대 날들은 어쩌면 다수를 위한 민주주의 실현에 그치지 않았고, 지금도 계속 살아 숨쉬며 성장을 거듭하고 있다.

내가 청춘을 바쳐 일구었던 그 다수의 민주주의는 이제 민주의 가면을 쓰고 차별과 파괴를 일삼는다. 이제 권력을 잡은 세력은 권력을 지속하기 위해 온갖 수단을 동원한다. 그 속에서 촛불혁명 이후 첫 대선을 앞두고 있다. 권력을 대체할 준비된 세력도 없고, 덜 나쁜 사람도 없고 맡길 사람이 없다면 어떻게 해야 하는가 고민이 되는 지점이다. 피의 역사가 집어삼켜지고 있는 현실에서 우리는 어떠한 미래를 말할 수 있을까.

근대성이 물질적 풍요와 더불어 개인성에 대한 존중을 가져오리라는 기대는 물질 만능주의에 이미 무너졌고, 그 결과 기존의 불평등은 더욱 심화되었다. 여성의 신체가 파편화되어 소비되고, 국가의 미래가 아이라며 '저출산 위기'를 여성의 책임으로 내몬다. 여성의 존재 이유를 생물학적 생산자로 결박

하고 생명이 사라진 4차 산업혁명을 이야기하는 현실에서 인간의 존엄성, 생명의 존엄성은 상실되었다. 서구적 근대문명의 한계뿐만 아니라 기후위기를 비롯한 생태계의 위기, 인간 정신의 소외, 그리고 양극화와 이념적 분열과 갈등이 한층 더 심각해지고 있다. 21세기 새로운 사상은 이런 생태계의 위기와 정신의 위기에 대해 답하면서 자연과의 조화로운 공존, 그리고 인간 주체를 새롭게 정립하고, 새로운 비전을 제시할 수 있는 철학이 되어야 한다.

그것이 동학과 페미니즘이다. 동학과 페미니즘이야말로 이 시대 뉴노멀이 아닌가. 전봉준 장군은 최후 진술에서 말했다.

나는 동학을 혹호(酷好)한다. 경천수심(敬天修心)하는 도학이라서….
보국안민(輔國安民)하는 도학이라서….

지금 시대, 나도 동학을 혹호(酷好)한다. 동학하는 것이 페미니스트 라이프스타일과 같아서…. 그것이 우리가 가야할 미래라고 말해주고 있어서….

김현미는 '페미니스트 라이프스타일'을 페미니스트로서 살아왔고, 살아내고, 살아가기 위한 지속 가능한 세계관과 삶의 선택지라고 말한다.

그리고 우리 옆에는 일상의 차별에 감수성을 발휘하며 끊임없이 목소리를 높이는 여성들, 자본주의에 종속될 수 없어 자급자족을 실천하며 시골에서 농사를 짓고 살아가는 여성들, 기후위기 속에서 윤리적 소비를 실천하고 동물권 운동에 참여하며 채식을 실천하는 여성들, 오랜 시간 고정된 가부장제 틀에 갇혀 있지만 평등의 관계를 실천하고자 하는 기혼여성들, 저출생 위기를 해결하기 위한 자궁의 제공자가 아닌 생명과 삶을 재생산하는 존엄한 존재로 아이를 낳아 기르고 싶어 하는 여성들, 여성 신체에 대한 오래된 폭력의 '멈춤'을 위해 자발적 다이어트를 중단하고 다양한 방법으로 탈코르셋을 실천하는 여성들이 있다.

이러한 여성의 선택지들은 충분히 의미 있고 중요한 사회변화의 가치를 지향하고 있다. '사람을 사람답게 대접하는 새 세상을 만들자'는 동학과 페미니즘은 자연과 그리고 나, 모두가 함께 행복하게 살아갈 수 있는 방향을 제시하고 있는 철학이라는 점에서 21세기 우리의 내일이다.

이은영
◆ 뒤늦게 충남공주 우금티로에 둥지를 틀고 성평등한
민주사회 실현을 위해 행동하는 여성들과 시민단체
'공주책읽는여성행동'에서 활동 중이다 ◆ 또한
성평등과 동학의 공통분모를 가진 사람들과 '민주주의
시작은 성평등', '성평등의 시작은 동학'이라는
가치를 품고 (사)동학농민전쟁우금티기념사업회에서
공주동학해설사단을 꾸려 동학을 공부하고 안내한다 ◆
우리 시대 다양한 가치를 품고 살아가는 페미니스트이길
희망한다 ◆ 페미니스트라 선언하기 부담스럽지만, 이는 이
사회의 편견이 두려운 것이 아니라 진정한 페미니스트로서의
가치를 실천하고 있는가에 대한 자기검열 때문이다 ◆
그때마다 동지들이 말한다 ◆ 페미니스트는 완벽주의자가
아니야, 자각하는 자이기에 우리는 자격이 충분하다고 ◆

# 한살림과 동학사상

김
진
희

이 글은 2020년 10월부터 한 달에 한 번 한살림광주에서 조성환 교수와 함께 진행한 ‹한살림과 철학: 조합원과 함께 하는 한살림 알기› 수업의 후기이자 한살림과 동학의 철학을 접한 후 개인적인 생각의 변화를 돌아보는 글이기도 하다. 한살림광주의 교육위원회는 동학사상이 무위당 장일순에 이르기까지 어떻게 전승되고 발전되어 왔는지를 살펴보면서 철학적 성찰 속에서 한살림 활동을 이어가는 태도의 변화를 갖고자 했다.

【생명사상과 비폭력 평화주의】

내가 처음 무위당 장일순 선생의 글을 읽은 것은 2016년, 『나락 한 알 속의 우주』를 조합원들과 함께 읽는 모임을 하면서였다. 당시에는 최시형 선생에 대한 이야기보다는 성경, 하나님의 존재하심에 관한 이야기가 나에게 더욱 다가왔고 전지전능하신 하나님이기보다 세상 만물을 섬기고 옆에 계시는 하나님에 대한 인상이 강하게 남았었다.

　2019년 한살림광주 ‹무위당학교›의 박맹수 총장님의 강연에서 동학의 생명사상과 비폭력, 평화주의에 대한 부분이 인상적이었다. 동학군은 '살생하지 않는 것을 으뜸으로 여긴다'는 규율을 가진 살림의 군대, 평화적이고 도덕적인 군대였다는 말을 태어나 처음 들었다. 우금치 전투를 예로 들며 일본군과 동학군의 사상자 규모가 달랐던 것이 이런 규율에서 비롯된 것이란다. 저항과 투쟁의 군대이면서 살림의 군대일수도 있다니!

조성환 선생님의 수업을 통해 동학에서 천도교로 이름을 바꾼 동학의 개벽사상은 3.1운동을 비폭력 운동으로 이끌었고 이는 우리가 학교에서 배웠던 윌슨의 민족자결주의의 영향보다는 오히려 당시 대전환을 꿈꾼 천도교의 개벽사상이 「삼일독립선언서」안에 담겨 있노라, 이런 비폭력 평화적인 국민의 정치 활동의 성향이 최근의 촛불집회에까지 역사적 경험으로 이어져 온 것이라고 말씀하시는 것에 고개를 끄덕이지 않을 수 없었다.


【우리는 모두 '하늘님'을 품은 존재로서 연결되어 있다】

동학의 1대 교주 최제우 선생은 〈안심가〉에서 '다시개벽'을 이야기한다. 다시개벽의 '다시'는 대전환의 뉘앙스를 품는다. 존재하는 모든 것은 '하늘님', 우리는 모두 '하늘님'을 품은 존재다. 이런 관계의 대전환은 새로운 세상을 여는 개벽'의 성격을 가지게 되며 그 속에는 모두를 모시는 비폭력, 평화의 성격을 갖는다.

2대 교주 최시형 선생은 '어린아이를 때리는 것은 한울님을 때리는 것이다.' 라며 조상을 위해 제사를 지내는 것이 아니라 현재의 나를 위해 제사를 지낸다는 '향아설위'를 설파하기도 했다. 동학이 과거의 조상이 아니라 현재의 나, 모든 것을 다 품은 어린 아이의 미래를 중요시하는 미래주의 사상의 요체임을 보여주는 것이라 할 수 있다.

3대 교주 손병희 선생은 1905년 동학을 천도교라는 이름으로 온 천하에 선포했고 개화사상을 수용, 개혁과 신문화운동을 전개하고 민족자주에 입각한 세계주의, 세계공화를 지향하며 3.1운동을 이끌었다. 동학의 개벽사상을 ‹삼일독립선언문›에 담아 세계평화의 염원을 담은 비폭력 평화운동의 질서를 만들고자 했다.

1916년 최초의 법어를 발표한 원불교는 궁극의 진리를 일원상으로 표현하며 ‘이 세상의 모든 진리와 존재의 근원은 모두가 하나다’라 하여 세상 만물의 모든 것을 받아들이고 활용하여 개인, 가정, 사회, 국가, 세계를 잘 살게 하고자 했는데 이 또한 개벽사상의 영향, 해월의 천지부모 사상과 다르지 않음을 확인할 수 있었다.

동학의 3대 교주 이후 동학을 사상적, 철학적으로 발전시킨 인물들과 그들의 책이 무엇을 담고 있는지도 알아보았다. 이돈화는 『신인철학』이라는 책을 발간하여 한울, 인내천, 개벽사상 등 동학의 주된 개념들을 처음으로 철학적으로 정리했다. 이돈화의 철학적 개념은 한울과 경물(敬物)의 도덕으로 한살림에서 정신적, 경제적 개념이자 사회적 실천, 일상적인 삶으로 이어지고 있다. 원주 생명학파 중 한 사람인 철학교수 윤노빈은 저작 『신생철학』에서 동학사상을 생명철학으로 해석하면서 그것을 바탕으로 서양철학을 상대화했다. 전통사회와 서구 근대가 안고 있는 문제의 근원을 ‘생명의 분리’에서 찾고, 이에 대한 해결책을 동학의 생명사상에서 찾아 ‘사회적으로 인간다운 대접’을 받는 ‘계시는’ 존재방식으로 전일한 상태여야 한다고 보는 ‘생존철학’을 제언했다.

윤노빈의 친구이자 장일순의 제자인 시인 김지하는 두 사람의 영향을 받으면서 동학, 증산교, 원불교를 포함한 개벽사상에 천착했고 ‹한살림선언›의 공동 집필자로서 한 살림 철학의 근간을 마련했다. 장일순 선생은 「마태복음」 26장 26-28절을 인용하며 빵은 예수의 몸이라 하였고 포도주는 예수의 피라 하심은 예수께서 세상의 밥으로 오신 것, 하나님으로서의 밥, 생명으로서의 밥에 대한 선포라고 해석했고,다. 또 생태학적으로 볼 때 예수가 구유에서 태어난 것은 인간만을 사랑하시는 하느님의 아들로 오신 것이 아니라 우주의 모든 존재를 하나같이 자기 몸으로 섬기시는 징표로 오신 것, 일체를 섬기시고자 오신 것이라고 보았다. 세상 만물 우주 만물의 모든 것이 협력하고 이바지해야 밥 한 그릇을 만들 수 있으니, 밥 한 그릇이 곧 우주이다. 풀 한 포기, 돌멩이 하나 허투루 할 수 없다고 했다.

이번 수업을 통해 우리나라는 1910~1920년대 세계적으로 고립된 상태에 있지 않고 존 듀이, 버틀란드 러셀, 타고르, 크로포트킨 등 전 세계적 석학들과의 교류를 통해 세계주의의 실현에 고민을 했다는 것을 알았고, 올해 읽은 책인 『퀘이커 지혜의 책』에서 발견한, 모든 사람이 같은 가치를 갖고 각자의 삶 속에서 개별적인 하느님의 모습을 발견할 수 있다는 믿음, 『서울리뷰오브북스』에서 우연히 박희병 교수가 조선시대 실학자 홍대용의 범애사상이 주체와 타자의 공존, 생태주의적 차원에서 인간과 자연의 공존을 가능하게 했고, 국가 간 호혜와 평등을 가능하게 하는 이론이라 해석했다는 내용을 발견했을 때도 동학사상과의 연결을 찾은 것이 아닌가 하는 기쁨을 느꼈다.


【현실의 한살림】

한살림 조합원이면서 한살림의 철학과 동학사상의 관련성을 알고 있는 사람이 얼마나 될까? 한살림을 철학적으로 들여다보는 것과 그렇지 않은 것에 어떤 차이가 있을까? 이런 의문점은 왜 가져야 하는가? 개인적으로는 '태도'의 변화를 이끌어 낼 수 있는 기회가 된다고 본다.

그러나 좀 더 가까이 들여다본 한살림은 '〈한살림선언〉이 제시한 대로 생명의 패러다임으로 전환된 시스템을 갖춘 공동체로 성장했는가?'에 대해 의구심이 많이 든다. 계약직, 직장 내 괴롭힘, 직장 내 성희롱 등 한살림과 어울리지 않은 현상들이 나타나고, 조합원 활동을 하면서도 '조합원이 한살림 조합의 주인이 맞나?'라는 생각을 자주 하게 됐다.

만약 한살림이 국내 최대의 생활협동조합으로 규모를 키우는 동안 생명운동, 생활실천운동을 앞세운 만큼 ‹한살림운동의 지향›을 낭독하는 것을 넘어 조합원들, 활동가들과 함께 생명철학을 깊이 있게 들여다 볼 기회를 많이 가졌더라면, 한살림운동보다 사업이 우선이 되어 가고 있는 것 아닌가 하는 우려, 생명평화운동의 맏형노릇을 제대로 하고 있는 건가 고개를 갸웃거리는 일은 덜했을 것이다.

더 늦기 전에 한살림 철학을 더 많은 조합원들과 공유해서 현실적으로 느슨해진 생명에 대한 '태도'와 한살림 정신을 다잡고, ‹한살림선언›이 제기한 문제의식의 현재가 어떤지를 점검해가면서 앞으로의 한살림이 지향해야 할 방향을 잘 설정해 갔으면 좋겠다.


[후기] 처음 공부를 시작할 때는 지치지 않고, 포기하지 않기 위해 수업을 듣는다고 메모를 해 놨었다. 현실적으로는 한 발짝 물러서 있고, 다음을 생각하는 것 자체가 어렵다. 동학운동이든 3.1운동이든 한살림운동이든 지난하지 않았던 여정은 없었을 텐데 이분들은 어떻게 그 길을 견뎌왔을까 경외감이 들었다. 나는 내 자신을 좀 더 열심히 들여다보고 되돌아보면서 삶의 태도와 생활 속에서 '나'를 말할 때 부끄럽지 않기를, 모든 것을 경외감을 갖고 대하도록 노력하겠다.

김진희

◈ '나'를 제일 사랑하는 사람이자 어딘가 소속된 '공동체의
일원'이어야 외롭지 않을 사람 ◈ 결혼 후 다시 사회에
나가 일한다면 공익을 위한 일을 해 보고 싶었고 본격적인
사회생활을 하기 전에 '한살림'을 통해 그 바람에 한 발짝
다가서고자 했다 ◈ 40대임에도 불구하고 세상에 여전히
교과서적인 곳이 있겠지 하는 바람을 갖고 살지만 매번
현실의 씁쓸함을 맛보는 중 ◈

# '지구의 몸짓'으로 나와 지구는 '우리'가 된다.

송지용

【들어가는 글】

올해 여러 단체에 연대 활동으로 참여하였다. 단체의 성격별로 대략 나누어 보면 청년활동가 단체(넥스트젠코리아, 지리산 게더링), 기후·종교·사상 관련 단체(붉은정령들, 원불교환경연대, 생명사상연구소, 이화서원)들과 함께했다. 이런 단체들과의 연대 활동의 개념을 간단히 이야기한다면 '워크숍과 퍼포먼스를 통한 지구와의 교감' 그리고 그것을 통한 '세계관의 개벽'이었다. 앞으로의 글에서는 올해 연대한 단체들을 내가 참여한 방식에 따라 워크숍(workshop)과 퍼포먼스(performance)의 유형으로 나누어 소개해 보고자 한다.

종교학자 유기쁨은 최근 생태운동에서는 '의례'들을 현대적으로 창안한다고 하였다. 그러면서 이런 의례들이 생태적 가치를 체화하기 위한 '워크숍' 또는 대중적 이미지 각인과 홍보를 위한 '퍼포먼스'의 형태로 나타난다고 하였다.[i] 나도 이런 지향을 가지고 워크숍과 퍼포먼스의 형태로 여러 단체와 함께 활동하였다. 각 단체들이 준비한 프로그램의 일부로 들어가 역할을 하고 기획 단계부터 함께하기도 하였다.

~~~~~~~~~~~~~~~~~~~~~~~~~~~~~~~~~~~~~~~~~~~~~~~~~~~~~

[i]    유기쁨, 「생태운동의 의례적 차원에 대한 이론적 고찰」, 『종교연구』 40호, 2005.

이런 방식으로 각 단체들과의 연대 활동을 하며 느낀 것은 과거와 같이 이성(이념)이나 당위를 통한 사회 혁명을 지향하기보다는 지구와의 교감이나 생태적 전환 경험을 통한 자기로부터의 세계관 개벽(전환)에 중점을 둔다는 것이다. 이런 흐름의 중요성을 영성·생태론자인 존 시드(John Seed)는 이렇게 말했다. "일반적으로 사람들이 생태 문제에 무관심한 이유는 무지나 무관심 때문이라고 여겨져 왔다. 그래서 생태운동 진영에서는 사람들의 이성이나 합리성에 초점을 맞춰서 생태문제를 알리려고 애써 왔다. 그러나 변화를 일으키기 위해서는 종교적이고 영적인 의식 변혁이 중요하다."[2]

내가 연대했던 모든 단체들이 종교와 관련이 있는 것은 아니다. 오히려 종교를 넘어 열린 태도를 취하거나 종교에 규정되지 않은 영성을 이야기했다. 또한 대부분의 단체들이 이성이나 당위에만 초점을 두지 않고 몸의 경험과 세계관의 변화에 중심을 두고 있었다. 이제 워크숍과 퍼포먼스의 형태로 만난 단체들의 활동을 보며 그 개벽의 흐름을 함께 살펴보자.


【'워크숍'으로 지구적 우리를 경험한다: 넥스트젠코리아, 지리산 게더링】

올해 의미 있는 두 프로그램에 강사 겸 참여자로 참가하였다. 굳이 참여자로도 참가한 것은 프로그램의 전체적 흐름 속에서 나의 워크숍을 녹여내고 싶었기 때문이다. 일방적 교육보다는 함께 길을 가는 안내자(Facilitator)로서 역할하고 싶었다. 두 프로그램 모두 생태적 가치를 체현하기 위한 생태 의례나 생태 워크숍이 다수 포함되어 있었다. 올해 프로그램을 열었던 단체로 넥스트젠코리아(Next GEN Korea, 이하 넥스트젠)와 지리산 게더링을 소개한다. 넥스트젠은 '생태마을디자인교육'(Eco village Design Education, E·D·E)을 진행하였고 '지리

2    존 시드, 조안나 메이시 외, 『산처럼 생각하라: 지구와 공존하는 방법』, 이한중 역, 소동, 2012 참조.

산 게더링'은 '숲속 재연결 캠프'를 열었다. 나는 두 프로그램에 댄스만달라 (DANCEmandala)[3] 등의 워크숍 안내자로서 참여하였다.

넥스트젠

먼저 넥스트젠의 '생태마을디자인교육' 중 세계관(World view) 차원에 안내자 겸 참가자로 참여하였다. '넥스트젠 코리아'는 다음세대(Next Generation)라는 뜻의 '넥스트'(Next)와 세계생태마을 네트워크의 준말인 '젠'(Global Ecovillage Network, GEN)[4] 그리고 한국에서 활동한다는 의미의 '코리아'(Korea)를 합친 이름으로 국내·외 생태(개인/공동체/마을) 활동을 청년 중심으로 여러 세대와 연대하고 있다.

　넥스트젠은 몇몇 한국 청년들의 2013년 GENOA(GEN 오세아니아&아시아 대륙 네트워크) 연례회의 참가를 계기로 생태마을운동에 관심 있던 청년들이 모이며 결성되었다. 넥스트젠은 그간 다양한 활동을 해 왔다. 국내와 세계 여러 나라의 생태공동체를 여행하는 '생태공동체 여행', 동아시아 청년들이 교류하고 축제 기간 동안 생태마을을 만드는 축제인 '있는 잔치', 넥스트젠코리아를 소개하고 넥스트젠과 연결된 개인과 단체, 후원회원(지구마을용사)들이 교류하는 '있는 밤' 그리고 '생태마을디자인교육'을 진행하고 있다. 또한 번역 팀을 꾸려 책 『세계생태마을네트워크』를 번역 출간하였다. 최근에는 일부 넥스트젠 맴버들이 생태와 관련된 책을 출간하거나 순천의 청년 셰어하우스에서 공동체살이를 실험하고 있기도 하다.

　이러한 활동에서 주목할 점은 자연과의 교감과 몸으로의 체험을 중요하

---

3　댄스만달라는 태국에서 시작된 춤명상으로 정해진 동작 없이 숨과 감각 마음을 따라 떠나는 내면(참나, 본성, 하늘님)으로의 여행이다. 불교와 요가에 이론적 기반을 두고 현대적으로 재창조한 수행이자 의례이며 치유 워크숍이라고 할 수 있다. 송지용, 김자숙, 김자옥, 「댄스만달라 프로그램의 심리 치유적 효과 – 스트레스 대처방식, 사회적 지지에 미치는 효과를 중심으로」, 『원불교사상과종교문화』 제87호, 2021. 참조.

4　넥스트젠의 모체가 되는 세계생태마을네트워크(Global Ecovillage Network, 이하 GEN)는 세계 여러 나라의 생태공동체의 네트워크이며 전 대륙에서 지역의 특성을 살려 활동하고 있다.

게 생각하며 그것에 기초한 이론도 학습한다는 점이다. 그런 모습을 단적으로 보여준 것이 올해 6월과 7월 한 달여에 걸쳐 진행된 생태마을디자인교육이다. 생태마을디자인교육은 유네스코에서 공인한 교육으로 지역문화에 맞게 전환적인 세계관(Worldview), 사회(Social dimension), 생태(Ecological dimension), 경제(Economic dimension)적 차원을 교육하고 개인적 삶과 공동체 그리고 지구적 영역까지 적용할 수 있도록 디자인하는 교육이다.

나는 이번 교육에서 '세계관 차원'에 강사로 참여하였는데, 이번 생태마을디자인교육에서 이야기한 세계관에 대한 설명은 다음과 같다. "세계관은 세상을 바라보는 방식, 인간과 자연에 대한 태도, 자신이 누구인지와 존재 목적에 대한 관점, 많은 사람들이 당연하게 받아들이는 다양한 신념과 철학이기도 합니다." 나는 생태마을디자인교육을 인도와 한국에서 이수하였다. 내가 이해한 세계관을 한마디로 표현하면 '내면의 세계를 보는 눈(수행, 심리학 등), 외부의 세상을 보는 눈(사상, 철학, 문화, 믿, 과학 등)'이고 그것을 전환하는 것이다.

나는 이 교육에서 '댄스만달라'라는 춤명상 프로그램을 안내하며 세계관 차원의 다른 프로그램에도 보조와 진행을 하였다. 댄스만달라는 몸과 춤을 통해 떠나는 내면으로의 여행이다. 그 과정에서 자신을 치유하고 지구와 연결감을 느끼며 자신을 확장한다. 이것은 궁극적으로 지구가 되는 작업이다. 그 시작은 몸의 감각에서부터 시작된다. 통증과 불편함도 판단하지 않고 느끼며 그로부터 시작된 움직임을 따라간다. 그러면 몸은 스스로를 치유하고 쌓여 있던 것들을 해소해 나간다. 몸의 감각은 감정을 불러일으키고 그 감정도 판단하지 않고 있는 그대로 느끼며 몸으로 표현되게 해 주면, 부정적이라고 생각되었던 감정이 정화된다. 그때서야 비로소 자신을 확장할 수 있게 된다. 나를 넘어 더 큰 공간과 시간으로 나아가 다른 사람, 생명, 지구까지 느끼고 연결될 수 있다. 온전한 '나'이면서 온 지구인 '우리'를 경험 할 수 있는 것이다. 그때 세계관의 전환이 감각적으로 일어난다. 나는 지구와 분리되고 이성만이 중요한 존재가 아니라 지구와 연결되어 있고 고귀한 영성(하늘)을 모신 존재임을 자각한다. 내 안의 하늘님, 다른 이 안의 하늘님, 지구생명으로 무한히 확장되는 '무궁'(無窮)한 '우리'가 된다. 먼지만큼 무한히 작고 다양하면서도 우주만큼 무한히 크고 하나 된 무궁한 하늘님을 경험을 하는 것이다. 그리고 그 상태에만 머무르지 않고 다시 현실로 돌아온다. 우리 숨과 몸으로 돌아온다. 그러나 이때의 나는 전과 다른 '우리'이다. 하늘을 경험한 나는 다른 차원의 우리인 것이다. 하늘을 모신 나로 또 너로 그리고 우리인 지구를 느끼며 세상과 관계 맺게 된다.

넥스트젠에서 준비한 세계관 차원에서는 댄스만달라 외에도 조안나 메이시(Joanna Rogers Macy)의 '재연결 작업'(WTR:Work That Reconnects)[5], '심층생태학'(Deep Ecology)[6], 역사 속 세계관과 패러다임의 전환 같은 것들을 다루었는데 이런 프로그램들 역시 먼저 혹은 동시에 몸으로 경험하고 이론과 사례들을 학습하는 방식이었다. 전체적인 교육 과정 역시 전환적 세계관을 기반으로 전환적 사회, 경제, 생태적 차원을 모두 경험하고 학습한 후 결국은 자신과 공동체를 스스로 디자인 하여 전환적 삶으로 가져올 수 있도록 하는 과정이었다.

## 지리산 게더링

다음 내가 댄스만달라 워크숍 안내로 참여한 곳은 '지리산 게더링'이 주최한 '숲 속 재연결 캠프'였다. 지리산 게더링은 지리산 인근에 사는 청년인 감자, 온빛, 아라, 하무, 상이 등이 모여 만들었고, 생태적 삶의 방식을 모색하는 이들을 위한 게더링(Gathering)이라고도 할 수 있다. 지리산 자연 속에서 모두가

---

[5]  '재연결 작업'은 생태철학자이자 환경운동가인 조애나 메이시가 생태 위기 시대에 치유와 전환을 위해 만든 워크숍이다. '1.고마움으로 시작하기'→'2.세상에 대한 고통 존중하기'→'3.새로운 눈으로 보기'→'4.앞으로 나아가기'의 4단계의 나선형 순환 구조로 이루어져있으며 50년 가까이 전 세계 곳곳에서 다시 만들어지고 반복되며 많은 개인과 공동체의 삶을 바꾸고 있다. 한국에서는 2016년 『액티브 호프』와 2020년 『생명으로 돌아가기』라는 책속에 소개되어 관심을 받고 있다.

[6]  '심층생태학'은 1973년 노르웨이의 철학자 네스(노르웨이어: Arne Næss)가 최초로 사용하고 정립화한 용어이며, 생태계 위기의 근본적인 원인은 모든 자연을 인간적 측면에서 평가하고, 자연을 인간의 욕망을 충족시키기 위한 자원 또는 물질로 파악하는 인간 중심적 사고방식에 있다고 주장하는 이론 또는 사상, 철학이다.

자유롭고 평등하며 순환 가능한, 그리고 즐거운 캠프를 지향한다. 게더링을 통해 새로운 방법으로 관계 맺으며, 기후 위기 시대의 전환을 상상하는 활동을 공유한다. 지리산 게더링의 '하무'는 지리산 게더링에서 한 일을 이렇게 이야기한다. "2020년 9월, 야외에서 5명 내외 인원이 상주하는 게더링을 시작했습니다. 지리산 게더링은 모여서 밥 먹고, 똥 싸고, 떠드는, 평화롭고 충만이 감도는 시공간입니다. 우리는 텃밭을 만들고, 자연과 교감을 나누고, 물놀이도 하면서 자연스러움을 수용하는 시간을 가졌습니다. 새로운 사람들과 먹고 놀면서 관계를 만들기도 했지만 지리산을 둘러싼 많은 개발 사업들에 반대하는 주민들과 함께 행동하고 지역 주민들의 일터에서 일을 돕기도 했어요. 장터에 나가서 물건도 팔았네요." 지리산 게더링은 구례에 있는 한겨레통일문화재단의 평화공원에 땅을 빌려서 친환경농법으로 농사도 짓고 생태화장실과 생태 부엌을 만들었으며, 비거니즘과 생태공동체의 터전을 마련해 가고 있다. 내가 만난 지리산 게더링은 하나의 단체로만 볼 수 없고 끊임 없이 변화하며 살아 있는 생명체 같았다. 넥스트젠의 네트워크와도 같고, 일시적 생태마을 혹은 캠프나 모임 같은 것이기도 했다.

이런 지리산 게더링이 넥스트젠의 생태마을디자인교육을 함께 기획했던 '효선'과 '숲속 재연결 캠프'를 열었다. 캠프는 조안나 메이시가 개발한 '재연결 작업'의 네 단계에 따라 '1.고마움으로 시작하기'를 효선이 진행하였고, 천주교 성가소비녀회의 바람, 꽃마리 두 수녀님이 '2.고통 존중하기' 파트를 진행하였다. 녹색연합의 '다예'는 '3.새로운 눈으로 보기'를 우주의 역사를 따라 걸어 보는 우주걷기(Cosmic Walk)를 통해 진행하였다. 나 역시 '3.새로운 눈으로 보기'의 일환으로 '댄스만달라'를 안내하였다. 이곳에서 진행한 댄스만달라는 몸과 마음에 쌓인 것들을 정화하고 지구와 연결된 자신의 내면으로 깊이 들어감으로서 새로운 눈으로 자신과 세상을 바라보는 작업이었다. 나는 며칠을 같이 생활하고 프로그램에 참여하며 댄스만달라를 진행하였다. '숲속 재연결 캠프'는 생태마을디자인교육과 마찬가지로 사람 또는 지구와의 교감 그

이미지 출처: 녹색연합

리고 몸으로 하는 체험이 주가 되어 진행되었다. 우선 생활 자체가 숲속에서의 생태적 생활이었다. 텐트나 인디언 티피에서 잠을 자며 생태화장실을 쓰고 화학제품을 쓰지 않고 씻었다. 음식은 목포에서 '집ㅅ씨'라는 식당을 운영하는 세영과 함께 비건 요리를 해먹었다.

'숲속 재연결 캠프'에서 진행되었던 댄스만달라에서는 우리의 내면 더 깊은 곳까지 들어갈 수 있었다. 댄스만달라를 하는 동안 사회와 역사 속에서 상처 받고 죽임 당한 여성들 그리고 인간의 욕망으로 죽어가는 많은 생명들은 우리와 둘이 아니었다. 그것들은 우리와 분리된 것이 아니라 우리의 감각과 감정 속에 녹아들어 있었다. 그것은 단순한 연민과 동정의 마음이 아니라 우리의 아픔과 우리 생명에 대한 죽임이었다. 그래서 우리는 우리의 몸과 마음을 느끼고 치유함으로써 지구를 느끼고 치유 할 수 있었다. 자기 존재를 지구적으로 확장함으로서 지구와 다르게 관계 맺을 수 있을 것이다. 자신과 지구를 보는 세계관의 개벽, 이것이 근본적으로 지구를 치유하고 새로운 문명을 창조하는 개벽의 길이 아닐까 생각해본다.

【퍼포먼스로 지구적 우리를 표현한다: 붉은정령들, 원불교환경연대】

올해는 워크숍뿐만 아니라 기후·종교·사상 관련 단체와 함께한 퍼포먼스 작업도 많았다.

붉은 정령들

'붉은 정령들'은 기후행동 퍼포먼스 팀이다. '붉은 정령들'이라는 명칭은 Red Rebel Brigade(붉은 저항단)의 번역어다. '붉은 정령들' 퍼포먼스는 2019년 4월 영국 런던에서 있었던 기후위기 대응 촉구와 멸종 저항을 위한 대규모 시위에서 처음 시작되었다. 그 시작은 '보이지 않는 서커스단'(Invisible Circus)에 의해 마임 형태로 시작되었고 지금은 전 세계 많은 나라에서 행해지고 있다.

한국에서도 2020년 1월에 첫 모임 이후 몇 차례의 모임을 통해 한국 Red Rebel Brigade가 결성되었다. 2020년 3월부터는 붉은 정령들이라는 이름으로 활동하기로 했다. 이 퍼포먼스의 붉은색은 모든 종의 생명들과 나누고 있는 '피와 생명, 위험과 멈춤'을 상징한다. 단체로 퍼포먼스를 할 때는 주로 침묵 속에 모두가 한 몸인 것처럼 고요하고 느리게 걷는다. 이것은 우리가 하나로 연결되어 있는 생명임을 보여준다.

익산 장점마을에서의 열린 익산문화도시 문화다양성 치유마을시민포럼 행사에서의 퍼포먼스 / 사진: 김선우 작가

나는 이 퍼포먼스와 의상들을 활용해 여러 현장에서 퍼포먼스를 했는데 그 중 익산 장점마을에서의 퍼포먼스가 기억에 남는다. 익산 장점마을의 한 비료 공장에서 저질러진 불법 행위와 관계 부처의 관리 부실 그리고 관련 업체의 이기심으로 인하여 주민 아흔아홉 분 중 스물두 분이 암에 걸렸고 그 중 열네 분이 돌아가셨다. 비료 공장에서 담뱃잎 찌꺼기를 불법 연소하여 오염 물질이 바람과 물을 타고 마을로 흘러들었다. 사람뿐 아니라 물고기, 새를 비롯한 수많은 생명이 목숨을 잃었다. 나는 5월 12일 장점마을에서 죽어 간 생명과 산 사람들을 위

로하는 '치유의 몸짓' 퍼포먼스로 함께했다.

'치유의 몸짓'은 사람과 동물, 산자와 망자(亡者), 작은 한 생명과 온 생명인 지구가 함께 만드는 치유의 장이 되었다. 그 안에서 우리 모두는 생명 죽임의 목격자이며 위로자이고 당사자였다. 지구의 위기는 더 이상 일부 국가만의 위기가 아니며 지역의 위기, 지구적 위기와도 무관하지 않다. 개인의 위기 역시 지구의 위기와 연결되어 있고 동식물의 위기도 인간의 위기와 연결되어 있다. 이날 퍼포먼스를 통해 이런 메시지를 전하고 싶었다.

## 원불교환경연대

붉은 정령들 퍼포먼스는 원불교환경연대와 함께한 각종 행사에서도 활용하였다. 원불교환경연대는 서로가 없이는 살 수 없는 은혜 관계를 깨달아 지구 생태 환경을 보전하며, 뭇 생명이 은혜롭고 평화롭게 살아가는 세상을 만들어가자는 목표로 11년 전에 만들어졌다. 최근에는 천지보은법회, 채식너머 기후밥상, 생태책방, 원에코 기후학교, 탈핵순례, 나이만큼 나무 심자, 원불교기후행동 등 다양한 사업들을 하고 있다.

나는 올해 3월 원불교환경연대가 '영광핵발전소 안전성 확보를 위한 원불교대책위'와 함께 준비한 후쿠시마 핵발전소 사고 10주년 433차 생명·평화·탈핵 순례에서 '붉은 정령들' 퍼포먼스를 했고, 9월 '종교환경회의'와 함께한 '기후위기로 죽어가는 생명들을 위한 5대 종단 추모기도회'에서도 퍼포먼스를 하였다. 두 행사는 원불교환경연대 등 종교단체가 주도하였지만 지구적 위기 앞에 종교의 울을 텄을 뿐만 아니라, 종교를 넘어서 다양한 방식의 생태의례와 퍼포먼스들도 수용하여 활용되었다.

# 【워크숍과 퍼포먼스가 창조적으로 융합된 '지구의 몸짓'】

## 생명사상연구소

올해 7월에는 생명사상연구소의 설립 행사가 있었다. 생명사상연구소는 (사)밝은마을 부설 연구소로 주요섭님이 주도하여 설립하였다. 이날 설립 행사의 이름은 ‹느낌·생각 대화마당 '감응'›이었고 나는 명상가이자 힐러인 고요와 함께 '지구의 몸짓'이라는 이름으로 워크숍과 퍼포먼스가 창조적으로 융합된 퍼포먼스 공연을 하였다. 이날 행사의 제목이 인상적이었다. 생각뿐 아니라 느낌으로 대화하고 '감응'하는 장(場)이라는 뜻으로 이해했다. 그래서 발표라고 하지 않고 '발화'라고 하였고 우리의 공연도 단순한 공연이 아닌 느낌의 발화가 되었다.

이날 퍼포먼스는 고요의 싱잉볼(Singing bowl) 연주와 함께 영가무도(詠歌舞蹈) 워크숍을 활용하였다. 영가무도는 정역(正易)을 만든 김일부 선생(1826~1898)이 행한 수행으로 고대로부터 이어진 전통을 선생이 다시 살려낸 것이다. 영가무도는 선생이 정역을 만들고 깨달음에 이를 수 있게 해준 수행법이며 음, 아, 어, 이, 우 오음(五音)으로 이루어져 있다. 영가무도는 그 말의 한자 뜻 그대로 '읊조린다, 노래한다, 춤춘다, 뛴다'의 흐름으로 이어진다. 이날 퍼포먼스도 이러한 흐름으로 진행되었다. 느낌과 생각의 장 안에서 소리와 숨, 공간과 사람들의 기운에 감응하며 춤과 노래가 흘러 나왔다. 나는 관객들이 명상하며 소리를 내도록 안내했고 그 진동의 장 속에서 지구와 감응하며 춤을 추었다. 그곳에서 분리되었던 각자는 연결된 우리가 되었고, 한 기운, 한 파동으로 온 지구와 연결된 지구적 '우리'가 되었다.

## 이화서원

이화서원에서 진행한 '지구의 몸짓'은 워크숍을 중심으로 퍼포먼스를 창조적 융합하여 만든 1박2일 프로그램이다. 이 프로그램에 기폭제가 되어준 것은 이화서원과의 연대였다. 이화서원은 동아시아 인문운동가이신 빛살 김재형 님이 주가 되어 운영하는 공간으로 다양한 인문강좌와 프로그램을 연다. 최근에는 이화서원 협동조합을 만들어 더 큰 꿈을 꾸고 있다. 그런 이화서원과 함께 올해 4월과 10월 이화서원 공간과 곡성의 자연 속에서 '지구의 몸짓' 워크숍을 열었다. 호흡과 소리, 움직임 그리고 마음공부 등을 활용한 다양한 워크숍을 통해 스스로를 치유하고 지구와 교감하며 자신을 확장해 나갔다. 10월에 열었던 '지구의 몸짓'에서는 동학의 성지인 은적암에 올라 택견, 영가무도, 댄스만달라, 동학의 검무를 연결하였다. 그리고 춤명상의 형식으로 워크숍을 진행하였다. 마지막에는 '지구샤먼 되기'라는 시간을 통해 참가자 모두 퍼포먼스 예술가가 되어 지구적 우리를 표현하는 퍼포먼스로 마무리하였다. 마침 다음날 김석균 님과 아시반 님이 기획한 은적암 답사 및 캠핑이 있어 다음날 한 번 더 은적암에 올랐다. 그곳에서 10월 지구의 몸짓에 참여했던 타마와 함께 동학의 검무를 현대적으로 재해석한 퍼포먼스를 했다. 동학의 생태적 사상과 의례·수행이 이날 퍼포먼스에 현대적으로 드러났으리라 생각한다.

이처럼 워크숍을 진행할 때도 퍼포먼스를 융합하여 활용하고, 퍼포먼스를 할 때도 관객이 참여할 수 있는 워크숍을 융합하여 진행하고 있다. 이때의 융합은 단순한 결합이 아니라 새로운 패러다임의 형식과 경험을 창조하기도 한다. 지구의 몸짓이 우리 몸짓에 드러나고, 우리의 몸짓이 지구의 몸짓이 되어 나와 지구를 살리는 '지구의 몸짓'이 되기를 기대한다.


【 나가는 글 】

올해 내가 연대한 단체들의 공통된 흐름은 이성뿐 아니라 몸으로 지구와 교감하고 그 경험에 기초하여 세계관을 전환해 간다는 것이었다.

이성 중심, 서구 중심의 근대 문명이 온 지구에 지배적으로 퍼져 각종 문제를 일으키는 요즘이다. 이런 전환과 개벽의 흐름 속에 재조명되는 것이 고대의 세계관과 의례 그리고 동양의 사상과 수행이다. 조안나 메이시의 재연결 작업도 고대의 세계관과 의례 그리고 동양의 사상과 수행을 현대적 생태 의례나 워크숍, 퍼포먼스로 재창조한 것이다. 최근 도올 김용옥, 박맹수, 조성환, 이병한 등 많은 사상가들이 동학에서 시작한 개벽사상과 개벽종교에 주목하고 대중적 관심도 커지고 있다. 동학을 비롯한 개벽 종교들은 19세기부터 이어진 사회적 모순과 기존 질서의 균열 속에서 서구중심의 근대문명을 수용하면서도 극복하려고 했다. 요즘 같은 때에 동학의 사상·이론과 더불어 동학의 주문, 검무와 같은 수련·의례를 현대적으로 재창조하는 것도 중요하리라 생각한다. 그 방식은 서구적 근대 예술의 방식으로 관객과 자연이 분리된 채 무대 위에서만 진행되는 공연을 넘어서야 할 것이다. 몸으로 감각하여 세계관을 개벽하는 생태 워크숍이나 지구와 감응하는 퍼포먼스의 형태가 되어야 할 것이다. 나도 이러한 관점을 가지고 원광대학교에서 연구하며 박사논문을 준비하고 있다. 그리고 나의 몸짓이 필요한 곳에서 한국적인 수행·의례를 활용하여 워크숍과 퍼포먼스를 해 나가고 있다.

'지구의 몸짓'으로 나와 지구가 조화로운 '우리'로 개벽되길 간절히 바라며 이 글을 마친다.

송지용
◆ 원광대학교 일반대학원 원불교학전공 석·박사통합과정
수료하고 원광대학교 원불교사상연구원에서 일하고 있다
◆ 춤추는 사상가를 꿈꾸며 지구샤먼으로 살아가고자 한다
◆ 춤명상 댄스만달라(DANCEmandala)를 안내하고 지구와
감응하는 퍼포먼스를 한다 ◆

# 내가 인문학을 공부하는
# 까닭과 의미를 생각해보다

박은정
전주시 인문활동가

나는 현재 전주시 평생학습관에서 역사를 주제로 시민인문세미나를 진행하고 가끔 미술사 강의도 하고 있다. 역사나 미술사를 가르치지만 역사학 전공자도 미술사 전공자도 아니다. 한마디로 비전문가인 셈이다. 전문성이 그 어느 때보다 강조되는 요즈음, 시대의 흐름에는 안 맞는 시대착오적인 상황이다. 학창시절부터 공부와는 거리가 멀었고 책을 많이 읽지도 않아서 현재의 내 모습은 내가 봐도 참 낯설 때가 많다. 오늘은 인문학 비전공자가 지역 인문학 강사가 되기까지의 작은 여정을 정리해 보려고 한다.

1

‹응답하라 1988›의 덕선이와 같은 시대를 살았던 나는 의무교육 기간에는 생애주기에 따른 목표를 위해서 무의식적으로 학교를 다녔고 공부를 했다. 운이 좋아 90년대 초에 대학을 다녔지만 사회학 전공 수업 시간에 교수님들은 ‘뜻 모를 이야기만 남긴 채’ 수업을 마치곤 하셨다. 재밌는 것은 다들 어떻게 그런 어려운 이야기를 잘도 알아듣던지 머리 나쁜 나만 이해 못하는 분위기였다. 결국 8절지를 가득 채워야 하는 기말시험 시간에는 소설을 창작하는 고통을 감내해야만 했다. 그저 막연히 저런 내용들을 잘 아는 친구들이 부러웠을 뿐, 그렇다고 다른 노력은 하지 않았던 것 같다. 그래서였을까. 대학을 졸업하고

나서도 목적도 없이 당시 유행하던 책들을 잠깐 떠들러보고 다시 흥미를 잃는 과정을 반복하고 있었다. 12년의 의무교육 기간과 4년의 고등교육 기간까지 총 16년간 책을 가까이 하면서 살았지만 안타깝게도 나 같은 경우는 책을 좋아하기는 했지만 책을 읽는 습관도 공부하는 삶도 몸에 배지 않았다.

그러다가 나이를 먹어가면서 문득 더 늦기 전에 예전에 그 암호 같던 이야기들을 알고 싶다는 생각이 들었다. 특별한 이유는 없었고 고등학교 때 읽었던 셰익스피어를 알고 싶었고 대학 때 들었던 철학자들의 이야기가 궁금했다. 내가 아는 것이 정말 없었기 때문에 단지 알고 싶었다. 내 안에 허세가 있었는지 그냥 약간 지적인 사람이 되고 싶었다. 거창하게 공부를 해보고 싶다는 생각은 처음부터 없었다. 그리고 전문가 과정을 밟을 것도 아니었기 때문에 대학원에 가야겠다는 생각도 하지 않았다.

대학원에 가지 않고 이런 공부를 하려면 어떻게 해야 할까. 두리번거리면서 고민을 하고 있을 때 만난 것이 독서 동아리였다. 책 이야기를 할 수 있다니 일단 그것만으로도 너무나 좋았다. 2주에 한 권을 읽고 토론을 하는 형식이었기 때문에 부지런히 책을 읽어야 했다. 3~4년 정도 독서 동아리 활동을 했다. 동아리 게시판에 글도 쓰고 총무도 하고 발제도 하고 책 목록도 만들고 도서관이나 학습관 같은 지역기관 행사도 참여하고 여기 저기 견학도 다녔다. 다양한 책을 읽고 다양한 의견들을 들을 수 있었던 무척 소중한 시간이었다.

그러나 시간이 지날수록 뭔가 아쉬움이 남았다. 2시간 동안 이야기하기에 적합한 책들도 있었지만 그렇지 않은 책들을 만날 때에는 더 알고 싶었는데 방법이 없었다. 심화학습을 위해 대학 때처럼 레포트를 쓰는 것도 아니고 시험을 보는 것도 아니었다. 목록의 일관성이 있는 것도 아니어서 이번 주에 뉴턴의 『프린키피아』를 읽으면 2주 후에는 얀 마텔의 『파이 이야기』를 읽는 식이었다. 이야기들은 정리되지 않았고 머릿속에서는 사과와 호랑이가 둥둥 떠다녔다. 동아리에는 사공이 많아 가끔은 산 위에서 비트겐슈타인의 『확실성에 관하여』를 읽고 있을 때도 있었다. 다양한 책을 만나서 좋기는 했으나, 결국 독서 동아리를 그만 두었다. 그때 책을 많이 읽는 것과 공부하는 것은 다르다는 것을 알게 되었다.

2

동아리에서 보던 책들 말고 다른 책을 보고 싶었다. 인문학 공부를 위해 찾아봤더니 선생님들이 한결같이 고전을 보라는 말씀을 많이 하셨다. 인문학 선생님들의 칼럼에서는 꼭 유명한 철학자들의 한 구절이 등장하곤 했는데 그게 참 멋져 보였다. '아! 고전을 인용하는구나. 인문학 공부를 위해서는 고전을 공부하는 거구나.'(물론 나중에서야 맥락도 없이 그렇게 한 구절만 인용하는 것이 썩 바람직하지 않을 때도 있다는 것을 알게 되었다.) 그렇다면 어떻게 고전을 공부할 것인가? 알려줄 선생님이 없으니 시작부터 막혔다. 아무것도 모르는 천둥벌거숭이가 고전을 읽어 보겠다고 했으니 그 다음은 안 봐도 상상이 될 것이다. 고전은 처음부터 내가 읽을 수 있는 책이 아니었다. 신문에서 자기가 소화할 수 없는 큰 먹이를 삼키다 최후를 맞은 뱀의 사진을 본 적이 있다. 그 분야에 기본 지식이 없는 내가 고전을 읽다가는 저런 비극적 최후를 맞고 말 것만 같았다.

고전 읽기가 아닌 나만의 인문학 공부를 위한 플랜을 짜야 했다. 나를 도와줄 선생님들을 이리저리 찾아다녔다. 한국에는 인문학이라는 학제가 따로 있는 것도 아니었고 대학이 아닌 공간에서 대학 수준으로 역사나 철학 그리고 문학을 가르쳐 줄 선생님들을 찾기는 쉽지 않아 보였다. 선생님들이 학교 밖에서 해 주시는 강의는 1회적인 경우가 많았고 연속 강의라 해도 4년이라는 시간 동안 공부해야 하는 학교 공부 양과는 비교 자체가 안됐다. 온라인에서 인문학의 여러 주제들을 강의해 주는 곳은 있었지만 그래도 결국 학교 밖 인문학 공부라는 것이 가지는 한계는 명확했고 나는 그 안에서 다시 계획을 짰다. 전체적인 지도를 그려줄 선생님을 찾아야 했다. 공부하는 데 있어 제일 좋은 것은 훌륭한 선생님을 만나는 일이라는 것을 절감할 때였다. 그리고 그런 선생님 없이 혼자서도 공부를 할 수 있는 방법도 찾아야 했다. 나만의 선생님들을 섭외하고 책 목록을 만들어야 했다. 그때 가장 많이 도움을 받았던 책이 『인문학 스터디』[i]였다. 그다음에 도움을 받은 책은 인문학자 강유원 선생님이 쓰신 고전 강의 시리즈였다. 『인문 고전 강의』, 『역사 고전 강의』, 『철학 고전 강의』, 『문학 고전 강의』 이렇게 총 4권으로 구성된 고전 강의 시리즈는 인문학 초심자들의 공부를 돕는 진정한 안내자 역할을 해주었다.

지적인 사람이 되고 싶다는 허무맹랑한 나의 목표를 위해서 우선 역사·철학·문학을 중심으로 목록을 짜고 그 책들을 중심으로 비전공자인 내가 공부를 한다면 대학을 졸업한 수준까지는 안 되겠지만 어느 정도 그 분야에 대한 대략적인 그림은 그려지지 않을까 생각했다. 고전이 이렇게 딱딱 분야가 나뉘는 것은 아니지만 공부의 편의를 위해 나누어서 책을 읽어나갔다.

역사는 시간 속에서 살아가는 존재인 인간이 자신의 기억을 바탕으로 기록한 이야기다. 나는 우리 할머니가 살던 시절의 역사를 잘 모르고 폴란드 사람들의 역사도 잘 모른다. 깜깜한 밤하늘에 흩뿌려진 수많은 별들처럼, 지구에 살았던 그리고 살고 있는 수십억 명의 사람들에게는 시간 속에서 만들어진 이야기가 있다. 나는 얼마나 그들의 이야기를 알 수 있을까. 그리고 또 나의 이야기는 어떤 의미를 가질까. 역사책을 볼 때마다 항상 이런 생각이 하곤 한다. 역사 분야는 양으로 승부를 하기 때문에 시간이 많이 걸리긴 하지만 역사라는 큰 얼개를 잘 짜놓으니 나머지는 그래도 조금은 수월한 편이었다.

철학은 초심자가 혼자서 공부하기 가장 까다로운 분야라는 생각이 들었다. 혼자 읽으면 산으로 가기 십상일 것 같아서 되도록 많은 전공자 선생님들의 강의와 강연을 찾아서 들었다. 먼저 철학사 공부를 열심히 하고 이해하든 못하든 1차 문헌들을 사서 꽂아놓고 구경을 하다가 익숙해지면 한두 장씩 읽는다. 아쉽지만 이해는 그다음 문제다. 여전히 어려운 분야다.

---

[i]  『인문학 스터디』, 마크 C. 헨리 (지은이), 강유원, 지주형, 이명훈, 서민우, 손세정, 양유성 (엮은이), 라티오, 2009년 1월. 미국 대학 교양교육 핵심 과정과 한국에서의 인문학 공부안내.

문학은 인간의 정서와 관련된 영역으로 우리가 슬픔이나 즐거움 등을 느끼도록 돕는 역할을 한다. 콜롬비아의 역사가 어떻게 『백년의 고독』 속에 녹아들어 갔는지 그 맥락을 안다면 더 풍부한 독서가 될 것이다. 그러나 그것 없이도 문학은 가능하다. 콜롬비아의 역사를 몰라도 우리는 마르케스의 『백년의 고독』을 읽을 수 있다. 역사속의 인간을 뛰어넘어 문학작품으로서 탁월한 부분이 어떤 부분인가를 찾아보는 것이 문학을 읽는 매력이 아닐까 한다.

중요한 주제 위주로 접근을 하면서, 이상한 말처럼 들리겠지만 편견이나 취향이 생기지 않도록 노력했다. 『인문학 스터디』에서 최신의 이론을 습득하는 것이 중요한 것이 아니고 지적 균형감각을 획득하는 것이 중요하다는 말이 가장 기억에 남는다. 나는 전문가 과정을 밟는 것이 아니므로 표준적으로 접근하는 것이 중요한 것 같았다. 처음 내가 고전 공부를 했던 방식을 예를 들어보면 이렇다. 황금기를 구가하던 그리스가 극적으로 몰락한 배경에 펠로폰네소스 전쟁이 있다는 것을 알게 되었고 그 주제를 다뤄보기로 했다. 처음부터 투키디데스의 700페이지짜리 『펠로폰네소스 전쟁사』[2]를 단박에 읽어낼 수 있다면 좋았겠지만 나는 그리스 역사에 대한 상식도 별로 없는 상태였다. 소크라테스, 플라톤, 아리스토텔레스의 이름을 들어본 정도였다. 투키디데스의 책을 읽기 위해서는 일단 그리스 역사부터 알아야 했다. 투키디데스의 책보다 도날드 케이컨이 재구성한 『펠로폰네소스 전쟁사』를 먼저 읽었다. 나를 투키디데스에게 안내해줄 선생님이었다. 여기에 덧붙여 그리스의 역사, 정치, 사회 등에 대한 다른 책들을 읽고 나니 비로소 『펠로폰네소스 전쟁사』가 조금씩 보이기 시작했다. 그리스 세계 변방의 조그만 도시인 에피담노스에서 벌어진 분쟁이 어떻게 스파르타와 아테나이의 전쟁으로까지 번졌는지, 그 과정에서 아테네 민회가 어떠한 역할을 했는지, 왜 아테나이인들이 무모해 보이는 시켈리

---

[2]  처음 『펠로폰네소스 전쟁사』를 읽을 때는 원전 번역본이 나오기 전으로 일어나 영어판 중역본을 읽었기 때문에 조금은 얇은 책이었다.

아 원정을 감행했는지, 그리고 왜 투키디데스가 펠로폰네소스 전쟁을 기록하려고 했는지 조금씩 알게 되었고, 다 읽고 나서는 A4 한 매에 독서를 통해 알게 된 것들을 다섯 단락으로 정리했다. 『펠로폰네소스 전쟁사』를 읽고 났더니 그리스에 대한 수북한 독서 목록이 생겼다. 배보다 배꼽이 큰 경우였다. 모두 그런 것은 아니지만 이런 방식으로 고전을 읽어나갔다.

겹쳐 읽기의 효과라고나 할까. 이 방식은 아는 것이 거의 없었던 내가 선택한 지극히 주관적인 방식이므로 옳다 그르다의 문제는 아닌 것 같다. 각자가 할 수 있는 방법으로 고전 공부에 대한 방식을 만들어가는 것이 좋겠다. 고전 공부 즉 1차 문헌을 공부한다는 것은 시간과 노력을 많이 요구하는 일인 것은 사실이지만 그렇다고 피할 수 있는 문제는 아니므로 각자가 할 수 있는 방법으로 접근하면 좋겠다. 『인문학 스터디』에 있는 책들을 하나하나 다 읽어보려고 노력했지만 아직도 못 읽은 책들이 태반이다.

당시 나는 백화점 문화센터에서 세계사 강의를 했고 소규모 공부모임을 꾸리고 있었고 지역에서 아주 가끔 강의를 했다. 강사 이력이 전혀 없는 내가 문화센터에서 세계사를 가르쳤는데, 다른 사람을 가르치는 일이 처음이어서 서툴고 두서없었을 것이다. 그래도 그 강의를 재밌게 들어주시는 분들이 신기했다. 다 아는 역사 얘기를 하는 것은 식상할 것 같아서 명화로 만나는 세계사라고 명화와 세계사를 결합했다. 지금 생각해보니 신선하기는 했지만 미술사도 아니고 세계사도 아니어서 다소 산만하지 않았을까 싶다. 세계사 강의를 한 이유는 공부한 세계사를 잊어버리지 말아야겠다는 정도였지 누군가를 가르쳐보겠다는 생각은 아니었다. 가장 확실하게 아는 방법은 다른 사람을 가르쳐보면 된다. 가르치기 위해 공부하는 것이 아니라 공부하기 위해 가르쳤다!!!! 순서가 바뀌었다. 나에게서 뭔가를 들으러 오는 분들에게는 미안한 일이었지만 공부하기 위해 가르쳤다. 다른 사람을 가르치는 일이 처음이어서 서툴고 두서없었을 것이다. 그럼에도 가끔 그런 기회가 있을 때 거절하지 않았다. 내가 알게 된 것을 나만의 언어로 설명하는 일이 공부에 큰 도움이 되었다.

나의 말을 갖는다는 것의 매력이 뭔지 조금은 알 것 같았다.

3

독일에서 행해진 얀 로첸츠의 집단지성 실험에 관한 일화[3]를 읽은 적이 있다. 144명의 학생에게 금전적인 보상을 약속하고 몇 가지 질문을 하고 답을 예측하는 실험이었다. '2006년에 스위스에서 일어난 살인 사건의 수는?'이라는 질문은 정확한 답이 있다. 144명이 독립적으로 있을 때는 정답에 상당히 근접한 답변들을 내놓았다. 이것이 고전적인 집단 지성이다. 실제로 2006년에 일어난 살인사건의 198건이었다. 그런데 문제는 사회적 영향력이 작용할 때 그러니까 서로서로 다른 사람의 답변을 참고하게 되고, 토론하게 했더니 정답이 왜곡되기 시작했다고 한다. 144명이 독립적으로 판단할 때는 이른바 집단지성에 걸맞게 비교적 올바른 판단으로 수렴되는데 144명이 서로 영향을 주고받는 상황에서는 집단지성이 나타나기는커녕, 개인의 판단보다도 못한 잘못된 결론을 내놓고도 그것이 맞다고 우기는 상황이 발생했다는 것이다. 이 실험 결과를 세 가지 함의로 정리하면, 첫째, 다른 사람들의 판단을 듣는 것만으로도 예측의 다양성이 감소하며, 둘째, 시간이 지날수록 예측이 한 가지로 좁혀지면 집단이 부정확한 결론을 내릴 가능성은 더 커진다. 다수의 틀린 예측이 소수의 정확한 예측을 압도해 버린다. 셋째, 혼자서는 정확하게 예측을 했다고 하더라도 확신하지 못할 때, 틀린 답을 내놓은 사람의 쪽의 수가 많아지면 그들의 자세가 돌변한다. 틀린 답을 내놓고 우기기 시작한다.

이렇게 양날의 검 같은 집단지성을 모토로 삼고 2017년에 전주시 평생학습관에서는 시민인문세미나를 시작했고, 나는 진행자로 참여하게 되었다. 말이 좋아 집단지성이지 배의 방향을 잘 못 틀면 모두 망할 수 있는 위험한(?) 상황이었다. 나는 전문가 과정을 따로 밟은 사람이 아니기 때문에 누군가를 가

---

[3] 강양구, 『수상한 질문, 위험한 생각들』, p. 264, 북트리거

르친다는 것이 어렵게만 느껴졌다. 그러나 이번에도 역시 용기를 내 보기로 했다. 나는 복잡하고 체계적인 이론 같은 것은 잘 모른다. 그리고 어떻게 하면 잘 전달할까 하는 교수법 같은 것은 더더욱 모른다. 침을 튀겨 가며 열심히 이야기를 하다가도 '이게 맞나?' 하는 생각에 혼자 갸우뚱한 적도 많다. 그런데 그 시작에 답이 있는 것 같다. 나는 퍼즐의 대강의 그림을 그려줄 뿐 퍼즐은 모두 다 같이 맞춘다. 나 혼자 하는 공부가 아니었기 때문이다. 진행자나 참여자나 같이 잘 모르기(?) 때문에 같이 책을 읽고 이야기를 하다보면 어느 순간 어떤 영감 같은 것이 퍼뜩 떠오르기도 하면서 생각이 정리되고 앞뒤 맥락이 맞기도 했다. 그런 과정들을 반복하니 조금씩 감이 생겼다. 물론 이 과정에서 실수도 많았고 끝나고 나면 부끄러움이 밀려오곤 했다. 강의를 듣는 분들이 아주 가끔 칭찬을 해주시기도 하는데 그럴 때마다 식은땀이 흐른다. '혹 실수한 것을 돌려서 말하는 것은 아닐까…? 그냥 해보는 소리겠지…? 이해하기 쉽게 설명은 잘 했을까…?' 나는 전공자가 아니므로 조심스럽고 세심하게 접근하고 다른 분들은 부족한 나를 배려해주고 격려해주면서 같이 조금씩 조금씩 발을 맞추면서 걷고 있다.

4

내가 공부를 한 이유는 무엇인가. 어떤 거창한 목적이나 계획이 있어서 책을 읽고 공부를 한 것은 아니었다. 처음에 책을 읽으려고 했던 이유는 내가 아는 것이 참 없다는 생각이 들어서였다. 대학까지 졸업했음에도 교양 있는 사람과는 거리가 멀었던 것이 부끄러웠다. 그런데 조금 유식해지려는 과정 하나하나가 쉽지는 않았고 나의 능력을 넘어서는 고통스러운 일이었다. 그 지나온 과정을 돌이켜보면 그리 잘하지는 못한 것 같다. 책을 열심히 읽는다 해도 내가 가진 한계는 정해져 있었다. 특정 분야의 전문가도 아니고 그렇다고 지적인 사람도 아니다. 이것저것 많이 보기는 했지만 여전히 체계적이지 않고 난삽한 지식더미를 만들어놓고 나에게 필요한 뭔가를 찾고 있다. 어떤 주제를 찾아서 공부를 심화시키는 과정이나 나의 관점을 가지고 나의 언어로 해석하고 이야기하는 일은 어렵게만 느껴진다. 그리고 아직 나의 글을 갖고 있지 못하다. 글솜씨가 없어서 누가 간단한 원고라도 부탁할라치면 그것을 써 내는 데 한 10년은 폭삭 늙는 것 같다. 이 글을 쓰는 지금도 마찬가지다. 앞으로도 책을 읽고 생각을 하고 이야기를 나누는 일을 반복하고 있을 것이다. 공부하는 삶이 어떤 것이어야 하는가, 내가 왜 공부를 하고 있는가 하는 것 같은 추상적인 질문에는 답을 하기가 어렵다. 한 가지 확실한 것은 항상 공부는 다른 누군가와 늘 같이 할 때만 가능했다는 것이다. 가르쳐주는 선생님이 있어야 하고 같이 이야기를 나눌 공부 친구들이 필요하다. 혼자였다면 결코 하지 못했을 일을 지역사회 안에서 같이, 함께 하려고 했기 때문에 여기까지 올 수 있었던 것 같다.

　내가 어떤 공부를 해 왔는가도 그리 자신 있게 대답하기는 어려운 문제다. 공부를 조금 해오고 있지만 솔직히 한반도에 살고 있는 우리의 정체성을 고민하는 공부는 많이 하지 못했다. 지금 하는 인문학 공부는 서양의 고전들을 중심으로 짜인 커리큘럼들이다. 고전을 읽는 것은 좋은 일이나 자칫 우리의 역사적 상황과 위치를 잊어버릴 수 있다. 그렇다고 우리의 전통적인 생각들을 중심으로 공부하다가는 시야가 좁아질 수 있다는 단점이 있다. 21세기를 사는 우리에게는 이런 양측의 단점을 모두 극복하려는 노력이 필요한 것 같다. 지금 세계사 서술의 경향들을 예로 들어보자면 예전처럼 유럽 중심적이거나 한 국가라는 틀을 고집하지 않고 그 이상을 보려고 노력하고 있다. 이제 역사학자들은 "개별 공동체나 사회를 독립적으로 바라보는 것이 아니라 비교, 연결, 네트워크, 시스템 등에 초점을 맞추는 새로운 세계사[4]"를 추구하고자 한다. 나에게 남겨진 숙제도 이런 연장선상에서 극복해 보고자 한다.

　마지막으로, 부족하지만 지금까지 내가 공부할 수 있었던 가장 큰 원동력에는 오랜 시간 인문학 공부를 하고자 하는 사람들을 위해 커리큘럼과 공부

---

[4] 《케임브리지 세계사 - 세계사의 탄생》, p.31, 소와당

법을 알려주신 인문학자 강유원 선생님이 계셨다는 점을 언급하고 싶다. 아낌없이 주는 나무처럼 많은 것을 내어주신 선생님께 감사하고 또 감사할 일이다. 또 늘 나와 함께 새로운 퍼즐 맞추기에 기꺼이 동참해 주었던 공부 친구들의 도움이 항상 있어 왔다. 이렇게 10년이 조금 넘는 시간 동안 알고자 노력은 했지만 얼마나 앎이 깊어졌는지는 잘 모르겠다. 다만 좋은 글들을 찾아보고 같이 읽고 하는 과정이 참 재미있었다. 나에게 공부란 삶을 충만하게 하는 매혹적인 방법 한 가지를 발견하는 계기였다는 소박한 의미를 두고 싶다.

박은정
◈ 전주에서 태어나 한 곳에서 오래 살고 있다 ◈ 사시사철
눈에 보이는 세상의 아름다움도 사랑하지만 언어가
만들어내는 보이지 않는 세계의 아름다움 역시 좋아한다
◈ 글을 잘 쓰는 타고난 재능은 없어서 읽는 것만 좋아하는
평범한 독자다 ◈ 좋은 책 속에서 길어올려지는 좋은
생각들이 나의 삶 또한 좋은 삶으로 인도해주길 기대하며,
열심히 읽고 부지런히 떠들며 살고 있다 ◈

# 타마, 공부하다,
# 글 쓰다,
# 놀다, 바라다
## 이화서원에서 부치는 편지 1[i]

타마 (고석수)

麗澤兌, 朋友講習。

바다는 하나였지.

다만 쪼개져서 둘이 되고 셋이 되었을 뿐.

우린 다시 흐르고 흐르며 돌아가네.

서로를 꿰뚫고.

입가엔 미소와 눈가에는 눈물이

하나로 흐르네.

– 兌卦 재해석, 易經.

【朋友講習(붕우강습): 서울, 도심에서 함께하는 공부】

붕붕 쇠공을 돌린다. 20kg까지 들어 볼까. 손잡이를 잡고 가랑이 사이로 빙빙 돌린다. 쇠공의 이름은 기리야(گیری). 페르시아 말로 '돌리다, 들다'라는 뜻

---

[i] 안녕하세요. 『다시개벽』 독자님들. 지면으로 인사드릴 수 있어 기쁩니다. 저는 전남 곡성 이화서원의 연구원, 타마라고 합니다. 이화서원은 동양고전을 중심으로 온 몸과 마음을 함께 탐구하는 연구 공동체입니다. 매호마다 저희 연구원들의 소식을 전해드리고 싶습니다. 첫 연재는 저의 공부 이야기입니다. 즐겁게 읽어주시길 바라겠습니다!

이다. 주전자 같은 손잡이가 달려 있어, 케틀벨(kettlebell)이라고 불리기도 하는 운동기구다. 가랑이에서 돌리던 케틀벨을 이제 장골 위에 살짝 걸친 후에, 대퇴근의 반동을 이용해서 번쩍 들어낸다. 역도에서도 사용하는 힘, 저크라고 불리는 운동이다. 몸 전체의 협응력을 사용한다. 굼실 하고 누르는 몸의 힘이 땅의 반동을 타고 올라온다. 지구의 힘을 쓰는 듯하다. 함께 온 J는 신난다고 펄쩍펄쩍 뛰어다닌다. 그는 요즘 기계체조를 열심히 한다고 하지. 제 몸을 봉위에서 돌리던 습관 덕분에 쇠공을 돌리는 것이 퍽이나 재미있나보다. 내친김에 페르시안밀, 메이스벨로 불리는 중동의 쇠방망이와 나무방망이도 돌려본다. D와 Y의 자세가 그럴듯하다. 합기도를 오랫동안 해 온 덕분인지, 제 키만한 방망이를 넘기는 폼이, 흡사 엎어치기 한판 같다. 그렇게 우리 넷은 몸과 마음의 수련이라는 거창한 이름을 내걸고 곡성에서 서울을 찾아왔다.

　시골 쥐들에게 서울의 밤은 낯설다. 시끄러운 밤공기가 차갑다. 지하철에는 사람이 만원이고 공기는 후끈하다. 그렇게 꾸역꾸역 도착한 곳은 신촌역. 안녕 신촌. 내가 겨우겨우 학부생을 졸업하며 작별인사를 건넨 것이 7년 전이다. 나는 대학에서 원하는 공부를 찾지 못했다. 20대를 시작했던 신촌에서 무척이나 외로웠다. "진리가 너희를 자유케 하리라." 대학에는 그런 돌덩이가 하나 묵직하게 놓여 있었다. 하지만 나는 진리, 자유 같은 거창한 것들보다는 '너희'가 늘 그리웠다. 우리가 함께 가르치고 배우고 흐르는 그런 꿈을 꾸었다. 이른바 붕우강습(朋友講習)이라는 『주역』에 나온 이야기처럼. 서로가 가르치고 서로에게 배우는 기쁨의 이야기처럼. 주역 태괘(兌)는 붕우강습을 설명하기 위해 연못을 상징물로 제시한다. 마치 두 개의 연못이 서로를 향해 흐르는 모양 마냥, 비워진 이곳은 그곳으로 흘러가 채워질 거야, 라는 게 나의 꿈이기도 했다. 나는 그런 기도를 드리며 정문의 돌덩이를 지나쳤다. 그러나 우리는 수백 개, 아니 수천 개의 따로 고인 웅덩이 같았다. 너는 1등급 웅덩이, 너는 8등급 웅덩이. 그렇게 맑고 고운 웅덩이가 되기 위해 엉덩이를 붙이고 공부한 수능시험에서, 나는 운 좋게 맑고 깨끗한 연못 판정을 받았다. 그렇게 여러 분은 하늘로 높게 날아가는 겁니다, 라는 듯 독수리가 내걸린 대학에 도착했다. 그러나 물이 고이면 썩는다. 우리는 시험이든, 수업이든, 면접이든, 취직이든 이름만 다른 비슷한 어떤 것에서, 날아가기보단 가라앉고 있었다. 각자 고여서 제 나름대로 썩어가는 느낌이었다.

그런 신촌을 이화서원 친구들과 다시 찾아 감개무량하다. 우리는 신촌 한복판에 놓인 힘의 집이라는 공간을 찾았다. '몸과 마음의 화해, 삶과 자연의 조화'라는 문구를 보니 근육이 꿈틀거렸다. 이곳은 주르카네(زورخانه)라고 불리는 중동의 고대 운동 공간을 모델 삼은 곳이다. 힘의 집이라는 이름이 마치 동네 헬스장을 연상케 하지만, 괄호치고 힘(을 함께 탐구하는) 집이라고 해도 되겠다. 힘이란 신이 보낸 선물이다. 내 근육의 힘이 아니다. 장내에는 북소리와 주문소리가 영화관의 장엄한 배경음악 마냥 울려 퍼진다. 사막의 모래 언덕에서 들리는 신의 음성과도 같다. 이란의 신화 샤나메 서사시, 전사의 이야기가 페르시아어로 두 시간 가량 울려 퍼진다. 그 신화의 부름에 맞춰 움직이는 것. 그게 바로 힘이라는 것이 아닐까. 그리고 이곳은 집이다. 중동의 수염 난 수다쟁이들은 차 한 잔에 몇 시간이 충분하지. 우리들의 수다는 이내 철학적 탐구로 이어진다.

지·덕·체가 아니라 체·덕·지였다고 하지요. 예수는 목수였고 수운은 칼잡이였다. 석가는 무술가였고, 공자는 자로를 때려 눕혔다. 이 이야기는 픽션일 수도 있지만, 우리는 상상을 더해 본다. 그렇게 우리가 여기 오늘 모인 건 운동하자고 모인 게 아니다. 근육 키우고 싶어서 온 게 아니다. 무언가 탐구하고 싶어서 온 것이다. 수운이 들던 용천검 날랜 칼은, 수운이 펄럭이던 게으른 무수장삼은 이러한 탐구가 아니었을까. 최소한 그는 검도 왕이 되고 싶던 것은 아닌 것 같다. 누구를 찔러 죽이겠다는 생각도 없던 것 같다. 그가 든 칼은 쇠가 아니라 나무였다. 무언가 살리고 싶다는 마음이 담겨 있었다. 봄날에 피어나는 푸릇푸릇한 새순 달린 나무를 염원하며, 그 눈 내리는 겨울날에 은적암으로 들어가 몸으로 주문을 빌고 빌었던 게 아닐. 우리가 돌리는 중동의 쇠공도 동학의 목검 같은 마음으로 돌릴 수 있지 않을까. 주문이 입으로 돌리는 마음이라면, 몸으로 돌리는 이것도 주문이 될 수 있지 않을까. 인도에서 요가는 이미 크리슈나를 위한 몸짓이고, 이란에서 주르카네는 이미 샤나메를 위한 몸짓이다. 동학에서 칼춤은 이미 한울님을 위한 몸짓이다.

친구들과 나누는 탐구가 퍽 즐겁다. 이제서야 뭔가 내 안으로 흘러 들어오는 듯하다. 흡사 우(友)와 습(習)의 모습이 여기 있다. 갑골문으로, 옛날 옛적 원형의 모습을 보면 두 한자의 모습이 똑같던 시절이 있다. 갑골문의 그림을 보면, 두 개의 손이 오늘 돌린 쇠공을 붙잡은 듯이, 동그란 무언가를 들고 있다. 함께 무언가 들어내는 것. 그게 친구라는 뜻이 아닐까. 여기에 습의 갑골문도 똑같은 모양이다. 이번에는 두 손이 두 날개처럼 보인다. 아직 어린 새의 조그만 양 날개를 그린 것도 같다. 비죽 튀어나온 우익과 좌익은 제멋대로 펄떡인다. 아직은 서툰 젓가락질처럼 서툰 날갯짓을 하는 모습 같다. 하늘로 폴짝 뛰는 듯, 혹은 땅으로 고꾸라지는 듯. 그렇게 뒹굴고 굴러다니다가 종국에는 창공을 높이 날겠지. 하는 꿈을 꾸는 어린 새와 같다. 다음 서울 모임을 기약하며 헤어지는 친구들의 뒷모습이 개운하다. 폴짝 뛰는 듯이 즐거운 마음이 생긴다.


【谷神不死(곡신불사): 곡성과 강정, 산골짜기에서 하는 공부】

곡성으로 돌아왔다. 서울에서 섬진강 따라 기차타고 3시간. 다시 강둑 따라 걸어가면 돌아오는 이곳은 이화서원이다. 나는 요즘 이곳에서 입주 작가로 지내고 있다. 頤和(이화)서원이라는 이름에 이곳의 정체성이 담겨있다. 頤(이)는 『주역』의 64가지 서사시 중 하나이다. 잘 먹고 잘 살자. 몸과 마음의 균형을 잡자. 그게 한자 頤(이)와 卦(괘)의 코드(䷚)에 담겨 있다. 한자 오른쪽에는 머리 (頁) 하나, 그리고 왼편에는 그 머리에 달린 턱(㠯)이 있다. 턱으로 씹어 먹는 머리의 그림이다.

『주역』은 頤(이)괘를 다시 이렇게 설명한다. "頤(이) 養也(양야)." 이는 곧 길러내는 것이다. 길러낸다는 뜻은 무엇일까. 養(양)의 한자를 보면 위에는 羊(양) 그림 하나, 아래에는 食(제기) 그림 하나가 있다. 제사에 바쳐질 양처럼, 정성스레 먹이고 살찌워서 바쳐지는 신의 열매. 이 서사가 괘의 코드(䷚)에 그대로 담긴 듯하다. 90도 회전해서 보면 입과 이빨처럼 생겼으니 말이다. 그렇게 몸을 길러내며 자신의 마음을 탐구하는 것이 이화서원의 정체성이다.

지난 주말 이화서원 연구원들은 함께 남원의 외곽 교룡산 산성 내 한 골짜기를 찾았다. 그곳에는 은적암이 있었다. 그리고 거기엔 경주 용담사에서 몸을 피해 온 수운이 있었다. 그곳에서 수운은 처음으로 칼춤을 추었다. 그러나 지금은 이름 모를 무덤 하나만 놓여 있을 뿐, 아무것도 남아 있지 않다. 단지 그가 칼춤을 처음 추었다는 팻말 하나 남고는 은적암도 불타 사라진 것이다. 그곳에 도착한 우리는, 함께 용담유사를 읽고 검결을 소리 내 읽었다. 용천검 날랜 검 아니쓰고 무엇하리. 게으른 무수장삼은 우주를 뒤덮네. 소리를 낸 후 몸으로 추었다. 지금은 아무것도 없는 그곳에서, 다시 우리는 아무 흔적도 남지 않을 춤을 함께 추었다.

곡신불사(谷神不死). "계곡의 신은 죽지 않는다." 노자(老子)가 읊는 말이다. 谷(곡)의 한자 모양이 꼭 이곳 같다. 위에는 절벽이 깎아 내려지는 모양이고 아래에는 휑한 네모 공간 하나 남아 있다. 아무것도 없는 축축한 음지의 공간. 그래서 수운은 이곳에 와서 머무는 동안 거처를 은적암(隱蹟庵)이라고 이름 붙였을까. 훗날 이곳에서 주둔하여 도성을 치자고 한 개남은 머리 없이 어디로 갔을까. 그보다 더 이전 날 임진년, 일본이 제국을 향하던 나날 속, 이곳 남원의 사람들의 코와 귀가 수없이 사라졌다지. 아무것도 없는 골짜기에서 수운은 무수장삼으로 무엇을 따뜻하게 덮고 싶었을까. 나는 그건 생명이 아니었을까, 라고 생각해 본다. 여기 수많은 생명이 아직 골짜기에 남아 있다. 물이 흐른다. 작은 풀 한 포기부터 벌레들이 있어, 새들이 오고, 그래서 짐승이 오고, 음지는 외려 생명으로 촉촉하게 젖어드는 무한한 공간인 것이다. "이곳에서 죽는 것은 아무것도 없어."라고 속삭이며 그는 그것을 따뜻하게 덮고 싶던 걸까.

　곡성에 오기 전, 나는 강정에 있었다. 악명 높고 명망 높은 그곳은 어느덧 시멘트에 모든 게 뒤덮였다. 그렇게 크고 아름다운 복합관광미항이 완공되었다. 나는 아직 그곳에서 절대 죽지 않고 살아 있는 무언가를 외치고 싶었다. 바닷가는 이미 시멘트로 뒤덮여 버렸지만, 신령스러운 돌, 바위, 물 그런 것이 마을 도처에 아직 남아 있었다. 원시의 감각을 느꼈다. 안양 변두리의 산부인과에서 태어나, 매캐한 도시 속에서 30년을 지나 얻은 소중한 감각이었다. 친구들과 한라산을 보며, 바다에서 배를 타며 꿈을 키웠다. 그러나 마을 살이는 쉽지 않았다. 내 안에 세계 평화가 자라기를 기도했지만, 공동체 살이와 투쟁 활동은 쉽지 않았다. 결국 나는 강정에서 곡성으로 나왔다. 그러나 죽지 않았어. 내 안에는 무언가 분명히 남아 있다. 그날의 은적암에서 수운이 무언가 미친 듯이 써내려 갔듯이, 나는 곡성에서 죽지 않는 무언가를 써내려 가고 있다.

【川谷江海(천곡강해): 동아시아 바다로 보내는 나의 공부】

코로나가 오기 전, 나는 바다 위의 섬 속에서 살았다. 강정이 있는 제주도를 바다 건너 갔듯이 인천에서 강물 따라 바닷물 따라 2시간 건너갔다. 하늘을 흘러흘러 대만과 일본에서 살았다. 친구들과 숲 속에서 농사를 짓고, 평화를 노래하며 살았다. 일본은 한국의 10년 후라고 한다지. 친구들이 말했다. 정치에 대한 불신이 팽배하고, 그들은 이미 숲 속에 새로운 문명을 세운 듯 했다. 산골 속 일본 친구들은 귀농귀촌하여 자급자족을 하는 삶을 살고 있었다. 제 몫의 쌀은 땀 흘려 벌겠다. 내 가족을 위해, 아이들을 위해 푹푹 찌는 열도의 열기 속에서 환히 웃으며 사는 친구들이 많았다. 저녁에는 마을 안 쪽 삼나무 숲 속에 모여 노래 부르고 춤췄다. 울창한 그곳에는 신사가 있었다. 자연 만물에 신이 깃들어 있음을 믿고 모시는 신토(神道)의 공간이었다. 그곳에서 토토로 같은 정령을 부르는 메이짱 같은 친구들이 함께 노래를 불렀다. 반면 대만은 한국의 10년 전 같았다. 이제 20년 후의 일본과 10년 후의 한국이 보란 듯이 젊은 생태주의 운동이 활발했다. 타이베이에서 돌아간 숲 속에서 대만 친구들이 만난 것은 섬의 선주민들이었다. 신석기 시대부터 건너왔다는 그들은 다시 바다 건너 뉴질랜드와 하와이까지 건너간 찬란한 바다 문명의 시발점이었다. 그곳에서 우리는 알지도 못하는 선주민의 노랫말을 따라 부르며 해발 3천 미터의 산 아래에서 살아갔다. 이제와 보니 곡성에서 바다를 건너면 제주 강정이 있고, 좀 더 건너가면 내가 살던 일본이 있고 대만이 떠있다.

천곡강해(川谷江海). "계곡물이 강물로, 강물이 결국 바닷물로 이리저리 부딪히며 흘러 간다." '노자'가 읊은 말이다. 나는 흐르는 물에, 그러니까 병 속에 쪽지 하나 담아 보내는 심정으로 글을 썼다. 곡성 이화서원에서 처음으로 내는 책의 제목은 '동아시아 도덕경'이다. 이 책은 곡성에서 동아시아 바다로 띄우는 책이다. 『도덕경』을 세계 최초로 한국어, 중국어, 일본어 세 언어로 풀어냈다. "동경대전만큼 동아시아 도덕경이 있습니다. 곡성에서 세계로 보냅니다."라고 자랑스럽게 말하고 싶다. 이 책은 3년 동안 숲 속에서 친구들과 함께 읽은 소리를 엮은 것이다. 바다 건너편 친구들과 각자의 언어로 소리 냈다. 하지만 우리는 같은 한자를 보며 같은 것을 탐구했다. 나는 그곳에서 감각이 뒤섞였다. 마치 경계 없는 바다 속을 헤엄치듯이, 나라 없는 공간에서 오랫동안 이어져왔다는 깊은 것을 느꼈다. 바다는 열 손가락 깨물어도 안 아픈 손가락이 없는 엄마 같은 공간이다. 해(海)의 한자 그림을 바라보며 헤헤 웃음이 나온다. 젖먹이 그 시절 엄마 가슴이 생각나는 것 같아서. 그 갑골문을 보면 가슴 달린 엄마 그림이 있다. 찌찌 두개 마냥 점 두개가 콕콕 박힌 母(모)의 그림이 있다. 바다는 그만큼 생명의 젖줄 같은 존재라는 것을 잊지 말라고 점찍고 강조하는 걸까.

바다를 단돈 5만원에 건너다니던 그 시절. 나는 귀농하려고 했는데 어쩌다 보니 대만과 일본과 중국에서 살았다. 귀농하려던 한국의 시골은 애시당초 꼰대들에게 점령당한 것 같았다. 왜 왔냐, 라는 의문 또는, 이걸 해야 된다는 의무들 투성이었다. 이럴 바에, 에잇. 그래서 나는 바다를 건너갔다. 2014년 4월 16일에는 바다에 아이들이 가라앉았다. 그게 전부 내 탓 같았다. 아니 한국 탓 같았다. 일단 헬조선을 벗어나서 배우자, 전부 버리고 새롭게 배우자. 대만은 당시 해바라기 운동이 한창이었다. 청년들이 국회를 점거했다. 비핵화 선포와 동성애 결혼 입법이 한창이었다. 새로운 희망에 불타는 동지들이 여기 있는 것 같았다. 그 친구들에게 더듬더듬 용기 내어 말을 건넸다. 나는 세상이 왜 이렇게 힘든지, 우리는 어떻게 살아가고 싶은지 진지하게 토론하고 싶었다. 그러나 돌아오는 대답은 이랬다. "별에서 온 그대, 너무 재밌게 봤어. 너도 아이돌 좋아하니?" 허탈했다. 그래서 『주역』과 『도덕경』을 붙잡고 무겁게 주제를 잡고 싶었는지 모르겠다.

그렇게 6년을 보냈다. 조바심은 불안, 책임감이 되어 어깨를 짓눌렀다. 일본 산 속에는 히피 친구들이 많았다. 그 친구들은 삼나무 숲에서 하루 온종일 기타치고 평화를 노래하고 있었다. 그리고 하루 종일 분노했다. 도쿄의 삶은 끝이다, 미국의 지배를 받고 있다, 후쿠시마 이후에 우리는 무엇을 해야 하는가, 이 문명은 끝이 났다, 새로운 문명이 필요하다. 그토록 바라던 무거운 주제를 얘기할 때 정작 나는 무서웠다. 내가 뭘 할 수 있을까. 짓눌린 어깨가 괜스레 움츠러들었다. 일본 친구들은 그렇게 평화와 삶을 노래하는데, 내 삶은 무거워져만 가는 것 같았다. 그래서인지 많이 아팠다. 나는 한·중·일 통역을 더 열심히 하면 무언가 치유할 수 있을 것이라 믿었다. 이게 평화를 위하는 길이고, 세상에 분노하는 길이고, 아이들을 구할 사회를 만드는 길이라고 굳게 최면을 걸면서. 그러나 통역은 몸에 많은 긴장을 요했다. 내로라하는 동아시아 사상가를 만나 통역을 할 때면, 더듬거리는 실력이 들킬까 걱정했다. 사실 나는 취직이 무서워서 도망 온 중산층 가정의 대졸자인데, 마치 대단한 평화 활동가인 척 가면을 쓰는 듯 했다. 항상 긴장했고 어깨가 무거웠다. 긴장한 몸은 두통과 소화불량으로 이어졌다. 산 속에서 평화로운 삶을 사는 듯 했지만, 불면증과 설사에 시달리는 밤들이 시작되었다.

그제야 도덕경의 글들이 눈에 들어왔다. "하지 않는 게 얼마나 중요한지 알고 있니?" "꿈은 쫓는 게 아니라 씨앗마냥 묻어 두고, 일단 몸을 챙겨야 해." "목소리를 크게 하는 사람은 사실 거짓말을 하고 있는 거야" 등등. 그렇게 그 말들을 마음에 붙잡으며 비틀비틀 일어났다. 그즈음 코로나가 시작되었고, 정말 아무것도 안 해야 되는 세상이 온 듯했다. "가만히 있어라." 내 귓가에는 환청처럼 이 소리가 울려 퍼진다. 아마 대한민국에 살고 있는 많은 친구들의 가슴에는 이 말이 모순처럼 퍼지고 있을지도 모른다. 그래서 좋은 대학에 가고, 좋은 직장을 구하고, 좋은 집을 구하고, 그런 삶을 버리라는 걸까. 아니면 이 몸을 던져 헌신할, 이제는 없는 사회 운동의 영역을 비집고 찾아들어가라는 걸까. 아니면 이제 2030년이 되면 지구는 끝나고, 남은 시간을 위해서라도 우리는 소확행을 하면 되는 걸까.

정말 모르겠다. 다만 그때마다 친구들과 도덕경을 함께 소리 내 읽었다. 지금 내 마음과 지금 이 사회와 지금 이 세계와 지금 이 우주와, 우리가 건강하게 사는 방법은 무엇일까. 열심히 떠들었다. 그제서야 좀 알았다. 같이 말하면 불안하지 않구나. 이 친구들에게 믿고 맡기는 감각이 생겨났다. 혼자서 조바심내고 공포심을 내던 때와 달랐다. 팔, 다리가 걷고 있는 것을 믿으면 머리는 그냥 내맡기면 된다. 믿고 안심하는 게 그 역할이다. 이게 그렇게 노자가 도덕경으로 부르짖던 무(無)의 개념과 우리 시대가 공명하는 지점이 아닐까.

이 책은 누구보다 친구들에게 건네고 싶다. 나처럼 마음의 불안을 안고 살아가는 친구들과 함께 읽고 싶다. 분명 돈을 버는 게 답은 아닌 것 같은데, 내가 이렇게 불안한 게 전부 나 때문인 것은 아니고, 그렇다고 전부 세상 때문은 아닐 텐데. 내가 바뀌야 되나 바뀌어야 되나 의문을 품는 친구들, 뭔가 복잡하게 얽혀서 내 몸과 마음을 짓누르고 있다는 것을 감각하는 친구들, 그들에게 이 책을 건네고 싶다. 기왕이면 한자로 된 책이니까 한자를 읽을 수 있는 친구들이면 모두 같이 읽고 싶다. 특히나 이 근처에 사는 우리들이 느끼는 감각은 이미 국가를 초월해서 맞닿아 있다. 그래서 이 책은 세 언어로 썼다. 한국, 일본, 대만, 중국. 바다 건너에서 살아가고 있는 그대들에게 보내고 싶다.

다시 바다에 서서 수평선을 바라본다. 우리에게 어떤 미래가 올까? 답은 정말 알 수 없다. 현대 물리학에 기대어 말해도 정말 예측할 수 없다. 심지어 지금도 측정할 수 없다고 한다. 도덕경은 현대 물리학과 잘 공명한다. 그래서 책의 첫 장이 道可道非常道(도가도 비상도)이다. 그러니까 지금 사람을 만나기도 어려운 시대에 이렇게 같이 모여 읽는 책을 내 본다. 이 책이 작은 장난감마냥 우리가 즐겁게 가지고 놀 수 있기를 바란다. 그리고 다시 저 바다 너머 친구들과 깊이 이어지면 좋겠다. 책의 서문을 바다로 흘려보낸다.

타마
◈ 『아름다운 세 언어, 동아시아 도덕경』 공동 저자입니다
◈ 산골에 파묻혀 살고 싶었습니다 ◈ 그런데 또
세상을 떠돌고 싶었습니다 ◈ 그래서 타협한 것이
가까운 동아시아에서 왔다 갔다 하는 노마드적 삶의
방식이었습니다 ◈ 그곳에서 만난 친구들은 어느새
가족이 되었습니다 ◈ 고전에 담긴 것들은 제 가족들과
보낸 옛날이야기처럼 읽힙니다 ◈ 제겐 과거, 현재, 미래의
삶의 이야기가 동아시아 전통 사유에 섞여 있습니다 ◈
이화서원에서 글을 쓰며 지내고 있습니다 ◈ 이제 동아시아
가족들을 만나러 쉽게 갈 수 없어졌습니다 ◈ 그래서 제겐
그간의 추억을 글로 쓰는 일이 소중해졌습니다 ◈ 글을
춤추듯이 쓰고 싶습니다 ◈ 글이 연필과 마음의 호흡이라면
춤은 중력과 몸의 호흡이겠지요 ◈ 몸과 마음을 길러내며
살고 있습니다 ◈

다시쓰다

RE: WRITE

# '여성'으로서의 여성, '한울'로서의 여성

이
주
연

## 【에코페미니즘은 환원론인가】

주말 저녁, 언니로부터 전화가 왔다. 어머니가 수술을 하시게 되었다는 다급한 연락이었다. 몸이 평소 좋지 않으신 줄은 알고 있었지만, 갑작스러운 수술 소식에 가슴이 진정되지 않았다. 무엇이 어려워서 자식들에게 수술 이야기를 꺼내지 않고 계셨을까 하는 서운함도 밀려왔다. 어쨌건 평소 잘 살펴드리지 못한 죄송한 마음이 컸다. 부랴부랴 본가로 가서 어머니를 모시고 병원으로 향했다. 수술을 위해 몇 가지 절차를 밟는 동안, '늙어 가는 부모님'을 향한 절절함은 늘 있었지만 '여성으로서의 어머니'를 보려는 마음은 상대적으로 작았음을 알았다.

　늘 갓 지은 밥은 남편과 자식들에게 퍼주시고 남아 있던 밥을 고집하던 어머니. 돈이 없어 어렵던 그 시절에 온 가족이 고기 외식이라도 할라치면 당신은 입맛이 없다며 살짝 빠지시던, 평생 좋은 옷, 좋은 화장품 한 번 안 쓰시고 부르튼 손과 거친 얼굴로 고생하셨던 어머니. 이런 어머니를 한 명의 여성으로 바라본 것은 과연 언제였을까. 어머니는 무너져 가는 가계를 지탱하기 위해 밤낮없이 뛰거나 안살림을 도맡아 하느라 분주한 세월을 보내는 동안 여성이라는 정체성으로부터 영향을 받을 수밖에 없었던 것 같다. 그 시절만 해도 가정에서 주어지던 여성의 역할은 상당히 뚜렷한 색채를 지니고 있었던 데다, 여성 갱년기 같이 여성의 신체성이 지니는 특이성들은 지금의 어머니가 겪고 있는 현상들로 이어졌다.

시댁의 간섭이 거의 없어 비교적 자유로운 분위기 속에서 살았음에도, 어머니는 지속적으로 여성이라는 정체성 때문에 많은 불편함과 힘듦을 감내하셨던 걸로 기억한다. 한국사회에 오랫동안 뿌리내려 있던 가부장제는 어쨌든 우리 집안에도 알게 모르게 영향력을 행사했고, 어머니의 여성성은 자본주의와의 결합으로 억압을 받을 수밖에 없었다.(그것도 전형적인 흙수저, 서민층의 대열에서 벗어날 수 없어 더했다.) 이렇게 살아온 대한민국의 수많은 여성들을 위해 래디컬 페미니즘이나 사회주의 페미니즘과 같은 다양한 페미니즘들이 등장해왔다.

그중 에코페미니즘은 근대 서구의 자본주의가 여성과 자연을 착취 대상으로 삼음에 따라 여성, 그리고 자연이 소외되었고, 반면 여성적 원리를 회복시킴으로써 지구를 회복시킬 수 있다고 주장한다. 특히 반다나 시바(Vandana Shiva)는 '자연은 그 자체로 아무런 가치가 없고 단지 서구 남성 과학에 의해 통제되고 착취될 뿐이며 여성과 비서구 민족들 역시 아무런 가치를 갖지도, 생산하지도 못하는'[i] 현실을 지적했다.

여성적 원리는 물론 생물학적 측면에서 여성이 자연과 가깝다는 관점에 근거하진 않는다. 시바가 『살아남기』(원제: Staying Alive)에서 밝히고 있는 여성적 원리는 이분법의 존재론, 즉 인간이 자연을, 남성이 여성을 지배한다는 방식의 존재론이 아닌 자연의 상호연관성, 다양성, 비폭력, 창조, 생명과 같은 것들을 추구한다. 이러한 여성적 원리를 회복할 때라야 근대 자본주의가 강화시킨 남성 중심적 가부장제를 완화시킬 수 있다는 것이다.

회고하건대, 어머니가 발현시켰던 여성적 원리는 가족들에게 많은 영향을 미쳤다. 어머니는 청소년기의 우리 3남매가 결코 위축되거나 딱딱해지지 않도

---

[i]  반다나 시바, 『살아남기』, 솔출판사, 1998, 327쪽.

록, 모종의 위력을 발휘했었다. 이 위력이란 건 늦은 밤 식탁 위에 달콤한 밤 식빵을 올려둔 채 도란도란 이어갔던 대화, 잘한다 또는 잘못한다는 평가를 내리지 않는 따뜻한 훈육 같은 데서 생성되었다. 덕분에 학교 성적이나 외모 수준 같은 고민에 상관없이 우리 각자가 스스로를 나름 인정하고 아껴줄 수 있었고, 덕분에 모두 꽤 건강한 사춘기를 보낼 수 있었다. 이 밖에도 소소하게 어머니 특유의—당연하면서도 특별하고, 평범하면서도 비범한—활약들이 있었기에, 우리는 감정을 가슴에 쌓아 두는 일 없이 무난한 성장 과정을 거쳤다. 어머니의 여성적 원리는 그분이 여성이기에 때문에 가능했던 점도 있지만, 동시에 이분법적 구조에 따른 여성으로서의 원리라고 설명할 수만은 없는 측면도 상당히 있었다. 아버지가 따뜻한 대화를 이끌어내지 않기 때문에 어머니가 그 역할을 하셨다기보다는—아버지도 빈번하게 대화에 동참해주셨으니—어머니만의 교육철학, 그리고 부모로서의 사랑이 있어 가능했던 일이었다.

말하자면, 여성적 원리는 생물학적 여성성을 기반으로 하면서도 이러한 차원을 훌쩍 뛰어넘은, 주변을 밝고 따뜻하게 만들어낼 수 있는 특유의 힘이라 이해된다. 여성과 남성의 성별이 구분되어 있는 이상, 여성이면서도 지구 위의 한 존재로서 머금은 독특한 색깔을 직시하고자 하는 게 곧 에코페미니즘의 지향점일 수도 있겠다. 물론 에코페미니스트들이 여성을 비폭력과 조화, 화합의 상징으로 상정하는 점을 가리켜 또 다른 여성성을 강조하는 입장, 즉 또 다른 환원론적 입장 아니냐는 의문을 보이는 이도 있다. 굳이 여성성을 내세워야 하는 건지 묻는다면 에코페미니즘은 자칫 공격의 대상이 될 수도 있다.

그러나 여성으로서의 나 자신, 내 곁에 살아 숨쉬는 여성들을 한 '여성'으로 이해하려는 시도는, 사실 남성이라는 나머지 성에 대별되는 성으로서 여성을 규명하겠다는 건 아니다. 등산을 즐기던 아가씨가 어느덧 결혼하여 세 명의 아이를 잉태하고, 그때만 해도 아내들이 주로 하던 일들—가정 살림—을 전담하고 살았던, 그러다가 갱년기를 거칠게 겪어냈던 삶의 이야기는 분명 대한민국 한 여성의 이야기다. 하지만 이 이야기를 ‹남성의 반대쪽 어딘가에 있

는 여성의 이야기'로 제한할 경우, 그의 삶을 모두 다 담아낼 수 없는 이야기
가 되고 말 것이다.


【동학에서 여성은 '여성'이면서 '한울'】

동학이 제시하는 여성관은 에코페미니즘에서의 여성성으로 조명될 수 있는
동시에 '한울'이라는 궁극적 실존으로 귀결됨으로 인해, 에코페미니즘이 받고
있는 의혹(?)—여성의 능력을 '돌보는 자연'과 연합된 것들로 제한시키려는 성
향이 있다는[2]—에 대한 완화책을 보유하고 있다. 동학의 한울은 '돌보는 자
연'보다 훨씬 포괄적이고 궁극적으로 다가온다. 동학 경전에서는 한 가정을
꾸려나가는 일차원적 여성으로부터 한울로서의 여성에 이르기까지, 다양한
여성상을 폭넓게 다루어 왔다.

    부인은 한 집안의 주인이니라. 한울을 공경하는 것과 제사를 받드는 것과
    손님을 접대하는 것과 옷을 만드는 것과 음식을 만드는 것과 아이를 낳아서
    기르는 것과 베를 짜는 것이 다 반드시 부인의 손이 닿지 않는 것이 없느니라.

    부인은 한 집안의 주인이니라. 음식을 만들고, 의복을 짓고, 아이를 기르고,
    손님을 대접하고, 제사를 받드는 일을 부인이 감당하니, 주부가 만일 정성 없이
    음식을 갖추면 한울이 반드시 감응치 아니하는 것이요, 정성 없이 아이를 기르면
    아이가 반드시 충실치 못하나니, 부인수도는 우리 도의 근본이니라. 이제로부터
    부인도통이 많이 나리라.

---

로즈마리 통, 「서론-에코페미니즘」, 『자연, 여성, 환경』, 이소영 외 편역, 한신문화사, 2000, 48쪽.

각각이 『해월신사법설』 중 「부화부순」과 「부인수도」의 대목들로서, 부인이 한 집안의 주인임을 동일하게 명시하고 있다. 남성과 여성의 선후상종 관계로 공공연히 규정했던 유교 윤리를 벗어나 여성을 가정의 '주인'으로 승격시킨 것은 당시 시대적 요구에 적합한 전환이었다. 어쨌든 여기에서 말하는 '부인'은 봉건사회에서의 여성을 의미하여, 가정 일을 돌볼 때 정성을 들여야 한다고 말하고 있다.

그런데 여기에서 끝나지 않고 동학에서는 '부인 도통', 즉 여성도 수도를 통해 도를 이루고 세상의 변혁에 참여하게 되리라고 이야기한다. 도통하는 여성의 등장을 예고한 것은 동학의 여성관이 단순히 이분법적으로 남성에 대비되는 여성성에 머무르는 건 아님을 의미할 것이다. 며느리가 베를 짜고 있노라는 서택순의 말에 해월은 '그대의 며느리가 베 짜는 것이 참으로 그대의 며느리가 베 짜는 것인가.' 반문하고, '도인의 집에 사람이 오거든 사람이 왔다 이르지 말고 한울님이 강림하셨다 말하라.'[3]고 하여, 여성이 곧 한울임을 선언하였다. 가부장제로 인해 고통 받는 여성들의 지위를 향상시키는 현실적 개선을 꾀할 뿐 아니라, 한울로서의 여성이라는 새로운 여성관을 제시함으로써 이분법적 관점이 가져올 수 있는 문제—에코페미니즘이 환원론이라는 오인을 받는 것처럼—을 완화시킬 가능성을 담지하고 있다. 즉 동학에서 여성은 '여성'인 동시에 '한울'이다. 아니, 해월은 '나는 비록 부인과 어린아이의 말이라도 배울만한 것은 배우고 스승으로 모실만한 것은 스승으로 모시느라'[4]고 하여 여성이 스승이 될 수도 있음을 강조하기도 했으니, 여성은 '여성'인 동시에 '스승'이며, '한울'이라 할 수도 있다.

[3]　『해월신사법설』「대인접물」.
[4]　『해월신사법설』「대인접물」.

【여성성에 대한 포괄적 접근】

동학의 여성에 대해 생각하는 동안 어느덧 수술을 마치고 회복실로 내려오신 어머니의 표정은 마치 해탈한 도인인 듯 평온해 보였다. 어머니를 나의 '어머니'로는 보려 했지만 세상의 질곡을 버텨낸 '여성'으로 바라본 적은 매우 드물었고, '한울'로서 공경하려 한 적은 더 드물었음을 알았다.

> 사람은 한울을 떠날 수 없고 한울은 사람을 떠날 수 없나니, 그러므로
> 사람의 한 호흡, 한 동정, 한 의식도 이는 서로 화하는 기틀이니라.[5]

초등학생 시절 푸른색 체육복을 입고 운동회에 나가 있노라면, 김밥을 싸들고 와 벤치에 앉아 계신 어머니에게로 시선이 자꾸 향했었다. 이때 어머니는 어린 나에게 무슨 일이 생기면 언제든지 달려와 해결해 주실 분, 나의 든든한 지원군, 나를 무한히 사랑해주는 분이란 느낌이 있었다. 돌이켜보니 어머니를 통해 난 한울을 희미하게나마 인식하고 있었다. 한없이 받아주고 안아주는 한울을 그분을 통해 만나고 있었다. 태어나기 전부터 어쩌면 이미 느끼고 있었을 어머니의 자궁, 그리고 목소리, 품 속, 시선은 전부 한울! 그 자체였다. 누구나 한울을 떠날 수 없고 한울은 사람을 떠날 수 없듯이, 여성이라는 범주 내의 존재들 또한 한울을 떠날 수 없지 않겠는가. 어머니가 여성인 동시에 한울인데 이 두 가지 존재성 중 한 가지를 택할 수는 없는 것처럼 말이다.

그래서 에코페미니스트들이 여성성이 가지는 특유의 상징성들을 지지하는 것을 여성성으로의 환원이라고 일축하고 싶지 않다. 여성은 한울인 동시에 여성이기 때문이다. 굳이 언어적으로 설명한다면, 여성성으로의 환원이라기보다 여성성에 대한 포괄적 접근이라고 말하고 싶다.

---

5    『해월신사법설』「천지부모」.

이주연

◈ 교육학 전공자 ◈ 구도와 학문이 둘 아니라는
마음으로 연구하고 있다 ◈ 자리이타(自利利他) 정신을
기반으로 학문을 하고자 한다 ◈ 특히 여성학과 마음학의
지평을 지구공동체 기반의 학문으로 확장하기 위해
노력하고 있다 ◈

# 서양철학의 관점에서 본 동학의 탈서구중심주의

이병창

## 유학사상, 기독교사상과 동학사상의 차이를 통해

【동학, 동서양 사상의 결합으로 보기】

이 글을 쓰면서 우선 양해를 구하고자 한다. 필자는 서양철학[독일 관념론]을 전공한 학자이며, 신앙심을 가지고 있지는 않다. 그런데도 종교의 현상에 대해 깊은 관심을 가져 왔다. 왜냐하면, 종교는 때로 시대정신을 그 어떤 학문보다 먼저 포착하면서 새로운 윤리와 새로운 세상을 열어가는 데 폭발적인 기점이 되기도 하기 때문이다. 종교의 그런 힘이 어디서 나오는 것인지 이해하기 위해 필자는 항상 고투해 왔다.

필자가 동학사상에 관심을 두게 된 것도 이러한 까닭이다. 동학사상은 봉건 시대가 몰락하고 민족이 외세 앞에서 풍전등화의 위기에 부딪혔을 때 등장하였다. 내외에 걸친 위기 앞에서 기존의 유학 사상은 타락하여 더는 힘을 발휘할 수 없었고, 기독교 사상이 밀려들어 오면서 그 뒤를 따라 외세가 총칼을 들고 다가왔다. 이런 위기를 극복하기 위해 동학은 새로운 윤리를 제시하면서 이를 새로운 세상으로 나가는 문으로 삼으려 했다. 이렇게 하여 1894년 동학혁명이 일어났다.

이런 관점에서 필자는 동학사상에 관심을 두고 연구하던 중 해월 신사(海月神師, 이하 해월)의 글에서 한순간 가슴이 떨리는 전율을 느끼게 되었다. 그 글은 이미 널리 알려 있는 글이니 여기서 새삼 인용할 것도 없겠다. 해월이 베를 짜는 며느리와 구박 받는 아이를 한울님이라고 말한 구절이다. 이 구절을 읽는 동안 필자의 마음속에 떠오른 생각은 예수의 말씀이었다. 마태복음에 따르면 예수는 창녀와 세리가 누구보다 먼저 천국에 이른다고 했다.

예수의 말씀과 해월의 말씀이 어떻게 해서 이렇게 닮았는가 생각하면서 필자는 이때부터 동학과 서학, 즉 기독교 두 사상을 비교하면서 이해해보려 시도했다. 그런 가운데 동학이 한편으로는 기독교 사상에 영향을 받으면서도 다른 한편으로는 전통적 유학 사상의 맥을 이어간다는 것을 발견했다. 결론적으로 필자는 동학은 유학적 사상의 전통 위에서 기독교 사상을 수용하면서 동서양 사상의 결합을 시도했다고 판단하게 되었다. 어떤 점에서 이처럼 판단할 수 있는지 이제 설명해 보자.


## 【인내천(人乃天)과 유학 사상】

며느리와 어린 아이가 곧 한울님이라는 언명은 동학의 핵심 사상인 '인내천(人乃天)' 사상과 연결될 것이다. 지금까지 연구 자료들을 살펴보면[i] 이 '인내천'이라는 표현은 의암(義菴) 손병희 선생 시대에 출현했으나, 거슬러 올라가 이미 해월의 말씀 속에 들어있다고 한다. 해월이 남긴 글 가운데 그런 구절을 찾아보면, 해월은 '인시천(人是天)'이라는 말이라든가 '사인여천(事人如天)'이라는 말을 사용한다는 것을 알게 되었다. 이런 표현들의 궁극적 원천이라면 곧 수운 대신사(水雲大神師, 이하 수운)의 '시천주(侍天主)'라는 표현에 있다고 한다.

이렇게 표현들이 변화하면서 그 의미의 음영에서 차이가 있다고는 하지만

---

i   이런 입장을 취하는 대표적 논문이 다음 논문이다. 이종우, 「동학에 있어서 천주의 초월성과 내재성에 근거한 인간관의 변화」, 『한국철학논집』 23집, 한국철학사연구회, 2008.

여기서는 그런 미세한 차이를 따지는 것은 생략하기로 하자. 일반적으로 말하자면 곧 '사람이 하늘이다'라는 말로 요약할 수가 있겠다. 그런데 여기서부터 필자는 가슴이 탁 막히기 시작했다. 이 '하늘'이라는 말의 의미는 무엇이고, 사람이 어째서 그런 하늘이 된다는 것인가?

'사람이 하늘이다'라는 표현은 유학의 '천인합일(天人合一)' 사상의 발전으로 이해될 수 있으나, 언뜻 보아도 양자 사이에는 근본적인 차이가 있다. 유학 전통에서 천인합일 사상은 인간의 본성에는 자연적인 질서가 존재한다[性卽理]²는 뜻이다. 이런 유학 전통 사상은 대단히 합리적인 사상이며 서구 계몽주의의 전통과 적어도 윤리관에서는 거의 다르지 않다.

유학의 맥락에서 이런 인간의 본성을 이해하기 위해서는 이성적인 연구['格物致知']가 필요하며, 이론적으로 얻은 인식을 실천하기 위해서는 도덕적 수양이 요구된다. 하지만 이런 인식과 실천에서 사람마다 차이가 있으니, 여기서 성인군자와 범부, 소인의 차별이 발생한다. 이성적인 천인합일 이론으로부터 역설적으로 차별적인 세상이 형성되지 않을 수 없다.

그런데 동학사상에서 사람이 곧 하늘이라 할 때, 여기서 핵심 개념은 곧 심령[心靈]이라 한다. 그것은 수운이나 해월의 말씀에도 분명하게 나타난다. 수운은 '시천주'를 설명하면서 '내유신령(內有神靈: 내 안에 신령이 존재한다)'이라 했고 해월 역시 마찬가지로 심령을 말한다.

> 세상 사람은 천령[天靈]의 영함을 알지 못하며, 또한 심령[心靈]의 영함도 알지
>
> 못한다. (해월신사법설, 心靈之靈)

---

2   성리학이 '성즉리[性卽理]'를 주장한다면 양명학은 '심즉리[心卽理]'을 주장한다. 여기서 심은 인간의 양심을 의미하는 것이다. '성즉리'와 '심즉리'가 차이가 있지만 여기서는 다 같이 인간의 본성을 전제한다는 점에서 공통적이다.

인간의 심령[3]은 인간적 요소라기보다 오히려 신적인 요소인데, 이런 심령의 의미에 관하여 해월은 두 가지로 풀이한 적이 있다.

> 심령은 곧 한울이니 높아서 위가 없고 커서 끝이 없으며, 신령하고 호탕하며 일에 임하여 밝게 알고, 물건을 대함에 공손하니라. (해월신사법설, 守心正氣)

이 구절에서 해월은 심령의 특징을 두 가지로 설명한다. 하나는 '호탕하다는' 것이다. 이는 자연의 힘에 구애되지 않는 능력, 곧 창조적 능력을 의미할 것이다. 다른 하나는 '밝게 안다'라는 것인데, 이는 자각적 요소가 있지만, 인간적 능력을 넘어서는 어떤 인식적 요소를 의미할 것이다. 이 두 가지 특징은 일반적으로 만물의 창조주로서 신이 가지고 있는 능력을 의미한다. 창조주, 신은 곧 만물의 본질을 아는 자이면서 동시에 이를 창조하고 주재하는 능력을 갖추고 있기 때문이다.

그러므로 동학사상이 사람이 하늘이라고 말할 때 그 의미는 곧 인간이 신적인 지혜와 신적인 창조 능력에 참여한다는 뜻이 될 것이다. 그러니 인간에게 자연적 본성이 있다는 유학 사상의 천인합일 이론과는 인간과 신만큼의 거리가 존재한다고 하겠다.

【심령과 성령】

이런 심령의 개념에 주목할 때 동학사상은 다시 기독교 사상과 비교되지 않을 수 없다. 사실 기독교 사상에서도 성령[聖靈]이라는 개념이 출현한다. 이런 성령은 독일어로 말하자면 '정신[Geist]'을 번역한 말이다. 정신은 때로 '마음'으로 번역되기도 하니, 이 성령은 심령이라는 말과 의미상 다르지 않다.

---

[3]  여기서 심령이라는 말은 자주 마음[心]이라는 표현으로 대체되기도 하는데, 이것은 흔히 말하는 인간의 마음을 의미하는 것은 아니다. 이것은 어떤 영적인 존재로서 마음이며, 그런 점에서 심령과 같은 의미이다.

그러나 기독교에서 성령이라 할 때 여기서 '성[聖: holy]'이라는 표현은 낯설고 두렵다는 의미이다. 기독교의 성령은 인간을 초월하는 두려운 존재이다.[4] 이런 성령은 대체로 사람들에게 마치 비둘기처럼 내려앉거나 하늘에서 내려오는 불길처럼 퍼진다고 말해진다.

성령 개념의 이런 초월성 때문에 기독교 사상과 동학사상은 간단하게 구분될 것 같은데, 물론 사정이 그렇게 단순하지는 않은 것으로 보인다. 왜냐하면, 동학사상에서도 심령은 사람에게 내재하는 것만은 아니기 때문이다. 그것은 또한 각 개인을 넘어서 있는 것이며, 그러기에 두려움과 떨림을 주는 존재이다.

심령이 지닌 이런 측면은 수운의 신유년 접신[接神] 경험 자체가 명확하게 설명해 준다. 수운은 이렇게 말한다.

> 뜻밖에도 사월에 마음이 선뜩해지고 몸이 떨려서 무슨 병인지 집중할 수도 없고
> 말로 형상하기도 어려울 즈음에 어떤 신선의 말씀이 있어 문득 귀에 들리므로
> 놀라 캐어물은즉 대답하시기를 '두려워하지 말고 두려워하지 말라. 세상
> 사람들이 나를 상제라 이르거늘 너는 상제를 알지 못하느냐?' (수운, 동경대전,
> 포덕문, 6)

그러나 동학사상은 이런 초월적인 측면을 인간에 내재하는 심령 속에 담으려 했다. 그러므로 각 인간에 내재하는 심령은 동시에 초월성을 지닌 존재, 무섭고 떨림을 주는 존재이다. 바로 이렇게 내재하는 것이 초월적인 것이 아니라면, 동학사상은 다시 유학 사상의 천인합일 사상으로 돌아가게 된다.

---

[4]  기독교 초기 사상[특히 바울의 사상]에서도 이 성령은 인간에게 내재한다. 다음과 같은 구절을 보자. "너희는 너희가 하나님의 성전인 것과 하나님의 성령이 너희 안에 계시는 것을 알지 못하느냐[고린도전서 3:16]" 바울은 믿음을 때때로 신과의 합일이라는 개념으로 설명하기도 했다. 이런 관점에서 본다면 기독교 사상에서도 역시 동학사상처럼 인내천과 같은 관념이 존재한다고 할 수 있다. 하지만 기독교에서 이런 내재적 측면은 초기 기독교 바울 사상에 출현하기는 하지만 나중에 자주 신비주의와 결합하기도 하면서 역사상 점차 배제되어 왔다. 기독교에서는 성령은 대부분 초월적으로 파악된다.

동시에, 동학사상에서 심령은 내재하는 것이면서 동시에 초월적인 것이기에 기독교에서처럼 단순히 초월적 성령과는 구분된다. 만일 초월적인 것이 곧 내재한다는 성격을 지니지 않는다면 동학사상은 다시 기독교 사상으로 되돌아가고 말 것이다. 내재하는 것과 초월적이라는 말이 서로 대립적인 의미를 지니는데 어찌 그런 것을 통일적으로 이해할 수 있는가? 여기서 필자와 같이 서구적 논리로 이해할 수 없는 측면이 드러난다.

하지만 동학사상을 진정으로 이해하려면 이런 모순된 것을 함께 사유할 수 있어야 할 것이다.

> 아, 이같이 헤아림이여. 그 그러함을 미루어 보면 기연은 기연이나 불연을
>
> 찾아서 생각하면 불연은 불연이라. (수운, 동경대전, 불연기연, 2)

수운의 말대로 하자면 불연[不然]이 곧 기연[其然]인데, 쉽게 말하자면 말도 안 되는 것처럼 보이는 것이 오히려 진리이며 또는 거꾸로도 말할 수 있다. 기연이 곧 불연이다. 서구 중심의 이원론적 사유를 깨트리는 새로운 사유가 여기서 출현한다.


## 【기독교적 믿음】

심령 개념을 이렇게 이해하면 동학사상과 기독교가 신앙의 측면에 어떻게 구별되는지가 확연하게 드러날 것이다. 이제 필자는 이렇게 물어보고자 한다. 그러면 사람이 어떻게 이런 영적 존재가 되는 것일까? 어떻게 사람이 하늘이 되며, 인간이 하나님과 하나가 되는가?

기독교에서 믿음의 출발점은 역시 초월적 존재로서, 만물의 창조자로서 신이라는 개념이다. 기독교에서는 사람은 하나님과 근본적인 차이가 있다. 하

나님은 절대적이며 사람은 이에 의존하지 않을 수 없다. 인간은 무시이래로 원죄를 지고 있으며 스스로 이를 벗어날 힘이 없다. 인간이 죄에서 벗어나 구원을 얻기 위해서는 하나님의 힘이 필요하다. 하나님은 독생자 예수를 죄 없이 희생당하게 함으로써, 인류의 죄를 대신 갚아주었다. 그런 대속의 결과로 인간에게는 이제 새로 부활할 가능성, 즉 희망이 생겨난다.

물론 모든 사람에게 가능성이 생겼다 해서 모두가 구원받는 것은 아니다. 구원을 받기 위해서는 두 가지가 필요하다. 여기서 가톨릭과 개신교가 구분된다. 가톨릭은 인간이 죄를 씻기 위해 열심히 노력하는 대가로 구원이 주어진다고 말한다. 그러나 개신교에서는 인간의 이런 노력은 아무래도 죄를 씻는 데 충분하지 못하다 본다. 개신교에서는 구원을 위해서는 인간의 노력 여하에 구애되지 않는 하나님의 선택(은총)이 필요하다고 한다. 하나님은 자신을 믿는 사람을 구원받게 한다. 믿는다고 해서 모든 사람에게 구원이 베풀어지는 것은 아니다. 결국에는 하나님의 은총이 필요하다. 개신교의 관점에서 인간은 최선의 노력을 기울이되, 결정적으로는 하나님의 은총을 기다릴 수밖에 없다.

그렇다면 기독교에서 이 구원받은 상태 즉 '의로운 상태[칭의; justifcation]'란 어떤 의미인가? 그것은 자신의 죄에서 벗어나는 상태이며 이런 죄에 대한 대가가 신의 처벌이므로, 이는 곧 신의 처벌을 면한다는 의미가 된다.

기독교 신앙은 인간 자신의 절대적인 자기 불신을 기반으로 한다. 이를 거꾸로 말하자면 기독교 신앙은 메시아사상에 토대를 두고 있다. 이 메시아 사상은 절망의 한 가운데서 하나님의 은총을 바라는 소망에서 나오는 사상이다. 이런 메시아적 갈망은 곧 구원에 대한 기대이며 이 구원이란 신적인 처벌을 벗어나는 것이다.

수운은 바로 이런 점에서 기독교를 다음과 같이 비판한다.

서양 사람은 … 다만 제 몸만을 위하여 빌 따름이라….

(수운, 동경대전, 논학문, 9)

수운은 이렇게 자기만이 구원을 바라는 기독교에 만족할 수는 없었다. 왜냐하면, 그의 앞에 펼쳐진 광경은 참혹한 것이었기 때문이었다.

> 우리나라는 악질이 세상에 가득 차서 백성들이 언제나 편안할 때가 없으니….
>
> (수운, 동경대전, 포덕문, 8)


## 수심정기

그러면 소극적(피동적)인 기독교와 달리 동학은 어떻게 하늘과 합일에 이르는가? 필자는 기독교에서 하나님과 인간이 소통하는 개념이 곧 믿음이라 한다면, 이에 대응할만한 동학의 개념이 무엇인가를 찾아보았다. 그런 가운데 단연코 눈에 뜨이는것이 곧 '수심정기(守心正氣)'라는 개념이다. 이 개념 역시 널리 알려졌으니 간단하게만 정리해 보자.

동학사상에서 믿음, 즉 수심정기란 곧 자신의 몸속에 이미 신령[神靈]이 들어 있다는 것[내유신령]을 전제로 한다. 이런 신령은 인간에게 들어 있는 근본적인 영적인 능력이다. 동학적인 표현에 따르면 천령이 곧 '지극한 기[至氣]'라면 심령은 곧 '기'이다. 이런 영적인 능력은 인간의 '수심'이라는 수양을 통해 획득된다. 이 수심은 곧 인간의 마음이 외적인 힘 때문에 흔들리지 않는 것을 의미한다. 외적인 힘이라면 대표적인 것이 욕망이며 또 잡념이다. 이 외적인 힘으로부터 자신을 지킨다면 자신 속에 이는 심령이 자라나고 마침내 발휘될 것이다. 이런 영적 능력의 변화가 즉 '기의 변화[氣化]'이다.

이런 기의 변화는 기를 새롭게 집어넣는 것은 아니다. 그것은 이미 내재하는 기, 신령을 드러내는 것이니, 외적인 힘이 사라지면 그런 신령은 스스로 드러날 것이다. 그러므로 이것은 아무런 함이 없이 이루는 것 곧 '무위이화[無爲而化]'이다.

이상 설명한 대로 본다면 기독교적 믿음의 역할이 동학사상에서는 수심정기라는 개념이 하고 있다는 것을 알 수 있다. 전체적으로 본다면 동학은 인간의 능동성을 강조한다. 인간은 자신 속의 신령을 길러 마침내 천령과 합일에 이를 수 있다.

그런데 지금까지 암암리에 전제해 놓고 사용해 왔던 '영적인 능력'이란 개념이 여기서 다시 문제가 된다. 수심정기는 영적 능력을 기르는 것인데, 대체이 영적 능력이란 어떤 것을 의미하는 것일까? 여기서 필자와 일반 동학교도의 관점이 갈라진다.


【집단적 의지를 형성하는 영적 능력】

동학교도는 일반적으로 이 영적 능력을 기독교 사상에서처럼 창조주의 능력으로 이해하는 것으로 보인다. 이 창조주는 자연을 지배하는 법칙과 무관하게 자연을 변화시킬 수 있다. 그러므로 누가 이런 영적 능력이 있다면 그는 곧 병을 고치고 기적을 행사하는 초인간적인 능력이 있게 될 것이다. 필자로서는 이런 의미에서 영적 능력이 존재한다는 것은 영적 능력을 신비화하는 종교적 관점이라고 생각한다. 필자로서는 영적 능력을 다른 의미에서 이해한다. 필자의 생각은 서양 철하자 가운데 헤겔의 입장에 따르는 것이다.

헤겔에서 이런 영적 능력은 집단 의지[절대정신으로 표현된다]를 형성하는 출발점이 된다. 이 집단 의지란 어떤 역사적이고 사회적인 집단을 전제로 한다. 이집단 의지는 그런 집단의 공동 목표만을 말하는 것이 아니라 이 공동 목적을 위하여 함께 행동하면서 이루는 공동의 의지까지를 말한다. 헤겔은 이런 공동체의 집단 의지를 상징적으로 표현하는 것이 곧 신이라는 개념이라고 한다.

바로 이런 집단 의지를 형성하는 능력이 곧 영적인 능력이므로, 이런 영적인 능력은 자주 오해되듯이 도덕적 능력이 아니다. 영적 능력이란 도덕적으로 순수하게 살아가는 능력 또는 금욕주의적인 삶의 태도가 아니다.

영적 능력인 인간을 공동체로, 즉 집단 의지로 묶어세우는 사회적 능력이다. 자주 영적 능력으로 간주하는 사랑의 능력은 사람을 공동으로 결합하는 능력이다. 동학사상에서는 이런 영적 능력으로 자주 '사람을 대하고 사물을 다루기[待人接物]' 위한 '삼경 사상'을 제시한다. 여기서 삼경[三敬] 사상의 상세한 설명은 생략하기로 하자. 그 한가운데 '경[敬:공손함, 두려워함]'이라는 개념이 들어 있다는 것만 말하기로 하자. 내재하는 심령, 즉 신령이 곧 두려움과 떨림을 주는 것이라는 의미와 연관하여 이해해야 할 것이다.

여기서 동학사상의 실천성을 이해할 수 있다. 동학사상은 기독교 사상의 영향을 받았지만, 기독교처럼 개인의 구원을 받기 위한 노력에 한정하지 않는다. 동학사상은 영적 능력을 통해 집단의 공동체적 의지를 형성하려 한다. 동학사상은 이를 통해 새로운 세상을 열어가려는 실천적 사상이다. 동학사상에서 개벽 사상이 그토록 강조되는 이유도 여기에 있을 것이다.


【동학과 서학 그리고 '영적 능력'】

이제 이상 설명된 동학사상을 바탕으로 마침내 해월이 며느리와 어린 아이가 한울님이라고 말한 의미를 이해할 위치를 확보했다. 동학사상에서 수심정기는 지적인 과정이 아니라 수양의 과정이다. 이런 수양은 영적 능력을 양성하는 것이며 이 영적 능력은 곧 공동체를 형성하는 능력을 양성하는 것이다. 그것이 곧 정기[正氣]이며 기화[氣化]이다.

이런 사회적 능력 즉 영적 능력은 앞에서 말했듯이 지적이거나 도덕적 능력이 아니다. 지적이든 도덕적이든 이런 능력은 지배 계급에 유리한 능력이다. 지배 계급에 지적이고 도덕적일 수 있는 조건이 더욱 풍성하게 갖추어져 있기 때문이다.

하지만 영적 능력이 집단 의지를 형성하는 사회적 능력이다. 이런 능력은 모든 사람에게 평등하게 내재하지만, 이것을 기를 수 있는 조건은 오히려 사회적으로 소외된 집단에 유리하다. 왜냐하면, 간단히 말해서 소외된 자는 사회공동체의 힘을 바탕으로 해서만 자신의 세상을 열어나갈 수 있을 것이기에 이런 영적 능력에서 발전하지 않을 수 없기 때문이다.

기독교 사상 역시 초기에는 영적 능력을 강조하면서, 창녀와 세리처럼 소외된 자의 모습 속에서 신의 모습을 찾았다. 그러나 기독교 사상은 시간이 흐를수록 인간이 자기를 불신하고 신에 절대적으로 의존하는 종교로 전락했다. 어떻게 보면 초기 기독교 사상에 내재하던 영적 능력의 개념이 수천 년의 시간과 수만 리의 공간을 건너뛰어 동학사상에서 다시 출현한 것이다.

이병창

◈ 필자는 헤겔 철학 전공자이며 서울대에서 학위를 받고 동아 대학교에서 그동안 철학 강의를 하고 지금 은퇴했다 ◈ 필자는 본래 인간 정신에 관한 연구에 매진해 왔으며 종교는 인간 정신의 가장 깊은 영역이기에 관심을 가져 왔다 ◈ 저서로서는 『정신의 오디세이-자유 의지의 역사』(2021년 8월) 등과 역서로서는 마르크스의 『독일 이데올로기』(2020년 10월) 등이 있다 ◈

# 역사사회학자가 본 동학

김상준

【동학을 보는 두 시각, 대립하다】

동학을 보는 시각이 문제라고 생각했다. 동학에 대해 쓴 첫 글 「대중유교로서의 동학」[i]에서부터 그랬다. 당시까지 학계의 동학)에 대한 이해 방식은 크게 둘로 아주 뚜렷하게 나뉘어 있었다. 한쪽은 동학과 동학혁명의 성격을 '근대적'이라 보고, 다른 한쪽은 '전근대적'이라 했다. 같은 대상을 두고 정반대로 해석하고 있으니 의아한 일이 아닐 수 없었다. 동학혁명이 '전근대적'이라고 하는 쪽은 이 혁명이 봉건 체제를 더욱 강화하자는 봉건 혁명, 보수 혁명, 반동 혁명이기 때문이라는 것이고, 반대로 '근대적'이라고 하는 쪽은 그와 정반대로 동학혁명을 '반봉건 혁명', 따라서 진보 혁명, 근대 혁명이라고 하였다.

그런데 우선 '봉건'이든 '반봉건'이든, 이 말은 당시 조선 사회가 봉건 사회임을 전제해야 성립할 수 있을 것이다. 그걸 당연한 사실로 전제하는 것부터 의문의 여지가 있었다. 일본 에도 사회(도쿠가와 막부)가 봉건사회였다고 하면 이해가 된다. 에도 시대의 일본 열도는 250여 봉건 영지로 나뉘어 있고, 각각의 영지는 봉건 영주(다이묘)가 세습 통치를 하고 있었으니 이는 분명한 사실이다.

---

i  『사회와 역사』 68집, 2005.

그런데 봉건 영지도 봉건 영주도 없는 조선이 왜 봉건 사회라는 것일까?

동학혁명을 봉건, 보수반동 혁명으로 보는 입장의 근거는 동학혁명이 내세운 '보국안민, 권귀척결'의 기치가 조선의 봉건적 군주제를 부정하기는커녕 오히려 지지하기 때문이라고 하였다. 동학혁명이 조선의 군주제를 부정하지 않은 것은 사실이지만, 당시 조선 사회는 봉건제 사회가 아니라 군현제 사회였다. 봉건 영지도 세습 영주도 없고, 군현제 국가는 '과거'를 통해 선발한 학자 관료에 의해 운영되었다. 이러한 군현제의 기본 틀에 대해 동학혁명은 반대하지 않았다. 썩은 부분을 도려내자 했다. 그 군현제 사회의 '권귀'들이 썩어서 민(民)을 괴롭히고 있으니 이들을 '척결'하여 이 체제가 표방하는 '민유방본(민 중심의 나라)'의 원래 정신을 되살려내자는 것이었다. 이러한 주장을 '봉건적'이라고 풀이하는 것은 한참 엉뚱해 보였다.

동학혁명을 '반봉건'이라고 보는 입장 역시 과녁을 빗나간 것으로 보이기는 마찬가지였다. 혹시 이런 주장이 가능할지 모르겠다. 19세기에 들어 조선의 권귀가 거의 세습적인 '벌렬'이 되어 세도정치를 펼쳤으니, 그들이 세습적 봉건 귀족과 비슷하게 되지 않았는가. 그런 세도 가문 중심의 '권귀'의 척결을 내세웠으니 '반봉건'이라 부를 수 있지 않겠는가. 그러나 지금 와서 '굳이 설명해 보려고 한다면' 이렇게 될 수 있었겠다는 것이지, 당시의 '동학혁명=반봉건'의 견해가 그러했던 것은 아니다. 이 입장 역시 분명 조선 사회를 봉건사회로 보고 있었다.

그렇다면 이 두 입장은 모두 조선을 봉건사회로 본다는 점에서 같다. 또한 그 '봉건사회'를 부정, 타파해야 할 부정적 대상으로 보는 것 역시 같다. 이러한 동일성은 양자 모두가 조선사회의 지배 이념인 유교와 유교 체제를 부정적으로 본다는 점에서 확인된다. 다만 '동학혁명=봉건 혁명' 입장은 동학이 그 부정적인 유교에 동조하고 있으니 여기에 어떤 진보적 의의도 있을 수 없다는 것이요, '동학혁명=반봉건 혁명' 입장은 반대로 동학이 그렇듯 부정적인 유교의 이념과 통치 체제에 반기를 들었으니 진보적이라고 보았던 것이다.

2005년의 필자의 논문은 그러한 곤경을 타파해 보고자 한 것이었다. 필자가 보기에 문제의 요점은 ⟨유교(체제)=전근대⟩라는 도식을 벗어나는 데 있었다. 그 도식은 당시까지 역사학계, 사회학계 모두에서 거의 '부동의 진리'처럼 간주되고 있던 통념이었다. 역사학, 사회학만이 아닐 것이다. 모든 인문사회과학 분야에서 거의 무의식적으로 당연시되고 있던, 결코 의문의 대상이 될 수 없는 신성한 불문율과 같은 것이었다.

근 20년 가까이 지난 오늘날에야 과거의 조선에 대한 이미지가 많이 달라졌지만, 그때까지만 해도 조선시대에 대한 느낌은 어둡고 낙후한 시대라는 인식이 압도적으로 지배적이었다. 요즘 젊은 세대의 연출가, 예술가들이 그려내는 조선의 이미지는 많이 밝아졌다. 궁핍한 면이 있으면 화려한 쪽도 있고, 어두운 곳이 있으면 밝은 곳도 있다. 이렇듯 비교적 균형을 갖추게 된 것은, 그동안의 현실 변화, 세계 변화와 무관하지 않을 것이다. 필자가 말하는 '젊은 세대'란 대략 1990년대 '해외여행 자유화' 이후, 대거 '배낭여행'에 나섰던 세대 이후 세대를 말한다. 해외를 제 발로 다녀보면서 자기 역사, 자기 존재에 대한 열등감도 많이 깨진 것 같다. 실제로 우리가 사는 모습이 다른 나라에 비해 그리 못할 것 없다는 인식이 생겼다. 그렇게 된 것은 비슷하게 1990년대부터 드러나기 시작했던 '동아시아의 부상(the rise of East Asia)'이라는 역사적 변화와 무관하지 않을 것이다. 그즈음부터 세계 속의 한국의 위치, 동아시아의 위치가 떠오르기 시작했다. 이제는 이번 코로나 사태를 겪으면서는 한국이 프랑스, 영국, 미국보다 더 낫다는 생각까지 생겼다. 평범한 일반인의 의식까지 그렇게 변했다.

【근대 3단계론의 지평에서 다시 동학을 보다】

역사란 참 묘하다. 현재가 과거를 비춘다. 우리가 참혹하고 가난하고 무기력했을 때 우리의 과거 역시 그렇게 그려진다. 그러나 우리의 형편이 펴다 보면 과거에 대한 우리의 시선과 색조도 달라진다. 지난 역사란 현재의 발명품(invent)일 뿐이라는 냉소적인 역사관을 말하는 것이 아니다. '비춘다'고 했다. 역사에 대한 인식은 광범한 역사적 증거들, 사료(史料)에 대한 치밀한 분석을 통해 이뤄진다. '비춘다'라는 말은, 역사적 흐름에 따라 새로운 증거와 자료들이 주목받게 된다는 뜻이다. 앞서 지금 젊은 세대의 연출가, 예술가, 학자들이 묘사하는 조선의 이미지가 밝아졌다고 했는데, 그렇게 되는 것은 그들이 그러한 방향의 자료들에 주목했기 때문에 그렇다. 새롭게 발굴된 자료들도 있지만, 과거에 묵혀 있던 자료들 중에서 인식의 방향이 그렇게 비추지 않았기 때문에 전혀 주목받지 못해 왔던 것들이 오히려 압도적으로 많다.

역사학, 역사사회학의 영역에서 그런 방식으로 '인식의 방향'을 지배하고 결정해 왔던 큰 개념이 '근대'다. 그 '근대' 개념이 동학(東學)에 대한 있는 그대로의 인식을 가로막고 있었다. 기존의 그 '근대 개념'에 따르면, '근대의 빛'은 오직 서양(서유럽과 미국)에서 발(發)하였고, 그렇듯 근대화된 서양과의 접촉을 통해서만 우리에게 비추어지는 것이었다. 즉 우리는 오직 서구화, 서양화됨으로써만, 그 정도만큼만, 근대화될 수 있다. 근대는 빛이고, 전근대는 어둠이다. 따라서 서양을 받아들여 서양화=근대화되기 이전의 상태는 어둠이고 미개(未開)가 된다.

그리하여 동학을 적극적으로 높게 평가하려는 쪽은 전근대적인 것으로 간주되는 일체의 역사적 뿌리와 과거(즉 유교)를 동학으로부터 한사코 끊어내려 한다. 반면 동학을 비판하려는 쪽은 동학 자체를 한사코 '전근대'의 수렁(즉 유교) 속으로 밀어 넣으려 한다. 그러나 이렇게 해서는 동학을 제대로 볼 수 없다. '근대'에 대한 잘못된 관념이 실재를 왜곡하고 있었다. 동학을 있는 그대로 보지 못하게 했다. 2005년 첫 동학 논문을 쓰면서 고민했던 대목이다.

왜 근대가 서양에만 있었다는 것일까? 왜 유교와 근대가 무관하다는 것일까? 역사사회학에서는 근대란 봉건제의 질곡을 깨뜨리고 나온 시대라고 한다. 그래서 봉건 신분제의 해체를 근대의 중요한 징표의 하나로 본다. 유럽의 16~17세기가 그런 모습이 나타나기 시작한 시대라고 가르친다. 세습 봉건 귀족이 약해지면서 절대군주가 등장하는 시기다. 그런데 이 모습은 동아시아의 군현제와 같은 모습 아닌가? 동아시아에서는 봉건제가 일찍이 무너져 군현제가 아주 일찍 등장했던 것 아닌가? 군현제의 시작은 진시황제부터지만, 사회 체제적으로 완성된 것은 송나라 이후다. 과거(科擧) 제도가 확고하게 안정되는 시기이기도 하다. 한국사의 경우에는 조선시대가 그렇다. 과거제가 안정되었다는 것은 봉건신분제가 사라졌다는 뜻이다. 이러한 모습에는 16~17세기 유럽을 오히려 앞질러 가는 측면도 있다. 이 시기 유럽을 '초기 근대'라고 하는 것처럼, 송대 이후 중국과 조선시대를 초기 근대라고 부르지 못할 이유가 없다. 동아시아의 초기 근대가 이렇듯 유교 체제의 전성기였다는 사실을 고려하면, 앞서 언급한 ‹유교체제=전근대›라는 도식은 이제 폐기되어야 마땅하다.

필자는 이후 이런 생각을 ‹초기 근대, 서구주도 근대, 후기 근대› 3단계론으로 발전시켜 나갔다. 세계 근대사는 일국사나 일 지역사를 넘어 시작부터 끝까지 글로벌한 시각에서 봐야 한다. 그렇게 보면 글로벌한 근대 세계사에서 서구가 압도적 우위를 점하던 시기는 19, 20세기, 딱 200년이다. 그 이전에 초기 근대의 시기가 유라시아 여러 문명권에 병존하고 있었고, 또 이제 21세기에 이르러서는 서구주도 근대가 저물어가고 있음을 보고 있다. 이로써 세계 근대사를 하나의 연관된 전체로 보면서, 동시에 여러 근대의 특징들을 변별해 볼 수 있는 가능성이 열린다. 필자는 근작 『봉새의 날개, 문명의 진로』(아카넷, 2021)에서 그것을 팽창형과 내장(內張)형으로 대별해 보았다. 팽창형은 해외 식민지 창출을 통한 근대적 성장, 내장형은 식민지 없이 내부적 밀도 강화를 통해 이뤄가는 근대적 성장을 말한다.

세계근대사 3단계론은 동아시아 내장 근대의 미래적 성격을 밝혀준다. 군사적 침략과 식민지 창출을 통한 팽창적 발전 노선은 이미 그 동력을 잃었다. 과거 200년간 수세적 입장에 섰던 내장적 발전의 길이 이제 오히려 유효한 미래의 길이 되고 있다. 세계 자체가 내장화되고 있기 때문이다. 근대 세계사의 마지막 단계인 후기 근대의 특징은 팽창형 우세에서 내장형 우세로 힘의 균형이 바뀌어 가는 데 있다.

【동학, 후기근대의 미래성과 만나다】

근대세계사 3단계론에 대한 필자의 입론 과정은 동학에 대한 이해의 심화 과정과 맞물려 있다. 남은 지면에서는 동학의 어떤 점이 후기근대적 미래성과의 연관되는지 요점만을 짚어보기로 한다. 동학혁명에서 가장 놀라운 점은 무력으로 지역을 장악한 혁명군이 민관공치의 통치체제(집강소 체제)를 운영했다는 점에 있다. 어느 시대 어느 혁명사에서도 유례가 없는 일이다. 전성기의 건강한 유교 사회에는 군신공치(君臣共治)의 전통이 있다. 우리는 조선시대에 유학자 집단이 정치적으로 군주와 거의 대등한 위상을 구가했음을 알고 있다. 조선 시대사를 세심히 분석해 보면 이러한 군신공치 전통이 점차 군민공치(君民共治)로 발전해 가고 있었음을 알 수 있다. 유학이 점차 넓게 민(民) 속에 대중화되면서 그런 경향이 나타난다. 유학(幼學), 향임, 생원 등의 하층 양반 신분이 폭증하면서 아전유교, 생원유교, 참봉유교, 서얼유교이자 농민유교, 상민유교, 상인유교라고 할 '대중유교'의 격류가 나타났다. 유교 시스템 내부에서 유교적 논리에 따라 진행되었던 이러한 내적 역동성에 대한 인식이 중요하다. 유교 대중화의 큰 흐름 속에서 두드러진 움직임이 동학이었다. 〈군신공치의 공화주의적 유교〉가 점차 〈군민공치의 민주주의적 유교〉로 확장·발전해 가고 있었던 것이다. '혁명군의 민관공치'라고 하는 놀라운 현상은 조선 유교 체제 내부에서의 시스템적 역동 과정의 한 결과물이었다. 2019년 발표한 한 논문[2]

---

2   「동학농민혁명과 동아시아 내장근대의 비전」, 『원불교사상과 종교문화』, 83집(2019).

에서 해당 대목을 일부 인용해 본다.

　동학농민혁명의 꽃은 ‹민관공치의 집강소 체제›가 아닌가 한다. 이는 실로 놀라운 사건이지 않을 수 없다. 兵器를 들고 국토의 상당한 지역을 장악했던 강력한 봉기 농민군과 국가가 화약(和約=평화조약)을 맺고 양자 민관공치를 성사시켜 상당한 기간[3] 성공적으로 존속했던 사례는 세계사적으로도 찾아보기 힘들다. 이 사건 자체만으로 동학농민봉기의 혁명성은 충분히 입증된다. 이 혁명성은 당대를 뛰어넘는 미래성을 품고 있다. 어떻게 이렇듯 놀라운 일이 발생할 수 있었을까?

　우선 청·일군이 개입했다는 긴박한 정황 탓만으로는 이 특이했던 異例가 깨끗이 풀이되지 않는다. 갑오년 4월 들어 농민봉기군의 기세가 높아지자, 청군 파병을 요청하자는 모의가 위안스카이-민영준 간에 은밀하게 시작되지만, 고종과 조정의 大臣 다수는 처음부터 파병에 부정적인 입장을 취하면서 농민군에 대한 대화·타협의 유화책을 견지하고 있었다. 이 방침은 고종과 이후 ‘민관공치’에 주요 역할을 하게 되는 전라도 관찰사 김학진 간의 대담 기록에서도 확인된다. 김학진은 4월 18일[4] 전라관찰사에 임명되고, 4월 24일에 고종을 알현하는데, 여기서 그는 사태가 여기에 이른 데는 “백성의 질고(疾苦)”가 심하였던 까닭이 큼을 지적하고 그가 부임하면 농민군을 “효유(曉諭)·귀화(歸化)”하는 데 힘쓸 것이라 개진하고 있다. 국왕 역시 이에 동의하면서 관찰사가 요청한 재량권(=요량권)을 허여한다.[5] 이때는 청군 파병 요청도 일본의 개입도 결정되거나 통보되기 이전이었다.

　이후 5월 5일 청군의 아산만에 상륙과 5월 6일 일본군의 인천 상륙이 5

---

[3]　민관공치의 집강소 체제는 5월 전주화약 직후부터 시작되었다는 견해와 전봉준-김학진 간의 對面 집강소 합의가 '공식자료로' 확인되는 7월부터 시작된다는 견해로 나뉜다.(필자는 전자가 더 현실적이라고 본다.) 동학군의 (전라도, 넓게 보면 3남 일대에 걸친) 지배력이 우금치 패전 이전인 10월말까지 유지되었다고 보면, 이 체제는 길게는 6개월 짧게는 4개월여 지속되었다.

[4]　이하 일자는 모두 음력임.

[5]　『고종실록』, 31년 갑오 4월 24일 조(條).

월 7일의 전주 화약에 영향을 준 것은 분명해 보인다. 애초에 청군 파병은 조선 국왕과 조정의 뜻보다는 리훙장-원세개의 야욕과 오판에서 비롯된 것이었고, 이 논의 진행과정을 깊숙이 염탐하고 있던 일본은 청의 파병결정이 내려지자마자 바로 인천-서울에 대병력을 급파함으로써 청의 의표를 찌른다. 일본이 조선의 수도인 한양에 대병력을 파병한 것은 당시의 '국제공법'상으로도 엄연한 불법이었다.

'全州 和約'은 청일 출병이라는 비상한 사태에 대한 농민군과 조정의 태도를 분명히 보여주었다. 무력 대치를 풀고 이후 평화적인 협력을 통해 농민의 요구를 해결해 가자는 것이었다. 이 방침은 농민군이 전주성을 빠져나간 후 5월 15일부터 6월 7일까지 김학진의 4차례 효유문을 통해 더욱 분명히 표현된다. 전라도 전역 면·리·군 단위의 농민자치, 관민공치의 집강소 설치와 관아의 협력을 명시한 것이다. 물론 그 이전에도 동학군의 지역통치 都所 체제는 자연스럽게 나타나고 있었다. 그러나 이를 국가가 정식으로 통치 단위의 일익으로 인정하고 지역 官 체제와의 협치·공치를 표방하고 오히려 권장하기에 이른 것이다. 민관 집강체제란 봉기농민의 요구, 즉 여러 차례 여러 버전으로 제출되었던 폐정개혁안을 국가에서 사실상 대부분 수용했음을 말하고, 더 나아가 그 안의 실행을 위해 민관이 협력하는 체제다.

이를 조정의 일시적 모면책이었다고 보기도 어렵다. 봉기군과 조정 사이에 모종의 공통문법, 공통언어, 공통감각이 분명히 존재하고 작동하고 있었음을 확인할 수 있기 때문이다. 이는 봉기군 측의 각종 창의문, 격문, 통문, 폐정개혁안과 정부 측의 각종 효유문에 중첩되어 나타나는 공통된 언어와 정서에서 찾아 볼 수 있다. 이는 나라의 근본은 民에 있다는 民惟邦本의 정신, 나라를 지켜 민을 안정시킨다는 輔國安民의 정신으로 집약할 수 있겠다. 권귀과 탐관은 쳐내되 군주와 나라는 오히려 지킨다고 하는 봉기군 격문의 언어를 군주 측은 忠君, 輔國의 충정으로 인정하였던 셈이다. 여기에 청일 출병이라는 상황이 더해지면서 양측은 보국안민, 민유방본의 원칙 아래 하나로 뭉칠 수 있었다. 이로써 봉기군과 정부군이 협력하여 민관공치를 한다고 하는 극히 이례적인 사태가 현실이 될 수 있었다.


【동학혁명의 미래성, 경제 부문에서 빛나다】

동학혁명이 보여준 후기근대적 미래성은 경제적 측면에도 존재한다. 흔히 동학혁명의 경제 강령이 평가절하되어 왔기 때문에 이 부분에 대한 인식은 매우 중요하다고 본다. 끝으로 해당 부분을 역시 같은 논문에서 인용하면서 글을 맺기로 한다.

　　토지균분은 정전제 이래 유교 이념의 오래된 이상에 해당하고, 조선의 많은 개혁적 유자들이 이러한 이념의 구현을 주장해 왔다. 따라서 유교의 이상 구현을 표방한 농민혁명의 지도층이 이러한 이념을 공유하고 있었을 것으로 보는 것이 자연스럽다. 그러나 그러한 이념적 지향이란 중장기적 지향으로 표방되고 암묵적으로 공유되는 성격의 것이기 때문에, 당면 현안에 대한 실체적 혁명 성과는 오히려 직접적 연관이 없을 수 있다. 오히려 당시의 구체적인 상황에서의 실체적 혁명성이란 여러 폐정개혁안에서 반복적으로 제시되었던 바, 당시의 국정농단에서 비롯되었던 여러 초과과세 행태와 그로 인한 심각한 공·사 채무 상태에 대한 총체적 혁파와 탕감에 대한 요구였다. 이를 '삼정 문란의 척결'이라 요약할 수 있겠다. 그동안 '삼정 문란'을 삼정 자체가 문란한 듯 이해하는 경향이 있었다. 그러나 원래의 뜻 그대로 '문제는 삼정이 문란하게 된 것'이지 삼정 자체가 문제가 아니라는 평이한 사실을 직시할 필요가 있다. 그렇다면 그 삼정을 원래의 정상적인 상태로 회복하는 것이 당시의 상황에서는 가장 실체적인 혁명성이지 않을 수 없다.

　　그렇다면 19세기 '삼정문란' 이전의 삼정의 상황이란 어떠한 것이었는가. 17세기 대동법 도입(공납 총량을 파격적으로 인하), 1750년 영조의 균역법(군포 2필을 1

필로 반감), 그리고 18세기 말까지 총량 1000만석에 이르는 환곡 확보를 통해 3 정의 개혁이 꾸준히 이어졌고, 이를 통해 소민, 소농의 처지가 분명히 개선되었다. 19세기에도 '삼정문란'을 시정하려는 시도가 대원군에 의해 시도된 바 있다. 1867-8년간 사창제를 통해 18세기 환곡제를 부활시키려는 시도, 1870년 호포제를 통해 양반의 군포 면제 특권을 박탈한 것이 그렇다. 전자는 실패했고, 후자는 당시 추세가 이미 그렇게 가고 있었다. 문제는 양반 특권보다는 경화 벌렬과 지방관 사이 국정농단 네트워크로 촘촘히 짜여진 국정·국고 사유화, 국가의 이름을 빈 체계적인 늑탈·사취 구조에 있었다. 대원군도 고종도 결국 이 문제를 해결하지 못했다. 이 문제의 해결에 가장 가까이 접근했던 것이 동학농민혁명이 이룬 민관공치의 새로운 통치체제, 통치공간이었다. 군주의 입장에서는 농민혁명의 힘을 빌려, 농민혁명세력과 공치구조를 이룸으로써, 비로소 3정을 정상화하고 이를 통해 자신들이 지향했던 영정조대의 안정과 번영으로 되돌아갈(反正) 길이 열렸던 셈이다. 그러나 이 문은 주지하듯 이후 일본의 무력 개입으로 난폭하게 닫히고 만다.

결국 동학농민군의 경제적 지향은 18세기 조선의 안정된 소농소민 중심사회, 소민주의 사회를 향하고 있었다고 볼 수 있다. 혹자는 이러한 과거지향의 소민주의를 두고는 어떠한 혁명성도 운위할 수 없다고 할지 모른다. 그러나 이런 시각이야말로 문명사적 단위에서 근대 세계사를 보지 못하고 있기 때문에 생긴 착시라고 할 수 있다. 이제 근대의 제2단계, 즉 서구주도 근대의 경제적 지향 전체를 다시 생각해 볼 때가 되었다. 그 핵심지향 중 하나가 부르주아 중심주의, 소생산자·소농(=소부르주아) 소멸 전망에 있었다. 그러나 후기근대에는 부르주아 중심주의가 한계에 봉착하고 소생산자가 다시 돌아오고 있다.

자본주의 지향의 주류 경제학 내부에서도 이후 세계는 혼합경제가 강화될 것으로 보고 있다. 혼합경제란 폴라니적 의미에서 시장경제와 재분배경제, 호혜경제가 공존하는 체제를 말한다. 18세기 조선의 경제가 오히려 이에 가까운 점이 있다. 환곡 1000만 석 중 약7할이 매년 농가에 대부되었다(재분배경제).

장시를 통한 시장 교역량보다 오히려 컸다. 향촌에서 두레 등을 통한 호혜경
제도 활발했다. 물론 18세기 조선은 산업사회가 아니었다. 영국형 산업혁명의
모형을 18세기 조선에 덮어씌울 필요가 없다. 이후 산업주의는 서구주도 근대
의 기관차가 되어 전세계를 휩쓸고 제패했다. 한국도 긴 고난을 딛고 산업주
의의 중간선두 그룹을 달리게 되었다. 그러나 이제 시대는 산업주의 이후, 서
구주도 근대 이후로 옮겨 가고 있다.

부르주아 중심주의가 도달한 곳은 승자독식과 극심한 양극화, 실업과 비
정규직 증가의 세계였다. '1 대 99 사회'에서 99의 자기정체성이란 '小民'이 적
절할 것이다. 비정규직, 파트타임 노동자는 반은 고용된 노동자이되 다른 절
반은 여러 형태의 작은 부업을 통한 자가생산자이기도 하다. 정보통신 기술의
일상화는 이러한 半고용·半소생산자의 활동성, 활동범위를 강화·확대시킨
다. 소위 4차 산업혁명의 파고 속에서 티핑 효과를 독점하려는 부르주아적·
독점적 수직 재편의 힘과 경제적 기회를 수평적으로 확산시키려는 새로운 '평
등화 경향'의 힘은 날카롭게 길항할 것이다. 과거 산업주의 근대관이 거대사
업장 속에 밀집한 거대한 노동자 집단과 극소수 대부르주아를 상정하고 중간
에 낀 소생산자는 완전히 소멸된 세계를 전망했다면, 새롭게 펼쳐지는 후기근
대의 상은 평생 직장이 사라져가면서 부동하는 경제적 네트웍에 단속적으로
접속하는 새로운 소생산자들이 다수를 이루는 세계로 된다. 복지제도나 기본
소득은 후기근대의 환곡이고(재분배경제), 성장하고 있는 사회적 경제, 다양한
형태의 중간경제⁶는 새로운 두레(호혜경제)다. 이러한 힘들은 시장경제의 강자
(=독점력)를 규율하여 시장적 공공성을 활성화시키는 역할을 한다. 이러한 현
상들은 동아시아만이 아니라 전세계적으로 나타나고 있는 현상이다. 내장적
경제원리가 글로벌한 차원에서 작용하고 있는 것이다. 三政의 正常 회복을 내

---

6  중간경제(middle economy)란 시장경제와 국가경제라는 두 거대경제(super economy) 사이에서 그 둘과는 다른 논리로
   작동하는 경제를 말한다. 사회적 경제는 중간경제 안에 포함된다.

건 동학혁명의 경제 강령은 조선의 내장근대가 이루었던 18세기의 경제적 '정상상태'로의 회복을 목표로 했던 것이다. 우리가 여기서도 후기근대의 미래적 혁명성을 엿볼 수 있는 이유다.

김상준

◈ 경희대학교 공공대학원 교수 ◈ 1980년 서울대학교 사회대 입학 후 학생운동으로 강제 징집되었다 만기 제대하고, 1992년까지 인천, 구로의 공단 지역에서 노동운동을 했다 ◈ 1993년 뉴욕으로 유학하여, 뉴스쿨에서 석사학위, 컬럼비아대학교에서 박사학위 (사회학, 2000)를 받았다 ◈ 지은 책으로『붕새의 날개, 문명의 진로─팽창문명에서 내장문명으로』,『맹자의 땀 성왕의 피─중층근대와 동아시아 유교문명』,『코리아 양국체제─촛불혁명과 체제전환』 등이 있다 ◈ 시민의회론, 성찰윤리론, 중층근대론, 중간경제론, 비서구 민주주의론, 후기근대론, 동아시아 내장근대론, 내장적 문명전환론 등의 새로운 학술 담론을 제기해왔다 ◈

# 수양학으로서의 동학

## 어떤 하늘을 열어낼 것인가가 내게 달렸다

김용휘

【서학과 동학, 그리고 미래의 동학이 만나다】

누구나 대체로 그렇겠지만 일 년 중에 시월이 가장 바쁘다. 일정이 없는 날은 거의 없다. 딱히 시월이 아니라도 반나절을 빼서 보고 싶은 사람을 만나러 가는 일은 쉽지 않다. 그런 시월의 어느 날이었다. '기독교환경연대' 대표이신 양재성 목사로부터 연락이 왔다. 그는 지난 4월부터 장수에 귀촌을 해서 평일엔 농사를 짓고 주말에는 서울로 올라가서 일을 본다고 했다. 인도에 돌아온 이후에 한 번도 만나지 못하고 전화 통화만 했다. 그런데 서울에서 이병한 선생이 내려온다며 가능하면 셋이서 보면 좋겠다는 문자가 왔다. 이병한 선생은 『유라시아 견문』의 저자이며 동학을 중심으로 미래 문명의 비전을 제시하고자 하는 야심찬 역사학자이다.

함께 보면 당연히 좋겠지만 마음에 여유가 없었다. 마감에 쫓기는 글이 몇 개나 밀려 있었다. 다음 주 강의 준비도 해야 했다. 인도에서는 안 그랬는데, 역시 한국의 삶은 속도가 빠르다. 인도보다 시간이 3배속으로 흐르는 느낌이다. 하루 전날까지 고민을 하다가 역시 '안 되겠다'고 답장을 보냈다. 우리는 자주 행복을 미래로 유보한다. 늘 현재를 살기가 싶지 않다. 그러다보니 정작 하고 싶은 일, 보고 싶은 사람과의 약속을 미루기가 일쑤였다.

다시 생각을 돌이켰다.

'다녀오자, 그러면 오히려 글이 더 잘 풀릴 거야.'

무작정 가슴이 이끄는 대로 장수로 차를 몰았다. 옛 가야의 들판들은 황금으로 물들어 있었고, 가을이 빚어내는 빛의 향연은 눈이 부셨다. 그렇게 셋이 장수의 한 오두막에서 운명처럼 만났다. 벽난로 장작불에 고구마를 구워 먹으며, 이런저런 이야기를 하다가 자연스럽게 도올 선생의 『동경대전』 이야기가 나왔다. 양 목사는 도올의 기독교 비판이 비록 뼈아프긴 하지만 지금 한국 교회가 정말 귀기우려 경청해야 한다고 주장했다. 반면, 이병한 선생은 "도올의 동경대전 해석은 여러모로 아쉽다. 동학을 근대 서구문명 비판으로만, 또는 유학(儒學) 3.0 정도로 해석하는 것 같다. 동학은 그 이상이다. 동학은 미래의 지구학이다. 특히 '경물(敬物)'에 큰 의미가 있는데, 여기서 물(物)은 지금까지 지구가 진화를 거쳐 이룩한 모든 만물은 물론 인간이 만든 물질, 앞으로 4차 산업혁명을 통해 나타날 인공지능, 사물인터넷을 비롯한 모든 물을 포괄한다. 그러한 물까지 공경하라는 데서 동학의 위대함이 있다"고 열변을 토했다.

나는 4차 산업혁명에 대해서는 다소 비판적으로 보는 편이었는데, 역시 신진학자는 과학기술을 그렇게 부정적으로만 봐서는 안 된다고 했다. 최근에 나온 책 『어스 테크』는 이러한 문제의식을 반영한 책이라고 했다. 또 한 가지 이병한 선생이 놀라운 이야기를 했다. "저를 비롯해서 지금 세대는 서양에 대한 열등의식이 별로 없어요." 그러니 서양과 비교할 필요도 없다는 것이다. 탈서구를 말한다는 자체가 여전히 서구에 대한 열등의식이 있다는 것이다. 우리 선배 세대들, 특히 동양학을 하는 사람들은 늘 서양과의 대결의식이 있었고, 그 밑바닥에는 서양에 대한 깊은 열등의식이 있었다. 그래서 우리 선배 세대들은 동양에도 철학이 있다는 것을 증명하기 위해 한평생을 고투했다. 나만 해도 "동양철학도 철학이냐?"라는 다소 비아냥거리는 질문을 적지 않게 받고 살았다. 그것은 내면에 상당한 상처를 남긴다. 그런데 지금 세대들은 그게 없다니 참 반가운 이야기였다. 이제 서양에 대한 대결의식으로 서양을 타자화하고, 동서를 이분법적으로 나누던 근대적 사고에서도 벗어나고 있는 것 같다.


【동학은 깨달음의 학문이다】

본래 나는 박사논문 주제를 "동학의 수양론"으로 하고 싶었다. 하지만 대부분의 선배들이 말렸다. 수양론으로는 논문 통과되기가 어렵다는 것이다. 당시만 해도 철학 논문은 뭔가 논쟁적인 요소가 있거나, 논리적으로 논증이 가능한 것만이 그 대상이 될 수 있다는 분위기가 지배적이었다. 이 역시 서양의 '철학' 개념을 전제로 한 것이지만, 동양철학마저도 그 잣대로 재단하는 경우가 많았다. 그러다 보니 한국철학사는 사단칠정론과 인물성동이론을 비롯한 사실상 논쟁사로 축소되기 마련이었다. 결국 나는 동학의 가장 주요한 개념인 '시천주(侍天主)'를 붙들고 그 '시천주' 개념의 변천에 관한 연구로 박사 논문을 썼다.

　하지만 본디 동양철학은 인간의 변화 가능성에 대한 낙관을 기초로 유덕(有德)한 사람, 거룩한 사람(聖人)이 되는 것을 목표로 한다. 학문을 하는 이유도 성인(聖人)이 되기 위함이다. 인간 완성에 대한 열망, 진정한 정신적 자유와 깊은 마음의 평화, 천인합일의 인격, 그리고 도(道)와 덕(德)이 동양 현자들의 주요 관심사였다. 정치의 문제도 종종 지도자의 덕성 문제로 환원되는 경우도 많다. 따라서 동양철학의 본령은 수양론에 있다고 볼 수 있다.

　동학 역시 마찬가지이다. 동학에는 물론 서구적 신관을 극복하고 우주와 인간, 생명에 대한 새로운 관점을 제기하면서 신 중심의 형이상학이 아닌 인간 중심의 수평적이고, 생태적인 사유의 새로운 형이상학에 대한 풍부한 해석의 가능성을 가지고 있다. 도올 선생은 동학을 인간의 잘못된 생각과 그로 인해

발생하는 문명의 폐해를 극복할 수 있는, 인류가 만들어낸 가장 탁월한 사상 체계라고 역설하면서, "이 대도의 실현은 서구적 신관의 파기에서만 가능"하다고 했다. 동학을 통해서 서양의 우월성, 과학과 자본주의의 예속된 서구적 근대를 넘어서 새로운 문명의 단초를 열 수 있다고 역설한 것이다. 나는 이러한 견해에 전적으로 동의하면서도, 도올 선생이 동학을 철저히 철학으로만 보는 입장에는 반대한다. 동학을 왜 종교로 해석되면 안 되는가? 철학과 종교를 너무 이분법적으로 보는 것 아닌가? 이 역시 서구의 시선이다. 동양의 학문들은 이 구분에 딱 적용되지 않는 경우가 대부분이다. 예를 들어 불교 역시 철학이면서 종교이고, 종교이면서 철학이지 않은가? 동학을 통해 서구를 극복하고자 하는 도올 선생에게도 어쩔 수 없이 앞서 언급한 서양에 대한 열등의식이 내면화되어 있었던 게 아닌가 하는 생각이 들었다.

동학은 철학임과 동시에 '종교'이기도 하다. 물론 여기서 종교는 지금까지 서양에서 정의하듯이 '어떤 절대적 신을 섬기는 행위'가 아니다. 여기서 종교라 함은 단순히 이론적 담론에 그치지 않고 인간의 변화 가능성을 믿고, 인간을 성스럽게 만드는 실천적인 가르침을 의미한다. 동학을 종교이기도 하다는 것은 동학은 바로 이러한, 보통 사람을 거룩한 사람으로 변화시키고자 하는 것이 가장 핵심적 가르침이라는 뜻이다. 그런데 거룩한 사람으로의 변화가 그저 주어지는 것은 아니다. 뭔가 수행, 수도, 수양, 공부가 필요하다. 그런 공부에 대한 방법론이 바로 수양론이고, 이 수양론이 동양철학의 핵심이라고 할 수 있다.

따라서 동학의 본령도 수양론에 있다. 수운을 계승한 해월은 짚신을 하루에 두 켤레 삼으면서 3년간 주문을 하루 3만 독씩 외는 지독한 수련을 했다. 하루 3만 독이라는 숫자는 밥 먹는 시간과 잠자는 시간을 제외하고 거의 대부분의 시간을 주문에만 몰두해야 가능한 숫자이다. 그만큼 마음머리를 오로지 주문에 두고 살았던 것이다. 이는 마치 선사들이 하나의 화두를 붙들고 그 화두를 깨치는 것과 같다. 그렇게 주문에만 몰두하면서 세속적, 비본질적,

일시적, 감각적인 것에 향했던 마음머리를 거룩하고 본질적이고, 영원한 것으로 향하게 하는 전면적 전환, 즉 '회심(回心)'이 일어났던 것이다. 그 결과로 글공부도 없었고, 가난해서 화전을 일구고 살아야 했던 평범한 한 시골 촌부였던 해월이 3년 만에 거룩한 사람이 되었다. 해월은 이 방법을 손병희에게 전했다. 하루에 3만 독의 주문을 3년간 하는 방법 말이다.

결국 동학은 모든 사람들이 현인군자, 성인이 될 수 있다는 것이다. 물론 유학도 성인을 목표로 하는 성인지학을 표방했다. 하지만 유학적 성인은 엄청난 글공부를 수반해야 가능하다. 아무나 되는 것이 아니다. 평민들에겐 불가능한 꿈이다. 하지만 동학은 유학처럼 사서오경을 다 공부해야 하는 것도 아니고, 불교처럼 머리 깎고 산에 들어가야 하는 것도 아니다. 동학은 일상을 그대로 유지하면서도, 간이한 주문을 붙들고 오랜 열세불망의 단련을 통해 자기 안의 신성을 발현해낼 수 있다고 하는 평민의 종교이자 깨달음의 학이었다. 결국 작은 나(小我)를 넘어서 내 안의 하늘을 실현해 내는 자아초월의 학문이자 종교였다. 그래서 수운은 노래했다. "무궁한 이 울 속에 무궁한 나 아닌가"


【삶을 잘 운전하는 기술, 수심정기】

수양의 요체가 무엇이냐에 대해서는 여러 방면에서 논의가 가능하겠지만, 일단 크게 보면 세 흐름이 있다고 생각된다. 물론 단순화하는 것은 늘 반박의 여지가 있고, 디테일하게 나누자면 훨씬 더 많은 수행법들이 있겠지만 이렇게 구분해 봄으로써 수행에서 정말 힘써야 할 것이 무엇인지를 성찰해 보는 데 의의가 있다고 본다.

첫 번째는 '바라보기'이다. 자신의 생각과 감정, 상황에 매몰되어 있던 데서 빠져나와 자신을 객관적으로 바라보고 일상의 모든 행위, 즉 밥을 먹을 때

나 걸을 때조차도 그 행위에 깨어 있는 것이다. 마치 국경 수비대가 적군을 감시하는 마음으로 깨어서 살피는 것과 같다. 틱낫한 스님은 이를 '마음챙김(mindfulness)' 공부라고 한다. 보통 자신의 감정과 생각 자체를 '자기'라고 여기기 쉬운데 여기서는 그것을 구분하여 감정과 생각 역시 하나의 일시적인 현상에 불과하다고 본다. 즐거움과 슬픔, 쾌와 불쾌, 좋은 것과 나쁜 것, 그 어떤 상황에서도 마음의 평정심을 유지함으로써 괴로움을 벗어나는 길이다. 어떤 상황에서도 흔들림 없는 평정심, 그리고 거기서 나오는 지혜와 자비의 실천을 강조한다. 이 수행법은 전통적으로 일종의 '바라보기 명상', 관(觀)법으로 불교의 위빠사나 수행이 대표적이라고 할 수 있다. 이 수행법은 전혀 신비적인 요소가 없고 노력한 만큼 효과도 분명하다. 꼭 앉아 있어야 되는 것이 아니라, 일상에서도 가능하기 때문에 매우 효과적인 방법이라고 할 수 있다. 최근에는 틱낫한 스님이 대표적이며, 고엔카의 전통도 여기에 속한다고 볼 수 있다.

두 번째는 '내맡김'을 중시하는 전통이다. '지금여기'에 온전히 자신을 내려놓음으로써 집착이 사라지고 감정이 정화되며 자아의식이 해소되는 방법이다. 이로써 지극한 내면의 평화와 자유, 그리고 가슴에서 기쁨이 일렁이는 것을 체험할 수 있다. 결국 자기를 온전히 지금 여기에 내맡김으로써 자아가 사라지고 존재와 하나 되는 '현존의 기술'이다. 이 전통은 대부분의 명상에서 가장 즐겨하는 방법으로서 지금 여기의 실재, 또는 하늘, 우주에 자기를 내려놓고 내맡김으로써 깊은 일체감, 나아가 깊고 고요한 마음의 상태에 들어가서 진정한 평화와 자유와 깊은 희열 상태에 도달하는 방법이다. 그 상태를 무아, 삼매, 열반, 천인합일, 좌망 등 여러 이름으로 부를 수 있지만 그 요체는 상통한다고 생각된다. 여러 최근에는 에크하르트 톨레가 여기에 속한다. (이와 비슷한 방법으로 '집중'을 중시하는 수행법도 있다. 어떤 대상에 마음을 주의 집중함으로써 결국은 무아의 경지에서 그 대상과 합일되는 것이기에 큰 틀에서는 내맡김 수행으로 볼 수 있다.)

세 번째는 내 안의 더 깊은 차원에 존재의 중심 또는 존재의 본질이 있다고 보고 그것을 발견하고 깨닫는 것을 수행의 핵심이라고 보는 전통이다. 이 존재의 중심을 '참나', '성품', '내면의 빛', '아트만', '신성한 지혜', '내유신령', '하느님' 등등 많은 명칭으로 부르지만 결국 내 안에 '현상적인 나'를 넘어선 어떤 초월적인 차원, 또는 '본질적인 나'가 있다는 것이다.

이 세 전통 중에서 첫 번째 방법과 두 번째 방법은 종종 결합이 되어 있는 경우도 많다. 예를 들어 위빠사나는 집중과 관찰을 동시에 중시하며, 천태의 '지관(止觀)' 법 역시 이 둘을 같이 강조하고 있다고 볼 수 있다.

어떤 점에서 기독교의 신앙도 결국은 하느님께 자기를 온전히 '내맡김'의 자세가 핵심이라고 볼 수 있다. 아브라함이 그랬듯이 '힌네니'(예, 여기에 있습니다)라는 내려놓음이야말로 필요한 모든 것이었다. 아니 모든 종교적 신앙의 핵심이 '내맡김'이라고 할 수 있다. 이를 통해 결국 자아의식, 에고, 소아(小我)를 극복하고 대아(大我)로 확대됨으로써 자기비움, 욕심 없는 무욕과 청정의 인격이 가능하다. 이런 '자기비움'에서 진정한 지혜와 사랑의 실천이 가능한 것이다. 이러첨 수행의 관점에서 본다면 기독교와 불교는 그리 먼 종교가 아니라 상당히 가까운 종교라 할 수 있다.

위의 첫 번째 전통과 두 번째 전통은 완전히 이룬다는 것은 물론 쉽지는 않지만, 전혀 신비적 요소가 없고 노력한다면 누구나 어느 정도는 상당한 진전과 성취를 할 수 있다. 점진적이고 체계적이고 손에 닿는 느낌이라고 할 수 있다. 그런데 세 번째의 전통은 증명이 불가능한 신비의 영역으로, 체험한 사람에게는 너무도 분명하지만 그렇지 못한 사람에게는 몇십 년을 공부해도 헛일일 뿐이다. 일종의 신비체험을 요구한다. 문제는 이 체험이 누구에게나 가능하지는 않다는 점이다. 불교의 경우 간화선은 바로 이 세 번째 방법이라고 볼 수 있는데, 결국 인도불교와 동아시아불교는 그 수행법에서 이러한 차이가 있다고 볼 수 있다. 간화선은 매우 수승한 방법이긴 하지만 '모 아니면 도'가 되기 쉬워서, 누구나 성취하기는 어렵다는 난점이 있다.

주자(朱子)가 공부론을 정립하면서 고민했던 것 역시 바로 이 차원이었다. 스승 이연평으로부터 마음의 고요한 상태에서 천리(天理)를 곧바로 직관하는

'미발체인법'을 배웠고, 이것을 깨달으면 그 자체로 거룩한 사람이 되고, 그러한 거룩한 차원의 발견이 모든 도덕적 실천의 기초라는 것을 인정할 수 있었다. 하지만 주자는 이 방법이 누구나 가능하지 않다는 것도 간파했던 것 같다. (주자가 '천지체인'을 직접 체험했는지의 여부는 확인할 길이 없다.) 그래서 주자는 결국 누구나 노력하면 가능한 방법인 '거경궁리(居敬窮理)'법을 성리학의 수양론으로 내놓게 된다. 그래서 거경(居敬) 공부 중에서 미발(未發) 공부법도 천리를 체인하는 것으로 해석하지 않고, 마음의 경건성을 유지하는 주일무적(主一無適)과 정제엄숙(整齊嚴肅) 등으로 해석해 버린다. 이런 공부법을 가지고 나중에 육상산과 논쟁을 하기도 하였다. 육상산은 주자의 방법을 '너무 지리하다'고 비판했다. 이후 왕양명의 '심즉리(心卽理)'는 결국 천리체인법을 계승한 것이라 할 수 있다. 불교의 돈오, 점수 논쟁의 유학판이 바로 주자학과 양명학으로 나타났다고도 볼 수 있다.

동학의 '수심정기(守心正氣)' 공부는 이 셋 중에서 내맡기는 공부와 마음챙김 공부가 결합이 된 것으로 이해해 볼 수 있다. 나눠서 보면 정기(正氣)가 내맡기는 공부이고, 수심(守心)이 마음챙김 공부라고 할 수 있다. 수심정기는 막연한 이야기가 아니라, 구체적인 몸과 마음의 상태를 지시하고 있는 것이다. 다시 말해서 몸과 마음이 맑고 밝고 온화한 하늘 본래의 마음에 합치된 상태, 그리고 우주적 기운과 연결된 상태, 우주의 흐름에 온전히 내맡겨진 상태를 의미한다. 철새가 기류를 타고 수천 킬로미터를 날아오고, 연어가 해류를 타고 바다에서 강 상류까지 오듯이, 몸은 우주 기운, 실재, 무한에너지와 연결되어 그 흐름을 타고, 마음은 지금 여기에 깨어서 오롯이 현존한 상태를 의미한다.

따라서 수심정기는 하늘의 기운과 연결하는 방법을 제시하는 것이며, 그러면서도 수동적으로 하늘의 명령을 받는 것이 아니라 스스로 자기 삶의 운전대를 잡고 자가 운전하는 방법이다. 시동을 거는 방법이 정기이고, 또렷한 정신으로 운전대를 잘 잡고 있는 것이 수심이다. 이는 마치 파도타기의 요령과 같고 피겨스케이팅이나 스키를 타는 요령과 같다. 몸에 힘은 빼야 하지만 그렇다고 중심을 놓치면 안 된다. 내맡김과 집중이 동시에 이루어져야 균형을 잃지 않으면서 그 흐름을 탈 수 있다. 동학은 천도의 우주적 흐름을 타면서도 그것을 스스로 운전해 가는 '하늘 파도타기' 기술이다.

이렇게 수심정기가 되어 하늘의 마음과 기운에 연결이 되면 하늘의 힘과 지혜를 활용해서 모든 일을 행하되, 그 운용의 주체는 내가 되어서 나의 삶을 이끄는 상태가 되는 것이다. 따라서 수운이 내놓은 새로운 도법으로서의 '수심정기(守心正氣)'는 마음과 기운이 하늘과 합치된 상태에 이르러, 항상 맑고 밝고 온화하고 평정하며, 늘 깨어서 집중된 상태, 나아가 신령하고 고요한 가운데 하늘의 힘과 지혜를 활용하면서도 자기 삶의 주인으로서 몸과 마음을 운용하는 공부법을 가르친 것이다. 한마디로 수심정기는 몸과 마음을 다스리고, 운명의 주인이 되는 삶의 기술인 것이다.


【내 안의 하늘을 구현하다 (시천-양천-체천)】

그런데 결국 난점이 시천주의 '내유신령' 문제다. 수운의 동학은 경신년에 하늘님과 직접 문답이 열리는 신비체험을 통해서 탄생한 것이다. 그리고 그 체험을 1년간 성찰하면서 철학적 명제로 내놓은 것이 바로 '시천주(侍天主)'이다. 여기서 '시'를 다시 '내유신령', '외유기화', '각지불이'로 해석했다는 것은 잘 알려져 있는 사실이다. 각지불이는 또 복잡한 논의가 필요하므로 여기서는 좀 논외로 하고, 외유기화와 내유신령은 사실 수운의 경신년 체험에서 "밖으로 접령의 기운이 있고, 안으로 강화의 가르침이 있었다(外有接靈之氣와 內有降話之敎)"는 체험을 개념화한 것으로 이해할 수 있다. 결국 수운이 깨달은 것은 자신이 하늘의 기운과 연결하는 방법을 깨달은 것이었고, 자기 안에 거룩한 영의 존재를 깨달은 것이었다. 여기서 외유기화는 앞의 내맡김을 통해 '지금여기'의 우주적 실재(至氣)와 합일되는 것, 즉 현존의 기술로 설명이 가능한데, 내유신령은 앞서 언급한 바와 같이 신비체험의 영역이다. 체험한 사람에겐 있고, 그렇지 못한 사람에겐 허무맹랑한 이야기일 뿐이다. 체험해도 그것을 다른 사람에게 합리적으로 논증할 길도 없다. 누구나 가능하진 않다는 데 난점이 있다.

그래서 해월은 내유신령을 강조하지 않고, '심령'이라고 표현하거나, '심즉천'으로 해석하면서 이 '내재적 타자'를 마음의 본체, 본심으로 환원시켜 버린다. 신비적 요소를 제거한 것이다. 그리고 시천주보다는 양천주를 강조하면서 천주를 '하늘의 씨앗' 정도로 해석한다. 따라서 본래 완전한 존재가 아니라 내 안에서 키워 내야 할 것으로 해석한다. 또한 「삼경(三敬)」에서 논하고 있듯 공경의 대상을 내 마음, 이웃, 물건으로까지 확장하면서 모든 존재를 하늘님으로 생각했다. 이를 통해 신비적 체험보다는 일상에서 모든 존재를 하늘님으로 공경하는 실천을 강조한다. 이로써 동학은 해월에 와서 보편적 인간학으로, 그리고 생명철학으로 발돋움한다.

'체험'과 '자각'이 중요하긴 하지만, 이 부분을 절대적인 것으로 강조하게 되면 대중성과 보편성이 약화되는 단점이 생긴다. 누구나 체험할 수 있는 것이 아니기 때문이다. 수운은 「탄도유심급」에서 "마음을 닦아야 덕을 알고, 덕을 오직 밝히는 것이 도"라고 했다. 이처럼 수도의 목적을 마음을 닦아서 덕 있는 사람이 되는 데 두면 느리긴 해도 꾸준히 하면 조금씩 진전하는 것을 느낄 수 있지만, '네 안에서 하늘님을 체험하라'는 것이 수도의 목적이 되면, 이는 체험한 사람과 그렇지 못한 사람으로만 양분될 뿐이고, 몇 십 년을 해도 그것을 체험 못한 사람에게는 좌절감만 안겨주면서 결국 '수도 무용론'을 외치게 될 뿐이다.

수운은 『용담유사』에서 "한울님 하신 말씀 개벽 후 오만 년에 네가 또한 첨이로다. 나도 또한 개벽 이후 노이무공 하다가서 너를 만나 성공하니 나도 성공 너도 득의 너희 집안 운수로다"라고 읊었다. 이는 우주생명으로서의 한울님이 당신의 신성을 온전히 세상에 드러내지 못하다가 수운을 만나 비로소 온전히 당신의 신성을 드러낼 수 있었다는 표현으로 이해할 수 있다. 이제 그것이 수운에게서 끝나는 것이 아니라 모든 사람들에게로 확대되어야 하는 시대를 맞고 있다는 것이 '다시개벽'의 이야기라고 할 수 있다.

하늘님은 체험의 대상이 아니라 구현해야 한 존재로 보면 어떨까. 시천주를 체험해야 할 대상으로 보지 말고, 이미 내재하고 있지만 자신을 아직 온전히 드러내지 못하고 있는 우주생명으로 해석한다면, 내 안의 우주생명, 우주의식을 성공시키는 것이 삶의 목적이 된다. 내 안의 신성을 온전히 드러내는 것. 동학은 시천과 양천을 거쳐 체천으로 자기완성을 이루는 수양학이며, 체천의 학이 되는 것이다.

보고 싶은 사람을 미루지 않고 달려간 것은 참 잘한 일이었다. 지금여기에 현존할 때 비로소 평화와 자유, 그리고 참된 기쁨이 온다는 것을 알겠다. 또한 지금 나의 가슴 안에서 하늘님은 이미 통합되어 존재한다. 나의 가슴에서 우주가 열리고, 나의 가슴으로 우주가 닫힌다. 지금 여기에서 과거와 미래가 펼쳐진다고 할 수도 있다. 어떤 우주를 열어낼 것인가, 어떤 하늘을 열어낼 것인가가 나에게 달렸다.

김용휘
◆ 현재 대구대학교 자유전공학부 교수로 재직중이며, '방정환배움공동체 구름달' 대표로 활동하고 있다 ◆ 지난 2년간 인도 오로빌에서 공동체를 경험하고 돌아와 지금은 경주에서 살고 있으며 동학을 중심으로 새로운 시대의 철학을 모색하고 있다 ◆ 저서로는 『우리학문으로서의 동학』, 『최제우의 철학』, 『손병희의 철학』, 『최제우, 용천검을 들다』가 있다 ◆

# 평화와 전환의 역동, 평화학과 동학의 만남

이
희
연

우리는 평화라는 말을 일상에서 심심치 않게 들을 수 있다. 개인의 평화이기도, 공동체의 평화이기도 한. 어느 누군가의 가치이자 우리 모두의 안녕을 바라는 그 모든 말에 평화가 있다. 그렇다면 평화는 무엇인가. 가장 근본적인 질문이자, 어쩌면 가장 어려운 평화에 대한 공통의 정의는 여전히 한국사회에 뿌리를 내리지 못하고 있는 것처럼 보인다.

【평화는 어떻게 말해지는가】

평화학을 공부한다고 하면 다들 의문스러운 표정을 짓는다. 그리고 정말 그런 전공이 있는지, 무엇을 배우는지에 대한 질문이 따라온다. 평화학, Peace Studies라 불리는 학문은 평화와 갈등을 연구한다. 어떻게 하면 갈등을 폭력적인 방법이 아닌 평화적인 방법으로 전환할 수 있는지를 고민한다. 갈등을 피하거나 없애야 하는 것이 아니라 인간의 삶의 한 부분으로 보는 관점에서부터 시작한다. 사람은 태어나면서부터 누구나 갈등을 겪고 마주한다. 이를 어떻게 평화적으로, 평화를 위해, 평화를 향해 전환할 것인지가 평화학의 주된 과제이다.

갈등 해결, 갈등 관리 등 우리는 갈등을 대체로 인과관계로 보며 해결책을 만들고자 한다. 하지만 대표적인 평화학자인 존 폴 레더락은 '해결'이란 용어에 여러 가지 위험이 있다고 보았다. 해결 위주의 사고가 진정으로 필요한 변화를 덮어 버리는 또 다른 방식일 수 있다는 것이다. 따라서 평화학에서는 상황에 따라 갈등에 능동적이고, 변화지향적인 방식으로 대응한다. 이를 '갈등전환'이라고 부르는데, 이는 유기적인 에너지의 흐름이라고 볼 수 있다.

　　평화라는 말은 어디에서 말하는지, 누가 말하는지에 따라 그 의미가 다르게 쓰인다. 한국에서는 주로 통합의 관점 또는 갈등 해결의 관점에서 평화에 접근한다. 이러한 관점에서는 사회적으로 형성된 정체성과 소속감을 통해 타자에 대한 이질감과 배타성을 정당화시킬 수 있다. 따라서 하나의 정체성 형성이 평화라고 생각하며, 폭력적인 방식의 통합이 옳음, 질서, 평화 등으로 정당화될 수 있다. 갈등 해결 역시 해답 혹은 결론을 추구하려는 의지가 담겨 있기 때문에 눈앞에 직면한 문제에서 벗어나지 못할 수 있다. 이에 우리는 평화라는 단어를 사용하기 전에 그 단어가 어떤 맥락에서, 어떻게 말해지는지 바라볼 필요가 있다.


【평화학과의 만남】

서구에서는 지속적으로 평화, 생태와 같은 지구적 과제에 관심을 가지고 연구를 해 왔다. 이는 식민지 시대 이후의 반성에서 비롯한 양상이기도 하고, 철학적·물질적 풍요를 어느 정도 성취한 사회의 일반적인 특성이기도 하다. 특히 유럽의 국가들은 세계대전 이후 이러한 관심을 객관적이며 실질적인 방안을 모색하는 방법으로 발전시켰는데, 평화학은 이를 잘 나타내는 학문으로 볼 수 있다.

　　평화학은 자기 자신(개인)의 범위에서부터 통합적으로 갈등에 접근하며 교육에서부터 정치까지 여러 영역에서 갈등을 전환하려는 방법을 찾고 실천한다. 따라서 개인의 언어, 문화, 종교·영성, 사회, 정치 등의 영역을 평화적 관점에서 분석하며 갈등이 발생하는 곳의 상황을 파악하여 체계적으로 평화를 어떻게 설계할 것인지 연구한다. 결국, 우리가 사고하는 방식에 관하여 근본적인 변화를 요구하는 방향 또는 틀이라고 볼 수 있다. 이는 다양한 데이터를 바탕으로 실제적인 사례에 적용을 통해 이루어지며, 연구와 실천이 함께 작동한다. 최근에 한국에서도 논의되고 있는 지속가능한 발전, 피스 빌딩과 같은 주제가 이에 해당한다고 볼 수 있다.

내가 처음 평화학을 접하게 된 것은 대학을 다닐 때였다. 주변에 평화운동을 하는 분들이 있어서 평화학이라는 학문이 있다는 것을 알게 되었다. 한국에서는 너무나 생소한, 서양에서도 그리 오래되지 않은 연구 분야였다. 흥미는 있었지만, 한국에서 찾을 수 있는 자료는 극히 드물었다. 몇 가지 자료를 살펴본 뒤 중요하지 않게 여기고 지나갔다. 그리고 다시 평화학을 생각하게 된 것은 대학원에서 정치 정책을 공부하면서였다. 당시 나는 교육정책에 관심이 있었는데, 정책이 자주 바뀌고 중심을 잡지 못하는 이유가 철학의이 부재하기 때문이라고 생각했다. 하여 정치철학을 공부하던 중 현재 한국이 직면한 문제들이 기존의 서구 정치철학으로 해결 가능한지에 대해 의문을 가지게 되었다. 그때 대안으로서 새롭게 주목한 것이 평화학이다.

평화학은 새로운 패러다임의 전환을 꾀하는 학문이라고 볼 수 있다. 기존의 경제학, 정치학 등에서 다루는 거시적이고 패권 중심적인 시각에서 벗어나 개인에서부터 지역으로 번져 가는 에너지의 역동과 전환을 고민하고 연구한다. 좀 더 구체적으로 보면, 평화학의 여러 갈래 중에 내가 공부하는 University of Innsbruck에서는 5 Peace Families를 중요하게 여긴다. 이는 Energetic Peaces, Moral Peaces, Modern Peaces, Postmodern Peaces, Transtational Peaces 등으로, 각각의 Peaces는 서로 다른 상징성을 가진다. 균형과 조화, 종교의 통합과 확장, 문제 제기와 시스템의 조직, 새로운 전환의

5 Peace Families

Energetic Peaces　　Moral Peaces　　Modern Peaces　Postmodern Peaces　Transtational Peaces

흐름, 커뮤니티의 변화 등 각각의 평화는 단계적이면서도 동시적이다.

　　이러한 평화학의 개념들을 공부하다 보면 동학에서 이야기하는 바와 일치하는 지점이 많다. 그래서인지 처음 5 Peace Families를 만나게 되었을 때 굉장히 익숙한 느낌을 받았나. 서양 철학과 이론에 동양적 색채를 담은 느낌이랄까. 이러한 평화의 이론과 시스템이 실제로 적용되는 방식에도 명상, 만트라 등이 쓰이며, 평화학은 동서양의 통합적인 지점들을 많이 드러낸다. 따라서 나는 크게 보아 이러한 지점에서 평화학과 동학의 만남을 기대하게 되었다. 자신에서부터 시작되는 방향성과 양면성의 통합을 지향한다는 점, 학문과 실천적 방법이 함께 간다는 점에서 평화학과 동학은 흐름을 함께 한다.

【동학과의 만남】

동학을 제대로 접하게 된 것은 주역을 공부하면서부터다. 몇 년 전, 우연한 기회로 주역을 공부하게 되었다. 그리고 주역에서 동양의 깨달음을 관통하는 이야기들을 만나게 되었다. 거기에 흥미를 느껴 따라간 흐름에 한국의 사상인 동학이 있었다. 그전에는 교과서에 나온 정도로만 동학을 알고 있었다. 동학농민혁명이 있었다는 것, 동학이 독립운동에 영향을 미쳤다는 것 정도의 수준이었다.

아직도 동학에 대해 공부해야 할 것이 많지만, 동학 공부를 시작한 뒤 이것이 얼마나 크고 깊은 사상인지를 알게 되었다. 무궁무진한 가능성이 있다고 느꼈다. 동학 안에는 평화적인 가치가 내포되어 있으며, 이를 풀어갈 수 있는 실천적 대안이 존재한다. 이는 평화학의 가치와 방향과도 부합하는데 동학을 좀 더 공부하고 나아가 연구해야겠다고 생각한 것은 이러한 이유 때문이다.

하지만 지금의 젊은 세대에게 동학은 옛날이야기로 치부되는 면이 있다. 그저 오래전 존재했던, 조선시대의 흔적과 같은 느낌이다. 우리 사회가 동학의 생명평화 사상을 꾸준히 이어가지 못한다고 느끼는 부분이기도 하다. 분명 동학이 가진, 우리 사상을 대표하는 핵심의 힘이 있다. 중국의 학문이나 서구의 학문과는 다른 독창적이고 역동적인 에너지가 있다. 그러나 현대적으로 해석하고 번역해야 하는 부분 역시 분명히 존재한다. 이는 평화학과 동학이 서로 상생해야 하는 까닭이기도 하다.


【평화학과 동학의 만남】


최근에 내가 하려는 연구는 평화학과 동학을 연결하여 하나의 학문 체계로 만드는 작업이다. 구체적으로는 동학과 평화학의 접점을 분석하여 동학의 스토리텔링을 체계적으로 현대화·이론화하는 작업이라고 볼 수 있다.

평화학은 체계적으로 실전의 경험을 이론화한 학문이다. 이는 '관계의 패턴'에 집중한다. 내용을 파악하는 동시에 관계 패턴의 시스템과 그물망에서 갈등을 분석한다. 즉, 개인적·관계적·문화적·구조적 층위에서 욕구, 관계, 패턴이 어떻게 상호작용하는지를 주의 깊게 들여다보며 갈등의 반응을 관찰한다. 또한, 여기서 나아가 현재 제기된 문제에 대한 해결책을 모색하되, 동시에 장기적인 차원에서 패턴의 변화를 위한 해결책을 찾는다. 동학은 실제적인 스토리텔링에 강점이 있다. 감각적으로 사상을 풀어가는 힘이 있다. 동학의 문헌들을 읽다 보면 양면성의 통합적 사고가 자연스레 설명된다. 또한, 서학의 영향을 받아 평등이나 초월적 인격신 등의 개념 역시 내재한다. 이는 오래된 다양한 이야기의 총체이면서 철학적 사유를 할 수 있게 한다.

하지만 두 학문은 서로 다른 한계를 가지고 있다. 평화학은 현대적이면서 실용적인 학문임과 동시에 아직 학계의 한 분야로 인정받지 못하는 면이 있다. 주류 학계와 정치계의 흐름과 다른 지점에 있어서 학문으로서의 영향력과 존재감이 아직은 미비하다. 반면, 동학은 역사적인 배경과 활동으로서 확실한 입지가 있지만, 현대적 해석이 필요하다. 그동안에도 나름 여러 관점에서 연구가 많이 되어 왔지만, 앞으로의 지구적 차원에서 연구는 갈 길이 멀다.

동학은 동국(東國)의 학문이지만 서학과 반대되는 개념이 아니듯, 평화학은 서구의 학문이지만 동학과 반대되는 개념이 아니다. 이 둘은 인과성과 동시성, 객체성과 주체성, 수직성과 수평성, 합리성과 초월성 등 양면성의 통합을 지향한다는 점에서 많은 공통점을 갖는다. 또한, 서로가 부족한 부분에 있어서 보완할 수 있는 여러 지점을 가지고 있다. 따라서 현시대가 새로운 전환기를 맞이하여 다시 개벽을 준비하고 있는 시점에서 이 두 학문의 만남은 충분히 의미 있는 일이 될 것이다. 나는 그 안에서 공존을 꿈꾸며 새로운 길을 만드는 데 한 발을 더하고 싶다.

이희연

◈ 공존을 고민하며, 평화학을 연구합니다 ◈ 현재 오스트리아 University of Innsbruck에서 Peace, Development, Security and International Conflict Transformation를 공부하고 있습니다 ◈ 동학과 평화학의 접점을 찾아 새로운 전환을 모색합니다 ◈ 또한, 한국의 사상을 바탕으로 지구적 평화를 확장할 수 있는 길을 찾는 여정에 있습니다 ◈

# 동학 민주주의는 상향식 평준화다

【자유와 평등의 균열을 넘어서】

중학교 사회 교과서에는 민주주의라는 지붕을 자유와 평등이라는 기둥 두 개가 떠받친 그림이 있었습니다. 두 기둥 중 하나가 무너지면 집 전체가 무너지듯이, 자유와 평등 중 어느 하나가 모자라면 민주주의 자체가 오롯하게 설 수 없다는 그림입니다. 아주 쉽고 단순해 보이는 이 그림 속에는 무척 어렵고 중요한 문제가 들어 있습니다. 자유와 평등은 흔히 반비례 관계를 맺는 것처럼 보이기 때문입니다.

한때 뉴스나 신문에서는 '경제 민주화'라는 말이 자주 나돌았으므로, 이를 예시로 들어 봅시다. 경제 분야의 민주주의를 세우기 위해서도 경제적 자유와 경제적 평등이라는 두 기둥이 필요할 것입니다. 한편으로는 국가 개입을 최소화하여 경제 활동의 자유를 최대화하는 것이 민주주의라는 주장이 있습니다. 이렇게 하면 국가가 세금을 덜 걷고 각종 규제를 없애면 기업들이 더 많은 돈을 벌 수 있겠지만, 그만큼 빈부격차를 줄이기 위한 국가의 개입도 줄어들어서 경제적 불평등이 심해질 것입니다. 다른 한편으로 정부 예산을 복지에 더 많이 투자하여 사회적 양극화를 줄이는 것이 경제를 민주화하는 것이라는 주장이 있습니다. 이렇게 하면 경제적 평등을 이룰 수는 있겠지만, 돈을 남보다 더 많이 벌 수 있는 자유는 줄어드는 것처럼 보일 수도 있습니다. 자유를 앞세우는 이들은 우파라고 하고 평등을 앞세우는 이들은 좌파라고 하여, 우파와 좌파 사이에 심각한 싸움이 벌어지기도 합니다.

우파는 좌파가 사회를 '하향' 평준화한다고 비판하며, 좌파는 우파가 사회를 상향 '비평준화'한다고 비판합니다. 필자의 중학교 사회 선생님은 우파의 편에 서서 '피자 이론'을 곧잘 꺼내곤 하셨습니다. 피자의 크기 자체를 키우면 피자를 불평등하게 나누더라도 큰 조각은 더욱 커지고 작은 조각도 더욱 커지니 결국 모두가 더욱 큰 피자 조각을 먹을 수 있다는 것이 상향 비평준화를 지지하는 그분의 논리였습니다. 반면에 하향 평준화는 모두가 똑같은 크기의 피자 조각을 받으니까 좋은 것처럼 보이지만, 실제로는 모두에게 작은 조각만 허락한다는 점에서 나쁘다고 하셨습니다. 자유의 논리는 피자를 고르게 나누는 것보다 피자 전체의 크기를 키우는 것이 더 중요하다는 논리가 되며, 평등의 논리는 피자를 고르게 나누지 않는다면 피자를 아무리 크게 해도 배고픈 이는 여전히 배고프고 배부른 이는 더 배부르게 된다는 논리가 됩니다. 자유와 평등이라는 두 기둥이 이처럼 갈수록 심각하게 어긋나서 민주주의라는 거처의 곳곳에 균열이 일어나고 있습니다.

그렇다면 자유와 평등 사이의 깊은 틈을 근본적으로 뛰어넘는 제3의 사유가 필요하지 않을까요? 자유의 비평준화라는 문제점과 평등의 하향이라는 문제점을 동시에 극복하여 상향 평준화의 관점을 새롭게 찾아내는 것이야말로 올바른 민주주의를 세우는 길이라고 할 수 있지 않을까요? 이에 관한 한 가지 중요한 실마리를 동학(東學)에서 길어 올릴 수 있다고 생각합니다. 오늘날 전 세계에 걸쳐 민주주의의 표준 또는 모범은 서구식 민주주의 사상에 뿌리를 두고 있으며, 민주주의의 두 기둥인 자유와 평등의 이념 또한 서구식 자유와 서구식 평등의 개념에 깊이 물들어 있습니다. 자유와 평등을 서로 갈등하고 모순되는 관계로 파악하는 것이 너무나 당연하고도 자연스러운 이유 중의 하나는, 우리가 서구식 자유와 서구식 평등에 너무나 얽매여 있는 나머지,

그와 전혀 다른 자유와 평등의 개념을 알지 못하기 때문일 수도 있습니다. 제가 대학에 들어가서부터 지독하게 서구 철학과 서구 이론을 파고들며 헤매다가 동학과 마주치게 된 까닭도 이 지점과 연관이 있습니다. 그러므로 제가 상향 평준화의 사유를 동학 민주주의 속에서 찾을 수 있었던 이야기를 저와 비슷한 고민이 있는 분들과 함께 나누어보고 싶습니다.

【약자와 강자 사이의 진자운동】

다시 '피자 이론'으로 돌아가서, '피자 전체의 크기를 키우는 사람은 누구인가?' 그리고 '피자 조각을 나누는 사람은 누구인가?'라는 물음을 던질 필요가 있습니다. 군주제 사회에서는 오로지 군주만이 피자를 만들고 나누는 주체이지만, 민주주의 사회에서는 모든 인민이 피자를 만들고 나누는 주체입니다. 군주제 사회가 어떻게 돌아가느냐의 문제는 군주가 어떠한 사람이냐의 문제에 달려 있습니다. 민주주의(democracy)는 인민(dēmos)이 다스린다(kratos)는 원리를 뜻하므로, 민주주의가 어떻게 돌아가느냐의 문제는 곧 인민을 어떻게 바라보느냐의 문제에 달려 있습니다. '인민은 자유를 추구한다'고 생각하는 사람은 민주주의가 자유를 우선시해야 한다고 주장할 것이며, '인민은 평등하다'고 생각하는 사람은 평등이 민주주의의 가장 중요한 가치라고 주장할 것입니다. 인민을 어떻게 바라보아야 하느냐는 물음은 나 자신의 삶이 어떠해야 하는지에 관한 물음이기도 합니다. 예컨대 자유와 평등의 문제에 관해서는, 내가 자유와 평등 가운데 어느 것을 더 중요시하면서 살아야 하는지, 내가 어떠한 자유와 어떠한 평등을 추구하며 살아야 하는지를 고민해야 합니다.

　개인적으로 저는 초등학생 때부터 대학교 2학년 이전까지 평등을 추구하는 사람이었으며, 그 이후부터 대학원 석사과정 때까지는 자유를 추구하는 사람이었던 듯합니다. 어려서부터 대학에 들어가서까지 평등을 추구했던 까닭은 태어날 때부터 몸이 허약했던 것과 연관이 있다고 기억합니다. 저는 남자아이로 태어났으면서도 밖에 나가서 뛰어노는 것을 그다지 즐기지 않았으며, 운동을 잘하지도 못했고, 힘이 세지도 않았으며, 싸움박질을 두려워했습니다. 또래 남자아이 중에는 힘이 세서 다른 아이들을 괴롭히거나 함부로 대하는 아이가 언제나 한 명씩 있기 마련이었는데, 저는 그런 아이를 견디기 어려워했습니다. 초등학교 회장 선거 후보로 나가서는 '폭력을 없애겠다'는 공약을 내건 적도 있습니다. 2002년에 저와 동갑이었던 여중생 두 명이 주한미군 장갑차에 깔려 죽었을 때는 힘 있는 나라가 힘없는 나라에서 횡포를 부려서는 안 된다는 생각으로 민주노동당 당원이 되었습니다. 대학에 들어가서는 소수의 자본가가 다수의 노동자를 착취해서는 안 된다는 생각으로 사회주의 운동에 뛰어들었습니다. 소수의 강자 때문에 다수의 약자가 고통받지 않는 평등 사회를 꿈꾸어온 것입니다.

이 시기에 제 사고방식을 가장 강력하게 지배한 서양 사상가는 고대 그리스 철학자인 플라톤이었습니다. 플라톤의 저서 가운데 가장 유명한 『국가』는 '정의란 무엇인가?'라는 주제로 시작합니다. 여기에서 플라톤은 트라시마코스의 견해를 비판합니다. 트라시마코스는 정의란 강자에게만 이익이 되는 것이며, 정의로운 사람이 손해를 보거나 정의롭지 않은 사람이 이익을 얻는 까닭도 그 때문이라고 주장합니다. 양심을 지키며 정직하게 질서에 따르는 사람들보다 양심을 버리고 질서의 빈틈을 이용하는 사람이 더 많은 이익을 얻는 경우가 오늘날에도 적지 않습니다. 국회의원은 자신의 이익이 늘어나는 방향으로 법을 만들 때가 많으며, 재벌은 재산을 늘리기 위해서 법을 어겨도 합당한 처벌을 받지 않을 때가 많습니다. 그러나 플라톤은 강자에게만 이익이 되고 약자에게는 불이익이 되는 것을 결코 정의라고 할 수 없으며, 강자와 약자 모두에게 똑같이 올바른 것만을 진정한 정의라 부를 수 있다고 주장합니다. 이러한 생각에 빠진 저는 소수만을 위한 진리나 언제든지 어길 수 있는 진리는 진리가 아니며, 모든 사람에게 절대적으로 올바른 고정불변의 진리만이 진정한 진리라고 굳게 믿었습니다.

여러 가지 이유로 사회주의 운동에 환멸을 느끼고 군대에 들어가서는 평등을 가장 중요시하던 가치관이 완전히 뒤집히기 시작하였습니다. 사회주의 운동을 하는 집단에서는 사회주의라는 단 하나의 목적을 추구하며 그 밖의 다른 목적은 무가치한 것으로 취급하였듯이, 군대라는 집단에서는 병사들 개개인을 오직 군사적 목적에 필요한 부품으로만 취급하였습니다. 모든 사람이 절대적으로 따라야 할 고정불변의 진리라는 것은 모든 사람을 획일화하는 폭력이 되기 쉬움을 깨달을 수 있었습니다. 획일화의 위험은 우리의 일상생활 속에도 이미 가득합니다. 한국 사회에서 먹고사는 일이 힘들어지다 보니, 나이가 어릴수록 더 다양한 꿈을 꿀 수 있다는 말은 정반대가 되어서 그 꿈의 스펙트럼이 돈을 많이 벌거나 안정적인 직업을 얻는 것으로 자꾸만 쪼그라듭니다. '건물주'가 장래희망이라고 말하는 초등학생들이 늘어가며, 대학교 도서관에는 공무원 시험 관련 문제집을 쌓아 놓은 책상이 점차 많아집니다. 오늘날은 모두에게 '자유로운' 경제 활동을 보장하는 것처럼 보이지만, 실제로는 모두를 '평등하게' 자본이라는 절대적 가치의 노예로 만드는 사회가 아닐까요?

이러한 생각을 하며 저는 군 생활 동안 독일 철학자 프리드리히 니체의 전집을 읽어 나갔습니다. 그는 인간을 약자와 강자, 대중과 초인, 천민과 귀족, 노예와 주인 등의 두 종류로 나눕니다. 그가 말하는 약자는 신체적으로 몸이 약하거나 권력이 없는 사람을 의미하는 것이 아니라, 자기 삶의 의미나 목적을 스스로 설정할 힘이 없는 사람을 뜻합니다. 이러한 약자는 이미 만들어져 있는 가치관에 길들어 있거나 사회에서 요구하는 꿈을 순순히 따르고자 할 뿐, 새로운 가치를 자유롭게 창조할 힘이 없다는 점에서 노예와 같습니다. 이처럼 약자는 자신의 '소소하고 확실한 행복'을 보존하는 데에만 만족하고 안주할 뿐, 자기 자신을 스스로 극복하여 더 고귀한 인간이 되고자 하지는 않는다는 점에서 무기력한 천민 근성에 빠지기 쉽습니다. 나아가 약자는 새로운 가치를 스스로 창조하려는 강자에게 적대적이며—예컨대 '모난 돌이 정 맞는

다'거나 '달걀로 바위 치기'라고 말하며—강자를 대중의 일부로 만들거나 평범하게 만들고자 합니다. 따라서 민주주의나 사회주의처럼 모든 인간이 평등해야 한다는 이념은 모든 인간을 평균화하고 평범하게 만드는 것이라고 니체는 말합니다. 이처럼 제 삶의 고민은 플라톤과 니체의 두 극단 사이에서, 약자를 소외시키지 않는 평등의 이념과 강자 스스로가 새로운 가치관을 창조하는 자유의 이념 사이에서, 절대적으로 불변하는 보편적(평등적) 진리에의 추구와 끊임없이 자유롭게 새로운 진리를 창조하려는 의지 사이에서 커다란 진폭의 진자운동을 하듯이 흔들려야 했습니다.

## 【하늘의 존귀함을 모시는 민주】

평등을 추구하는 삶에서 자유를 추구하는 삶으로 전환하는 과정은 처음에는 강렬한 황홀함이었다가 머지않아 극심한 공허함에 그치고 말았습니다. 고정된 가치관에 순응하지 말고 끝없이 새로운 가치관을 창조해야 한다는 생각은 곧 '새로움만을 위한 새로움'의 역설에 빠지기 쉬웠기 때문이었습니다. 플라톤 사상은 고정불변의 진리라는 분명한 목적을 제시하지만, 니체 사상은 뚜렷한 목적이 없는 창조를 강조하는 데 그칠 위험이 컸습니다. 전자의 경우는 우리가 나아가야 할 방향을 보여준다는 장점이 있되 그 방향을 획일화한다는 단점이 있었습니다. 반면에 후자의 경우는 우리가 나아갈 수 있는 방향을 무한히 다양하게 확장시킨다는 장점이 있되 그 방향으로 우리가 나아가야만 하는 이유를 설명하기 힘들다는 단점이 있었습니다. 요컨대 평등(평준화)보다 자유(상향)를 더 중요시하는 삶의 방식은 끊임없는 창조성을 긍정할 수 있게 하지만, 그 창조가 무엇을 위한 것이며 왜 의미 있는 것인지를 보장하지 못한다는 문제점을 남겼습니다.

　서양 철학사라는 미궁의 양극단인 고대 철학자 플라톤과 현대 철학자 니체 사이를 헤매던 발걸음은 동학이라는 하나의 탈출구와 마주친 덕분에 그 미궁의 바깥을 간신히 볼 수 있게 되었습니다. 동학사상의 핵심을 가리키는 표현 가운데 하나로는 인내천(人乃天, 사람이 곧 하늘)을 꼽을 수 있습니다. 인민이 통치한다는 뜻의 민주주의가 인민을 어떻게 바라보느냐의 문제를 그 핵심으로 삼는다면, 동학은 인간을 하늘로 바라본다는 점에서 새로운 민주주의의 발상을 제공합니다. 정확하게 말하면, 인내천은 동학을 계승한 천도교에서 동학의 창시자인 수운 최제우의 시천주(侍天主) 사상을 새롭게 표현한 말입니다. '시천주'는 '하늘님(하느님)을 모신다'는 의미입니다. 흥미롭게도 동학에서는 하늘 또는 하느님에 관한 정의를 직접적으로 제시하지 않습니다. 하늘님은 신적인 것 또는 영적인 것이어서 인간이 언어로 포착할 수 없으며 개념으로 파악할 수 없기 때문일 것입니다. 대신 '하늘님을 모신다'는 표현에서 '하늘'을 뺀 나머지 두 낱말, 즉 '님'과 '모심'이 어떠한 뜻인지를 드러냄으로써 하늘에 관한 사유를 간접적으로 전달하였습니다. 그러므로 동학의 하느님 개념이 다른 종교나 다른 철학의 하느님(신) 개념과 어떻게 다른지를 이해하기 위해서는 '님'과 '모심'의 뜻을 이해할 필요가 있습니다.

> 님이라는 표현은 그 존귀함을 일컬어 어머니 아버지와 동일하다고
> 하는 말이다(主者, 稱其尊而與父母同事者也).
> — 최제우, 『동경대전』, 「논학문」(번역 및 강조는 인용자).

> 나는 도시 믿지 말고 하늘님을 믿었어라
> 네 몸에 모셨으니 사근취원(捨近取遠)하단 말가
> — 최제우, 『용담유사』, 「교훈가」(강조는 인용자).

최제우에 따르면, 하늘을 하늘님이라고 일컬을 수 있는 까닭은 하늘이 어머니 아버지와 같기 때문이라고 합니다. 어머니 아버지는 나를 낳고 키운 이, 즉

내가 살아 있을 수 있게 한 분입니다. 이와 마찬가지로 하늘은 모든 생명 활동의 원천이기 때문에 모든 생명의 어머니 아버지가 된다는 것이 동학의 놀라운 통찰입니다. 최제우의 뒤를 이어 동학을 이끈 해월 최시형에 따르면, 사람이 어렸을 때는 어머니 젖을 먹고 살아가며 어느 정도 자라고 나서는 밥을 먹고 살아가는데, 어머니의 젖은 어머니가 살기 위해서 먹는 밥에서 나온 것이며 어머니가 먹는 밥은 하늘에서 나온 것이라고 합니다. 그러므로 어머니의 젖과 하늘의 젖은 다르지 않으며 하늘이 곧 어머니인데, 사람들 대부분은 어머니가 자신을 낳은 것만 알고 하늘이 자기 생명 활동의 원천임을 제대로 알지 못한다는 것입니다(최시형, 『해월신사법설』, 「천지부모」). '님'이라는 낱말은 하늘님과 부모님이 같다는 의미이며, 하늘님이 부모님과 같다는 말은 하늘님이 모든 생명의 원천이 된다는 뜻입니다.

'모신다'라는 우리말은 크게 두 가지 뜻이 있는데, 하나는 '공경하여 소중히 여기고 받든다'는 뜻이며, 다른 하나는 '어떤 곳 안에 자리 잡게 한다'는 뜻입니다. 예컨대 '손님을 우리 집에 모신다'는 말은 '손님을 귀하게 대접한다'는 뜻과 '손님을 우리 집 안으로 들게 한다'는 뜻을 동시에 나타냅니다. 첫 번째 뜻에 따라 '하늘님을 모신다'를 '모든 것들이 하늘님을 받들어야 한다'로 이해하는 것은 그리 어렵지 않습니다. 어머니 아버지가 나를 낳고 키우며 보살핀 은혜는 하늘만큼 크므로 나에게 가장 존귀한 존재가 되듯이, 하늘은 모든 생명 활동의 원천이기 때문에 우주에서 가장 존귀하다고 할 수 있습니다.

조금 더 깊은 이해가 필요한 대목은, '모심'의 두 번째 뜻에 따라서, '시천주'가 '모든 것들의 안에 하늘님이 자리 잡고 있음'을 뜻한다는 점입니다. 플라톤주의(헬레니즘)나 기독교(헤브라이즘)와 같은 서구 전통 사유에서는 하느님을 이 땅의 현실로부터 철저하게 단절된 초월적 존재로 여깁니다. 이와 반대로 동학에서는 하늘님이 모든 이들의 "몸" 안에 모셔져 있다고 사유합니다. 따라서 우리 몸 안에 이미 하늘님이 자리해 있음을 알지 못한 채 이 세상으로부터 멀리 떨어진 천당에 있는 신을 믿는 일은 "사근취원(捨近取遠)", 즉 가까운 것을 버리고 먼 것을 취하는 어리석음에 빠지기 쉽습니다. 요컨대 동학의 인간관은 모든 사람이 하늘을 부모로서 받들어야 하는 존재인 동시에 그 자신이 곧 하늘인 존재임을 의미합니다. 나의 몸속에는 내 어머니 아버지의 유전자가 들어 있듯이, 모든 생명 안에는 원천적 생명력으로서의 하늘이 들어 있다는 것입니다.

인간을 비롯한 모든 생명이 하늘님을 모신다는 동학의 사유는 자유와 평등, 그리고 그 둘의 조화에 관한 새로운 관점을 제시합니다. 모든 조상님들의 영혼이 내 몸속에 있으므로 조상님에게 드리는 제사는 무덤이나 유골함이 아닌 나를 향해서 지내야 한다고 최시형이 말하였듯이(최시형, 『해월신사법설』, 「향아설위」), 모든 생명 속에 하늘=부모가 자리해 있으므로 모든 생명을 하늘님=부모님으로서 받들어야 한다는 것은 새로운 평등의 원리가 됩니다. 이는 남보다 더 고귀해지려는 욕망이야말로 건강한 인간의 자연스러운 욕망이라고 보는 니체식 '비평준화'의 인간관과 근본적으로 다릅니다. 나아가 동학에서는 인간의 본래 마음이 곧 생명을 낳고 키우며 살려내고자 하는 하늘님=부모님의 마음이라고 말합니다. 이는 인간의 참된 본질을 무한한 생명력과 창조력으로 바라본다는 점에서, 인간이 고정불변의 진리에 따라야 한다고 보는 플라톤식 '평준화'의 논리와 근본적으로 다를뿐더러, '새로움만을 위한 새로움'에 그치기 쉬운 니체 사상과 달리 진정 자유롭고 무한한 창조력이란 다른 생명을 살리는 쪽으로 작동하는 것임을 말합니다.

인내천은 모든 사람을 하늘님으로 여겨야 함을 뜻하는 평등사상으로 알려졌지만, 그처럼 인내천을 단순히 평등사상으로만 여기는 통념은 자칫 인내천의 전체를 담지 못하고 일부분만 드러내는 데 그칠 위험이 있습니다. 동학은 참된 자유를 실현하는 길과 참된 평등을 실현하는 길이 하나임을 밝히는 사상이라고 할 수 있습니다. 동학에서 말하는 자유는 모든 생명의 마음속에 본디 자리해 있는 무한한 생명력으로서의 하늘님을 의미합니다. 지상의 모든 존재와 천상의 하느님을 유한자/무한자, 창조자/피조물로 철저하게 구분하는 플라톤주의적 기독교와 다르게, 동학은 유한자가 곧 무한자이며 피조물이 곧 창조자라고 사유하기 때문입니다. 이와 동시에 동학에서 말하는 평등은 모든 생명에게 하늘님이 모셔져 있으며 모든 생명을 하늘님으로 모셔야 함을 깨닫는 일입니다. 만물이 만물의 부모가 되고, 만물이 만물의 자식이 됨을 알아야 한다는 것입니다. 동학은 모든(평준화) 생명이 절대적으로 존귀한(상향) 하늘님을 모시고 있다고 보는 '상향식 평준화'의 민주주의입니다. 그리하여 우리는, 지금까지 서구적 사고체계 안에서 모순되고 대립하여온 자유와 평등을 조화함으로써 상향식 평준화의 민주주의로 나아가는 하나의 길을 동학 속에서 찾을 수 있을 것입니다.

홍박승진
◈ 2021년에는 나의 글을 나와 같은 전공의 학자들뿐만 아니라 시민들에게도 선보일 기회가 많았다 ◈ 그때마다 가장 자주 들은 소리는 '너무 어렵다'는 것이었다 ◈ 이 글은 2021년 11월 24일 공주교육대학교 시민교육역량강화사업단에서 주최한 ‹민주주의 실천 사례 논의를 위한 지역사회 연계 세미나›에서 발표한 원고이다 ◈ 어떻게 하면 내가 어렵게 깨달은 바를 다른 사람들에게 더욱 정확히 전달할 수 있을지를 깊이 고민하면서 원고를 썼다 ◈ 당시 세미나에는 공주교대 학생들, 우금티기념사업회 회원, 우금티 해설사 등의 많은 인원이 참여하였다 ◈ 그중에 한 분은 나의 발표를 다 듣고 난 뒤에 다음과 같은 소감을 남겼다 ◈ "인내천이라는 말을 떠올리면 적어도 내가 스스로를 사랑할 수 있겠다는 느낌이 든다" ◈

# 대중문화의 과학

김동민

【마블 영화의 과학】

문화이론이나 문화연구 등 대중문화를 연구 대상으로 하는 이론은 과학일까? 제3자의 평가는 대체로 객관적 과학이라기보다는 주관적 해석이라는 쪽으로 기울어 있다. 그러나 문화이론 연구자들은 자신들의 연구를 과학으로 자리매김하려는 경향을 보인다. 좋은 현상이다. 평론가들의 주관적 평론이나 인상비평이 아닌 이상 이론적 연구는 당연히 과학이어야 한다.

문화이론이 과학이 되기 위해서는 과학적 방법이 확보되어야 한다. 과학적 이론의 전개에는 귀납법과 연역법이 동원되는데, 문화이론은 귀납적 방법인 사회조사방법론 외에 자연과학의 이론과 법칙을 연역적으로 적용하는 방법을 도입할 필요가 있다.

대중문화에 해당하는 작품들은 오래전부터 자연과학과 매우 가까웠다. 현실에서는 불가능한 것이 만화나 소설, 영화에서는 얼마든지 가능했다. 〈은하철도 999〉는 별에서 별로 우주를 누비고 다녔으며, 달과 화성을 여행하는 상상의 나래를 펴던 공상과학(SF) 영화는 〈달세계 여행(A Trip to the Moon, 1902)〉을 효시로 하여 〈2001 스페이스 오디세이(1968)〉에서 분수령을 이룬 후 〈스타게이트(1994)〉, 〈스타트렉〉과 〈터미네이터〉 시리즈를 거쳐 마블의 아이언맨과 어벤저스 시리즈까지 왔다. ‹인터스텔라(2014)›는 대중들 사이에 자연과학에 대한 관심을 불러일으키기도 했다. 대중문화의 상상력이 과학자들의 연구를 자극하기도 했고, 자라나는 아이들에게 우주에 대한 꿈을 키워주기도 했다.[i] 엘론 머스크의 스페이스X는 우주여행이 이제는 더 이상 공상이 아님을 증명했다. 머스크는 달과 화성 여행을 계획하고 있다.

대중문화는, 문화이론을 연구하는 식자들 사이에서 수준 낮은 저급한 문화라고 무시하던 대중문화는 이렇게 과학을 소재로 하여 일취월장 발전했다. 이제는 연구자들이 대중문화의 수준을 따라가지 못한다. 대중문화 평론가들은, 마블 영화에 등장하는 상대성이론과 양자역학, 다중우주론, 진화론 등을 설명할 수 있을까? 이 이론들을 알아야 온전한 평론이 가능함에도 불구하고 아는 것만 얘기하는 게 현실이다. 원래 현실이 앞서가고 이론은 뒤따르는 법이다. 그러나 언제까지 구경만 하며 하던 대로 할 수는 없는 노릇이다. 대중문화 연구도 과학이어야 한다. 과학을 알아야 한다.


【一切唯心造】


일체유심조. 모든 것은 마음이 빚어내는 것이다. 원효가 어두컴컴한 무덤에서 물을 맛있게 마시고 갈증을 풀었는데 아침에 깨 보니 그 물이 해골에 고인 물이라는 사실을 알고 기겁을 했다가 깨달은 말이란다. 만사가 마음먹기 달렸다는 것, 진리는 마음속에 있다는 화엄경의 핵심 사상이다. 내 마음이 평화로우면 세상이 평안해진다. 불교는 각자가 깨달음을 얻어 부처가 되는 것이니 내가 중요할 따름이다. 한 사람 한 사람마다 우주다.

---

[i] "과학의 발전과 SF 영화의 발전은 떼려야 뗄 수 없는 관계다. 새로운 과학이론이 훌륭한 영화를 탄생시키기도 하고, 때로는 영화적 상상력이 과학의 발전을 선도하기도 한다."(정재승, 1998, 146쪽)

유물론에서 마음(의식)은 물질세계 내지는 사회적 존재의 반영이다. 반대로 관념론은 의식이 1차적으로 물질세계를 규정한다는 입장이다. 주관적 관념론자인 버클리 주교는 의식하지 않는 것, 즉 마음에 두고 있지 않은 것은 존재하지 않는다고 주장했었다. 한 발짝 앞이 절벽이라도 의식하지 않으면 없는 것이다. 이렇게 일체유심조는 관념론에 해당하는 사유(思惟)다.

그러나 꼭 그렇게만 생각할 것은 아니다. 아무리 철학이 관념론과 유물론으로 대별된다 하더라도 매사가 꼭 그 둘 중 하나에 해당되어야 하는 건 아니다. 뇌의 활동으로서 마음은 의식이나 생각으로 표현되는 활동의 근원이다. 전두엽의 신피질이 주로 담당한다. 절벽을 의식하지 않으면 없는 것이라는 버클리의 말은 개별자의 처지에서는 틀린 게 아니다. 마음속에 없으니 그 사람에게는 실제로 없는 것이다. 사랑했다가 헤어진 연인을 마음에 담고 있으면 어디에라도 존재하는 것이고, 마음에서 지워졌으면 없는 것이다.

그렇다고 해서 물질로서의 몸의 1차적 규정력을 배제하는 것은 아니다. 뇌도 단백질 덩어리로서 물질이다. 몸이 없으면 사유도 없다. 마음이 상하면 몸도 상하고, 마음이 건강하면 몸도 건강하다. 물론 그 역도 성립한다. 몸이 성치 않으면 마음도 비뚤어지고, 반대로 마음이 불편하면 몸도 건강을 잃는다. 몸과 마음은 유기적인 하나다. 문화를 뇌의 활동이라는 점에서 마음의 산물이라고 했는데, 궁극적으로는 마음의 기획과 뇌의 명령에 따라 몸이 움직여 만들어낸 것이다. 유물론과 관념론을 배타적 개념으로 추상화시켰던 철학은 과학을 만나 그도 과학이 된다. 대중문화도 이렇게 과학이 된다. 만사를 상부구조와 하부구조로 나누어 문화를 상부구조로 고착시키는 것도 경직된 사유방식이다.

진리 인식도 당연히 뇌의 영역에서 이루어진다. 진리 인식은 실재론과 실증론으로 대별된다. 실재론은 인간의 의식과 무관하게 존재하는 물질세계를 상정한다. 해와 달은 우리가 의식하지 않더라도 40~50억 년을 이어온 운동을 하고 있다. 그 위치와 속도를 미적분 방정식으로 계산해 내기 때문에 우리가 관찰하지 않아도 지금 이 순간에 달이 어느 위치를 어느 속도로 이동하고 있는지 알 수 있다. 음력 어느 날짜에 달이 어떤 모습으로 어느 곳에 나타나는지 결정되어 있다. 그래서 실재론은 결정론이다. 초기 조건을 알면 결과를 정확하게 예측할 수 있는 것이다.

그러나 실증론은 관찰을 필요로 한다. 이때 관찰이 대상에 영향을 미칠 수 있다. 특히 입자와 같은 미시세계를 관찰할 때가 그러하다. 이 때문에 원자핵 주위를 도는 전자는 위치와 속도를 동시에 알 수 없다. 거시세계와 다르다. 여기에도 방정식을 동원하지만 확률에 따라 추측할 수 있을 뿐이다. 확률이기 때문에 실제로 나타나는지는 관찰을 해야 한다. 게다가 입자는 중첩으로 파동 운동을 한다. 슈뢰딩거의 고양이처럼 살아 있음과 죽어 있음이 동시적으로 중첩되어 있는 것이다. 방정식으로 달의 위치를 가늠하는 것과 눈으로 확인하는 것은 다르다. 보름날에 보름달을 연상하는 것과 직접 보고 확인하는 것은 다르다. 보면 마음이 움직인다.

일체유심조는 인류의 문화와 문명을 의미하는 것이기도 하다. 문화는 문명을 포괄한다. 야만과 미개의 유산까지도 포괄한다. 문화는 culture를 번역한 말인데, culture는 '경작하다' '재배하다'라는 의미의 라틴어 cultus에서 유래한 말이다. 그러니까 꼭 문자를 전제로 생각할 필요가 없다. 인류가 지구상에 등장한 원시시대 이래 생존과 번식을 위해 자연에 변형을 가하면서 이루어놓은 유형무형의 모든 것이 문화다.

여기서 요점은 문화라는 것이 당초 뇌의 기획에서 비롯되었다는 사실이다. 인간의 모든 의식적인 활동은 뇌의 명령이다. 마음이 빚어내지 않은 것은 없다. 관념론과 유물론도 예외 없이 뇌(마음)의 창조물로서 문화다. 일체유심조는 관념론과 유물론뿐만 아니라 실재론과 실증론까지도 초월하는 최고의 진리라고 할 수 있다. 모든 문화는 마음이 빚어낸 것이다.

## 【『혼불』, 보이지 않는 것에 관하여】

최명희의 소설 『혼불』에 이런 표현이 있다. 창씨개명의 강제에 굴복할 수밖에 없는 현실에 절망하며 떠오른 청암 부인의 생각이다. "보이는 것에 연연하여 보이지 않는 것의 이치를 깨닫지 못한다면, 오히려 형식에 본질이 희생을 당하는 것이리라."(2권 66쪽) 스스로 위안을 삼기 위해 하는 생각이지만, 보이는 현상의 본질을 추적하는 작가의 탐구정신이 돋보이는 대목이다.

청암 부인은 이런 얘기도 했다. 이씨 가문의 강수(康壽)라는 아이가 상피(相避)로 죽은 데 대해 아낙들이 모여 얘기하던 중이었다. "사람들은 눈에 안 보이는 것은 허수로이 알기 쉽지만, 사실은 눈에 뵈는 것의 주인은 눈에 안 보이는 데 있거든……. 심정이야 어디 손에 잡히는가? 허나, 이 심정이 상하면 밥을 먹어도 체하고, 심정이 상하면 마른 눈에도 눈물이 고여 흐르는 이치를 생각해 보게. 형체 없는 마음이 능히 목숨조차도 삼키는 것이 놀랍고 두려울 뿐이네."(2권 122쪽)

'사람들은 눈에 안 보이는 것은 허수로이 알기 쉽지만, 사실은 눈에 뵈는 것의 주인은 눈에 안 보이는 데 있거든.' 이것은 존재론 철학이다. 요즘엔 실재론이라고 한다. 실재, 즉 불변의 진리는 보이지 않는 곳에 있다는 것. 동양의 학문(유학)은 보이는 현상 가운데 사람이 지켜야 할 도리를 깨우치고 실천했다. 자연현상에 대해서도 해와 달과 별의 운행을 관찰하여 생활의 지혜로 활용했다. 반면에 서양의 학문(철학)은 보이는 것은 존재가 아니라면서 보이지 않는 관념의 세계를 파고들었다. 철학은 관찰과 실험, 그리고 수학을 만나 과학이 되었다. 그것이 소위 근대의 시작이다. 동양과 서양의 역량이 역전되는 맥락이다.

> 상사(相思)가 되면 비장이 마른다. 말하기 쉬워서, 사람이 그립다고 죽기까지
> 하랴, 하지마는 '상사'라는 말이 '생각을 한다'는 것이니, 그 '생각'이 깊으면

비장이 상하고, 비장이 마르게 상하면 조혈을 제대로 못하는지라 피가 마른다.

피가 마르니 결국은 죽게 되는 것이다. (6권 288쪽)

『혼불』에는 상피 얘기가 또 나온다. 이번에는 주인공 강모와 강실이 얘기다. 강실이가 사촌오라버니 강모를 사모하는 마음이 지나쳐 건강을 해친 상황에 대한 묘사다. 마음은 소위 자유의지로 통제되지 않는다. 인간에게 자유의지라는 건 절대적이지 않다. 인간의 행동은 자유의지 이전에 뇌의 명령에 따른다. 마음에서 강모를 지우지 않는 한 상사가 지속되고 자유의지는 전혀 작동하지 않는다. 이성적으로는 그래서는 안 된다고 다짐해 보지만 뜻대로 되지 않는다. 비장과 위를 묶어 비위라고도 하는데, 흔히 마땅치 않은 꼴을 당하면 비위가 상해 밥을 못 먹겠다고 하는 그 비장이다. 비장이 상하면 피를 거르지 못해 잠을 못 자고 밥맛이 떨어져 몸이 심각하게 상하게 된다. 마음의 병이다. 이럴 때는 독하게 마음먹고 생각의 프레임을 바꿔야 한다.

문학 작품을 구상할 때, 다양한 분야에 대한 지식이 준비되어 있지 않으면 플롯의 구상 자체가 불가능하거나 매우 협소하게 될 것이다. 상사병과 같은 마음의 병이 비장과 관련되어 있다는 지식도 마찬가지다. 최명희 작가는 역사, 전통문화, 자연과학, 수목, 원예 등 다방면의 지식으로 무장하고 있었다. 살아 있다면 『혼불』도 완성하고 더 많은 뛰어난 작품들을 남겼을 것이다. 강실이와 춘복이는 어떻게 되었을까?

최명희 작가의 관찰이다. 음력 8일 해가 질 무렵 햇빛을 받아 서쪽 하늘에 모습을 드러내는 상현달이 보름을 지나 음력 23일 사람이 보이지 않는 곳에서 비치는 햇빛을 받아 동쪽 하늘에 등장하는 하현달을 설명한 후 이런 얘기를 한다. 물론 상현달 전에는 초승달이고, 하현달 다음에는 그믐달이다.

보름날의 보름달은 누가 보아도 이지러진 데 없는 온달이지만, 칠흑 속의 먹장 같은 그믐밤에 그 무슨 달이 뜬다고 온달이라 하는가.

그렇지만 보름의 달은 지상에 뜨는 온달이요, 그믐의 달은 지하에 묻힌 온달이다.

사람의 눈이 무엇이리오.

그 눈에 보이면 있다 하고, 안 보이면 없다 하지만, 푸른 달빛의 눈썹 끝도 비치지 않는 어둠이 먹통보다 짙고 검은 밤, 달은 짐작조차 할 수 없는 지하에서 저 홀로 만월을 이루고 있는 것이다.

이 달이 지상으로 오르며 찼다 이울었다 하는 변화에 맞추어 땅이 전신을 다하여 호응하는 것처럼, 땅에 사는 인간 또한 이 결을 따라 호흡하며 살아간다.

(5권 158~159쪽)

음력 29일과 30일, 1일, 2일은 달이 보이지 않는다. 어둠이 먹통보다 짙고 검은 밤, 짐작조차 할 수 없는 지하에서 저 홀로 만월을 이루고 있는 기간이다. 달은 3일이 되어야 해질 무렵 서쪽 하늘에 잠시 모습을 보여준다. 눈썹 모양의 초승달이다. 어부나 낚시하는 사람들은 물때를 알아야 하지만, 보통 사람들은 의식하지 않더라도 달의 변화에 맞추어 살아간다. 옛날 사람들은 반복적으로 관찰한 경험에 따라 그에 맞추어 습관적으로 생활했지만, 지금은 과학적으로 확인된 이치에 따라 의식하며 대처하고 산다.

【실재론과 실증론】

우주와 자연에서는 인간의 의식과 무관하게 객관적으로 실재하는 것이 있다. 태양이 구름에 가려져 있다고 해서 없는 게 아니라는 사실을 우리는 잘 안다. 우리가 관찰하지 않아도, 잠들어 있는 시간에도, 보이지 않는 낮에도 달은 일정하게 지구를 공전한다. 인간이 출현하지 않았던 지구 역사의 대부분의 시간에도 그러했다. 실재론은 이처럼 인간의 감각기관의 작동과 무관하게 존재하는 진리를 추구한다.

실재론은 이성의 영역이다. 감성의 작동을 멈추고 이성으로만 판단하는 영역이다. 감각기관은 외부로부터 포착한 정보를 수집하는 기능에 국한하고, 그 다음에는 이성과 감성이 작동한다. 그중에서 이성의 영역이 바로 객관의 영역이다. 보이는 차원을 넘어 우주 만물의 운동 법칙을 규명해낸 것은 바로 이성의 기능이다.

주관을 배제하고 객관의 영역으로 진입하는 것은 불가능하지 않다. 쉽게 잡히는 경우도 있고 고난도의 노력이 들어가야 하는 경우도 있다. 쉽게 생각 하자면, 감정과 사사로운 이해관계를 배제하고 마음을 비우면 되는 것이다. 유욕이면 가장자리만 보이고, 무욕이면 오묘한 세상을 보게 될 것이라 했다.

자연에는 태양계와 같은 거대세계만 있는 게 아니라 입자들의 미시세계 도 존재한다. 미시세계의 입자들은 고전역학과 상대성이론이 설명해주지 못 하고, 양자역학이 그 역할을 대신한다. 거시세계의 사물들은 인간의 의식이나 관찰과 무관하게 운동을 하지만, 미시세계의 입자들은 관찰하면 영향을 받 는다. 마치 사람이 누가 보고 있을 때 그것을 의식하며 다르게 행동하듯이 말 이다. 그래서 입자의 운동은 달의 운동과 달리 정확한 예측이 안 되고 확률적 으로만 예측할 수 있다. 이것을 실증론이라고 한다.

한 사람 한 사람을 일일이 관찰해서 전체를 설명할 수는 없다. 그러나 전 체의 패턴을 확률적으로 설명하는 것은 가능하다. 이 역시 한 교실의 무수히 많은 수의 분자들의 활동을 모두 일일이 조사하지 않고 온도라든지 부피, 밀 도 등으로 전체의 성격을 파악할 수 있는 것과 같은 이치다. 물리학에서는 이 를 통계역학이라고 한다. 여론조사와 같은 것이다.

이처럼 자연현상에서나 사회현상에서나 보편자, 즉 객관적 실재는 존재 한다. 그것이 객관성이다. 그 객관적 실재로서 본질을 규명하는 것, 즉 객관성 의 추구는 과학에서나 문화, 예술, 또는 저널리즘에서 공통되는 목적이다. 사 회과학은 실증론을 선호하기 때문에 실재론을 놓치는 경향이 있다. 그래서는 안 된다. 언론의 객관 보도는 가능할 뿐 아니라 반드시 견지해야 할 목표가 되어야 한다. 진실은 객관의 영역에 있다. 진실 보도를 강조하면서 객관 보도는 불가능하다고 주장하는 것은 터무니없는 모순이다.

코끼리의 각 부분들을 보고 만져서 얻은 특징들을 종합하면 코끼리의 실체를 인식하게 될 것이다. 이것을 다양성이라고도 한다. 다양성은 저널리즘의 목적이 아니라 실재를 확인하는 과정에서 개별자에 해당한다. 코끼리의 각 부분들, 즉 실재의 파편들이다. 파편 하나를 보도하는 게 아니라 퍼즐을 맞춰 실재를 드러내주는 게 저널리즘의 궁극적 목적이다. 이것이 실재론이다. 문화연구도 보이는 현상에 대한 주관적 해석이 아니라 현상의 이면에 감추어져 보이지 않는 객관적 실재로서의 본질을 추구해야 한다.


【대중가요의 과학】

문화 이론가들은 문화가 과학으로 인정받기를 기대하겠지만, 그 전에 과학이 하나의 새로운 문화로 등장했다는 사실을 알아야 한다. 18세기 계몽사상은 단순히 추론에 의지한 사상이 아니라 17세기 중엽부터 대두된 과학을 토대로 하여 형성된 것이다. 계몽사상은 자연철학에서 자연과학으로 이행하는 과정에서 영향을 받았으며, 또한 과학의 발전을 촉진하였다.

문화이론 연구자들을 중심으로 발행되는 『문화과학』이란 계간지가 있다. 인문과학이나 사회과학이라는 이름처럼 문화현상을 과학적으로 접근한다는 의도일 것이다. 인문학은 과학일까? 인문학을 인문과학이라고 하려면 수학과 실험과 관찰로써 증명된 이론이 있어야 할 것이다. 사회과학은 나름의 조사연구방법론을 가지고 있어서 과학임을 자부한다. 그러나 경험적 조사와 해석에 그친다면 온전한 과학으로 인정받기는 어려울 것이다. 과학은, 실재론이건 실증론이건, 보이는 현상의 이면에 가려져 있는 본질(실체)을 밝혀내는 것을 목표로 한다. 인문과학과 사회과학이 그러한가? 『문화과학』은 올 9월에 통권 107호를 냈다. 『문화과학』은 문화현상의 주관적 해석을 뛰어넘어 그 본질을 밝혀내는 과학을 지향하는가? 아닌 것 같다. 주요 이론적 사상적 배경은 마르크스주의 이론인데, 가을호에는 그 맥락에서 '신유물론'을 특집으로 다루었다. 그러나 유감스럽게도 과학은 없고 주장만 있다. 마르크스 이론의 철학은 변증법적 유물론인데, 그 바탕은 자연과학이다.

변증법적 유물론과 사적 유물론의 교과서라고 할 수 있는 『루드비히 포이에르바하와 독일 고전철학의 종말』에서 엥겔스는 "변증법적 자연 파악이 모든 자연철학을 불필요할 뿐 아니라 불가능하게 만드는 것과 마찬가지로 역사의 영역에서 철학을 끝장낸다." 라고 했다. 헤겔의 관념철학에서 과학적 세계관으로의 전환을 의미한다. 엥겔스의 『자연변증법』은 두 말 할 것도 없다. 레닌은 "자연과학의 최근 발견들―라듐, 전자, 요소 변화―은 고루하고 퇴행적인 관념론으로 복귀하려는 부르주아 철학자들의 가르침에도 불구하고 마르크스의 변증법적 유물론에 대단한 확신을 갖게 해주었다."라고 했다.

19세기 말, 뉴턴역학과 열역학, 전자기학으로 물리학 연구가 완성되어 더 이상 규명할 것이 없게 되었다고 여겨지던 무렵 새로운 발견들이 쏟아지기 시작했다. 자연과학의 새로운 발견은 정치, 경제, 문화, 예술 등 사회 전반에 걸쳐 혁명적인 변화를 가져온다. 뉴턴역학은 2천년을 이어오던 아리스토텔레스의 세계관을 종식시켰으며, 열역학과 더불어 산업혁명의 촉매제 역할을 했다. 전자기학의 완성은 전자기파의 존재를 확인하게 유도함으로써 방송의 시대를 열었음은 주지의 사실이다. 마르크스와 엥겔스, 그리고 레닌은 그러한 자연과학의 성과를 연역적으로 응용함으로써 변증법과 유물론을 과학의 반열에 올려놓았던 것이다. 그런데 지금 변증법과 유물론은 자연과학을 배제함으로써 다시 관념철학으로 퇴행했다. 마르크스는 『경제학-철학 수고』에서 '자연은 인간의 신체'라고 하면서 이렇게 얘기했다.

인간의 육체적·정신적 생활이 자연과 연관되어 있다는 것은 자연이 자연 자체와 연관되어 있다는 것 이외의 어떤 의미도 가지고 있지 않은데 이는 인간이 자연의 일부이기 때문이다.

이렇게 마르크스의 이론은 자연과학의 기초 위에 세워진 것임에도 불구하고 현대의 마르크스 이론가들은 그 바탕을 잃어버리고 공리공론을 일삼고 있는 중이다. 교회에 예수가 없는 것과 마찬가지로 마르크스 이론에 마르크스가 없는 격이다. 마르크스와 엥겔스가 자연과학의 성과를 바탕으로 변증법과 유물론을 구축할 때 19세기의 인문주의자들은 '문화과학'이라고 하여 문화를 별개의 과학으로 지칭하면서 자연과학을 멀리했다. 그것은 부르주아 엘리트들의 게으른 유희였을 따름이다. 대중문화를 깎아내린 고급문화론도 그 산물이다. 문화이론 연구자들이 성찰해야 할 대목이다.

대중문화 연구에서 대중가요는 어떤 위상일까? 문학이나 예술에 비해 격이 낮은 문화로 인식하는 것은 아닐까? 아직도 드라마나 대중가요를 비롯한 대중문화를 교육수준이 낮은 대중들이 소비하는 저급한 문화라는 선입견 내지는 엘리트주의적 편견으로 인식하는 사람들이 있을지 모르겠다. 그런 인식은 많이 불식되었을 것이다. 그럼에도 불구하고 여전히 대중가요를 서양의 클래식 음악이나 회화, 문학작품과 동급으로 인정하지 않는 경향이 남아 있다. 그러나 대중가요도 예술이다. 다른 장르의 문화와 마찬가지로 고도의 전문성과 감성이 발휘된 마음의 산물로서 훌륭한 예술이다.

BTS는 지난 11월 22일 미국 로스앤젤레스에서 열린 '2021 아메리칸 뮤직 어워즈'의 대상인 올해의 예술인(Artist of the Year)에 선정되었다. 2021년 세계 최고의 예술인이라는 것이다. 미국의 가수이자 작곡가, 시인인 밥 딜런(Bob Dylan)은 2016년 노벨 문학상을 수상했다. 대한민국에도 밥 딜런을 연상케 하는 아티스트로서의 가수들이 적지 않다. 설명이 필요 없는 김민기, 양희은, 가장 한국적 장르인 발라드로 1980년대 중반 이후 번안곡 위주였던 대중음악

계에 새 바람을 일으킨 이문세, 좁은 공간에서 가수와 관객이 가까운 거리에서 노래를 매개로 함께 호흡하고 소통하며 소극장 공연의 새 역사를 쓴 김광석, 악기를 잘 다루고 노래를 잘하는 것보다 노래가 어떻게 전달이 되느냐를 중요하게 생각했던 김현식, 송창식, 유튜브의 세계화에 힘입어 혜성같이 나타나 K-POP을 전 세계에 알린 싸이, 그리고 건너뛰어 BTS까지 모두 대중문화의 스타로서 걸출한 아티스트들이다.

이 중에서 김현식의 말했다는, 노래는 무엇보다 전달이 중요하다는 것이 핵심이다. 대중문화는 감성에 호소함으로써 이성을 움직이는 특징을 가지고 있다. 대중문화는 마음과 마음을 이어줌으로써 공감대를 형성해 준다. 서양의 클래식은 교회의 예배나 귀족들의 파티를 위한 것이었다. 그런 클래식은 고급문화이고 팝이나 대중가요는 격이 떨어진다고 생각한 때도 있었다. 그러나 대중가요는 훌륭한 문화요 예술이다. 그리고 그 연구는 과학이어야 한다.

"용궁에 가면 어머님을 만날 수 있어?"
바싹 다가앉으며 서희는 봉순네의 무릎을 짚고 올려본다.
"그, 그거사 머, 옛이야기니께요. 말하기를 이야기는 다 거짓말이고 노래는
참말이라 하니께요." (『토지』 1부 2권, 408쪽)

〈참고문헌〉

정재승, 『시네마 사이언스』, 아카데미서적, 1998.

Ridley, Matt, 신좌섭 옮김, 『이타적 유전자(The Origins of Virtue, 1996)』,
사이언스북스, 2001.

김동민

◈ 미디어 연구자로서 지난 10년 동안 자연과학 공부에
집중하면서 미디어학과 자연과학의 융합학문 연구에
매진하고 있다 ◈ 저서로 『매클루언 미디어론의 자연과학적
해석』과 『미디어 빅히스토리 입문』이 그런 공부에 해당한다
◈ 그동안 연재에서 대중문화 연구에 대한 과학적 접근을
소개했다 ◈ 이러한 접근으로 '대중문화의 과학'을 주제로
한 저술을 준비하고 있다 ◈ 현재는 방송콘텐츠진흥재단
이사장으로 재직하고 있다 ◈

RE: DIALOGUE

# 뼈와 풀에서 사상의 몸을 느끼는 역사학자

## 박맹수 원광대학교 총장과의 인터뷰

박맹수

인터뷰어 홍박승진

일시: 2021. 11. 18. (목) 오전 9:30~11:50

장소: 원광대학교 중앙호수(수덕호) 봉황각 2층

대담: 홍박승진 (서울대학교 인문학연구원 선임연구원)

박맹수

동학 연구가, 원광대학교 원불교학과 교수. 원광대학교 총장 등을 맡고 있다. 해월 최시형 연구로 박사학위를 받을 때까지 전국 각지의 동학 사적지를 두루 탐방하였다. '생명의 눈으로 보는 동학'의 관점에서 동학의 영성에 주목한 동학농민혁명 연구는 동학 연구의 새로운 지평을 열고 있으며 특히 1995년 일본 홋카이도 대학에서 발견된 동학 지도자 유골의 국내 봉환을 계기로 그 시야를 동아시아 차원으로 확대하여 '개벽'의 꿈과 실천 그리고 그 장엄한 역사를 연찬해 나가고 있다.

【일국사를 넘어, 세계적 지평에서 동학을 바라보기】

**홍박승진(이하 홍)**  총장님, 귀한 시간 내주셔서 진심으로 감사드립니다. 제가 그동안 총장님께서 해오셨던 인터뷰도 살펴보았는데요. 아무래도 총장님 학문 세계를 집중적으로 짚어보는 인터뷰는 많이 없었던 것 같습니다.

**박맹수(이하 박)**  그렇습니다.

**홍**  오늘은 역사학자로서의 총장님을 조명해 보고 싶다는 것이 후학인 저의 작은 바람입니다. 먼저 『사료로 보는 동학과 동학농민혁명』을 무척 감명 깊게 읽었는데요. 이 책은 총장님의 30여 년에 걸친 연구, 발로 뛰시고 현장을 답사하신 피땀 어린 노력이 담겨 있는 만만치 않은 책이라는 생각이 들었습니다.

**박**  발로 쓴 책이지요.

**홍**  이렇게 연구를 하신 분이 선배로 계시기 때문에 제가 오늘날 이렇게 편하게 동학 공부를 할 수 있구나 하는 마음이 듭니다. 이 책의 서문에서 한 가지 흥미로웠던 점은 일본·중국·러시아·유럽 등지에서 동학 관련 자료들을 발굴하는 과제가 남아 있다는 언급이었습니다. 일본까지도 이해가 되는데, 다른 여러 국가에 남아 있는 자료들을 발굴하는 과제가 왜 중요한지, 그리고 그 과제의 현황이 어떠한지를 여쭙고 싶습니다.

**박**  1994년이 동학농민혁명 100주년이었습니다. 그때 국내에서 많은 학술대회도 열렸고, 또 기념사업도 활발하게 이루어졌지요. 94년이 저물어갈 무렵, 고려대에 계셨던 강만길[i] 교수님께서 강연에서 이런 말씀을 하셨습니다. '동학농민혁명 100주년이 일국사적(一國史的)인 기념사업, 일국사적인 평가에 치우치고 있는 것이 아니냐. 동학농민혁명은 적어도 최소한 동아시아를 뒤흔든 역

---

i   강만길(姜萬吉, 1933~): 1933년 마산 출생. 고려대학교 한국사학과 교수와 상지대 총장 역임. 저서로 『조선후기 상업자본의 발달』, 『분단시대의 역사인식』, 『한국민족운동사론』, 『조선시대 상공업사 연구』, 『일제시대 빈민생활사 연구』, 『통일운동시대의 역사인식』, 『조선민족혁명당과 통일전선』, 『고쳐 쓴 한국근대사』, 『고쳐 쓴 한국현대사』, 『역사는 이상의 현실화 과정이다』 등이 있다.

사적인 사건이었는데, 한국이라는 울타리 안에 갇혀서는 그 사건의 전모도 드러나지 않을뿐더러 그것이 갖는 역사적 의미나 교훈을 정확히 짚어내는 데 한계가 있지 않느냐. 100주년 이후에는 민족주의적 관점이나 역사적 관점을 뛰어넘어 최소한 동아시아적 시야에서 바라볼 수 있는 열린 관점이 필요하다.' 이것은 굉장히 중요한 문제 제기였습니다.

그 이듬해에 홋카이도(北海道) 대학 문학부에서 관리하는 후루카와(古河) 강당 인류학 교실 구표본고(舊標本庫)에서 전라남도 진도 출신 동학농민혁명 지도자 두개골이 발견되는 사건이 일어났습니다. 그 사건이 95년 8월 3일 무렵에 KBS, 《조선일보》, 《한겨레》 등을 통하여 보도되었습니다. 제가 KBS 저녁 뉴스를 접하면서 어떤 텔레파시 같은 느낌이 왔어요. '아, 이것은 보통 심각한 문제가 아니다. 왜 100년 전 최남단 섬의 농민 지도자 두개골이 100년 후 일본의 최북단에 있는 홋카이도 대학에서 발견될까. 이것은 무언가 문제가 있다.' 그 사건을 보통 '유골 방치 사건'이라고 하는데요. 그 사건을 계기로 96년부터 본격적으로 진상규명 작업에 참여하였습니다.[2] 이렇게 97년에 홋카이도 대학을 간 것이 대한민국 바깥에서 동학농민혁명을 연구하는 계기가 되었습니다. 이러한 두 가지 계기들을 통해서 지난 30여 년 동안 박맹수의 동학 연구가 일국사적 관점에 너무 치우쳐 있었구나 하는 점을 통렬하게 반성할 수 있었습니다.

**홍** 그 이후에 중국이나 러시아이나 미국이나 유럽 등에서의 자료 발굴 작업이 어느 정도 추진이 되었는지도 알고 싶습니다.

**박** 일본 쪽 자료 조사의 경우에는 지금 상당한 수준으로 진척이 되었습니다. 그래서 현재 총장직 마무리가 되면 내년 후반기쯤에는 『일본 측 사료로 보는 동학농민혁명』이라는 단행본을 발간할 준비가 이미 끝났어요. 그 책이 나오면 아마 우리가 알고 있었던 것의 몇 배로 일본 쪽 상황과 관련한 자료와 기록들

---

2 이에 관한 자세한 조사 결과는 박맹수, 「동학농민군 유골과 제국 일본의 식민지적 실험—일본 홋카이도 대학의 동학농민군 지도자 유골 방치 사건을 중심으로」, 『개벽의 꿈, 동아시아를 깨우다』, 모시는사람들, 2011, 599~627쪽으로 정리되었다.

이 많이 소개될 것입니다.

러시아의 경우에는, 1922년 블라디보스토크에서 극동 인터내셔널 대회[3]가 열립니다. 그때 사회주의 국가에서 아마 처음으로 동학농민혁명을 상당히 주목했던 기록들이 있습니다. 그리고 동학농민혁명 당시에 러시아 군인들이 한반도에 들어와서 남쪽에서부터 북쪽까지 정보 수집 활동을 한 기록들이 남아 있어서 러시아 쪽 자료들도 지금 속속 드러나고 있고요. 그중 러시아에서 활동했던 우리 민족 출신의 사회주의 독립운동가 계봉우[4]라는 분이 있어요. 그분이 1930년대 중반에 집필한 『동학당 폭동』이 발견되었습니다. 그동안에는 31년 무렵에 민족주의 사학자 김상기[5] 선생이 쓴 와세다(早稻田) 대학 학부졸업논문 「동학과 동학난」은 알려져 있었는데, 러시아에서 활동했던 사회주의 독립운동가 계봉우 선생의 『동학당 폭동』은 알려지지 않았죠.

미국과 유럽에 관해서도 말씀드리겠습니다. 동학농민혁명과 맞물려 있는 역사적 사건이 청일전쟁이잖아요? 일본에 가서 사료를 조사해보니까, 청일전쟁은 한마디로 바둑을 두고 있을 때 옆에서 그걸 지켜보듯이 서구 열강이 주시하고 있던 전쟁이었어요. 미국을 포함해서 영국, 프랑스, 독일 등 서구 제국주의 열강이 시퍼렇게 눈을 뜨고 지켜보는 상황 속에서 전개되는 것이 동학농민혁명이고 청일전쟁입니다. 그러니까 당연히 한반도에서 동학농민혁명이 촉발된 청일전쟁 당시에 인천항에 영국 군함, 프랑스 군함, 러시아 군함이 전부 들어와서 정보 수집 활동을 합니다. 그런 사료들이 다 흩어져 있습니다. 서구 열

---

3 　극동 인터내셔널 대회: 극동인민대표대회(極東人民代表大會)는 1922년 러시아 모스크바에서 코민테른 주도로 열린 동아시아 각국 공산당 및 민족 혁명 단체의 연석회의이다. 1920년에 열렸던 '제2차 코민테른 국제대회'에서 채택한 '민족·식민지 문제에 관한 테제'에 입각하여 극동의 파압박민족 문제를 다룬 회의로서, 미국 워싱턴 D.C.에서 열린 워싱턴 회의에 대응하여 개최된 회의였다.

4 　계봉우(桂奉瑀, 1880~1959): 함경남도 영흥 출신. 일제강점기 북간도와 상해, 시베리아 등지에서 항일운동을 전개한 독립운동가·역사학자·한글학자.

5 　김상기(金庠基, 1901~1977): 전라북도 김제 출신. 호는 동빈(東濱). 역사학자로서 『동학과 동학란』, 『동방문화교류사논고』, 『고려시대사』 등을 저술하였다. 1926년 보성고등보통학교를 졸업하고, 1931년 일본 와세다 대학 사학과(동양사 전공)를 졸업하였다. 1945년부터 정년 퇴임까지 서울대학교 문리과대학 교수로 재직하였다.

강이 지켜보는 전쟁이었기 때문에 일본은 서구의 눈에 맞는 잣대로 청일전쟁을 치환해버립니다. 사실 청일전쟁은 조선 민중과 중국 민중을 학살하는 야만의 전쟁이었는데, 그것을 '야만의 나라'인 조선과 청나라를 '문명화'하기 위한 '문명의 전쟁'이라는 식으로 치환을 하는 대외 언론 공작에 일본 외무성이 아주 많은 돈을 들였습니다. 이러한 일본 측 논리가 그 당시 미국의 유력 신문에 그대로 인용·보도된 것들을 확인했습니다. 미국·유럽의 관련 사료 연구는 이제 문을 열기 시작했다, 시작 단계에 있다고 말씀을 드릴 수 있습니다.

**홍** 총장님 말씀을 들으니까, 한반도라는 일국사적 관점뿐만이 아니라 동아시아와 세계 전반의 시각으로 봐야만 동학농민혁명이 제대로 드러날 수 있다는 생각이 듭니다. 특히 미국이나 유럽으로까지 넓혀서 바라보니, 그 당시 진정한 문명이 무엇이었고 진정한 야만이 누구였는지를 근본적으로 새롭게 생각하게 됩니다.

그밖에도 『사료로 보는 동학과 동학농민혁명』을 읽으면서 정말 충격적이었던 점은 동학 관련 사료들의 종류가 무척 다양하다는 사실이었습니다. 『동경대전(東經大全)』만 하더라도 판본이 14종이나 있는 줄은 이 책을 읽으면서 처음 알았습니다. 저는 판본이라고 하면 4종 정도만 생각하고 있었는데요. 14종 판본 중에서 필사본들도 상당히 중요할 것 같습니다. 삼암(三菴) 표영삼[6] 선생

---

6　표영삼(表暎三, 1925~2008): 평안북도 구성 출신. 동학 연구가이자 천도교의 상주선도사. 동학의 성지 사적지 발굴 및 동학의 역사를 조사하는 데 대부분의 생애를 바쳤고 후학들에게 전수하였다. 저서로 『동학 1—수운의 삶과 생각』, 『동학 2—해월의 고난 역정』, 『표영삼의 동학 이야기』, 『표영삼의 동학혁명운동사』 등이 있다.

님 같은 분들이 발굴하고 소장하셨던 필사본들도 많이 있는데요. 총장님께서 소장하신 필사본도 있다고 하셨고요.[7] 이 필사본들을 정리하는 작업이 시급하게 이루어져야 할 것 같은데, 이 작업을 진행하기 위해서는 어떠한 방법이 있을지 여쭙고 싶습니다.

## 【사료가 없으면 역사학도 없다】

**박** 『사료로 보는 동학과 동학농민혁명』이라는 책을 내기 전에, 어떤 문제의식에서 출발했냐는 말씀을 드리고 싶습니다. 저의 지도교수는 한양대에 재직하셨던 정창렬(鄭昌烈, 1937~2013) 교수님이십니다. 1979년에 크리스찬아카데미 사건[8]이 있었습니다. 크리스찬아카데미는 우리나라를 건강하게 만들기 위해서 중간집단(지금으로 말하면 중상위층의 건강한 시민)의 육성이 필요하다고 보고, 중간집단 양성 프로그램을 노동자·농민 등 각계각층으로 전개하였습니다. 그때 강사 역할을 하시다가 대공(요즘으로 말하면 스파이 활동) 혐의로 탄압받아서 고문을 많이 당하셨습니다. 그분이 답사를 다니셔야 하는데 건강 약하셔서 답사를 못 다니시니까, 제 지도교수를 하시면서 '너는 건강이 좋으니까 원 없이 답사를 다녔으면 좋겠다'고 말씀하셨습니다.

　다른 한편으로 저에게 여러 가지 행정적인 뒷받침을 해주신 지도교수는 국사편찬위원장을 역임하셨던, '조선 시대 양반'이 주 전공이신 이성무[9] 교수님

7　이에 관해서는 박맹수, 「『동경대전』에 대한 기초적 연구」, 『사료로 보는 동학과 동학농민혁명』, 모시는사람들, 2009, 37~62쪽, 그중 특히 55~60쪽을 참조.

8　크리스찬아카데미 사건: 1979년 3월 9일 크리스찬아카데미 중간집단교육 간사들이 구속기소가 된 공안 사건. 1970년대에 크리스찬아카데미는 비인간화의 문제를 해결하기 위하여 제2차적 중간(매개)집단의 형성과 연대를 대안으로 제시했다. 중간집단은 강력한 유신체제 아래 위축된 민(民)과 지식인들 사이에서 이 둘을 매개하는 집단으로써 사회적 자유와 정의를 실천할 개혁적 주체집단으로 상정되었다. 크리스찬아카데미는 중간집단의 창출과 더불어 이들의 의식화를 촉진할 다양한 사회교육 프로그램을 구축하고자 했다.

9　이성무(李成茂, 1937~2018): 충북 괴산 출신. 국민대학교와 한국정신문화연구원 한국학 대학원 교수로 있으면서 미국 하버드 옌칭 연구소 연구교수와 독일 튀빙겐 대학 객원교수를 역임했고, 정신문화연구원 부원장, 국사편찬위원회 위원장 등을 역임했다. 저서로는 『한국의 과거제도』, 『조선 초기 양반연구』, 『조선의 사회와 사상』, 『조선양반사회연구』 등이

이신데요. 이분이 역사학의 고전적인 좌우명을 늘 알려주셨습니다. '역사학은 머리로 하는 학문이 아니고 엉덩이로 하는 학문이다.' 충분한 시간을 두고 원 사료를 면밀하게 보아야 한다는 말씀이었으며, 또한 하나의 사건에 관해서는 그 사건의 주체가 기록한 것뿐만 아니라 그 사건을 지켜보는 여러 바깥의 기록 도 골고루 다 보아야 한다는 말씀이었습니다. 그러기 위해서는 나의 엉덩이를 의자에 붙이고 오랜 시간 자료를 검토하는 것, 즉 실증이 역사학의 가장 중요 한 기본이다. 사실의 해명이 역사학의 의무이다. 이런 말씀을 귀가 따갑게 해 주셨습니다. 그래서 동학을 주 전공으로 택한다고 했더니, '나는 양반 연구 전 공이라 너를 직접 지도는 못 하지만, 최고의 지도교수를 소개해줄 테니 찾아 가라'고 하셔서 정창렬 교수님 밑에서 석박사 과정을 시작했습니다.

그렇게 시작을 막상 하고 보니까, 동학을 창시한 수운 최제우 선생을 비롯 한 동학농민운동에 가담했던 동학농민들이 너무나 오랜 세월 동안 탄압과 수 난을 받았더군요. 그래서 공개적으로 사료를 남길 수도 없었던 상황이고, 사 료가 있더라도 숨겨져 있었습니다. 그때 '내가 동학을 제대로 전공을 하려면, 있는 사료라도 제대로 찾아내야 하는 것이 아니냐'라는 생각이 들어서 전국 을 돌기 시작했습니다. 80년대까지 생존에 계시는 동학의 도인들의 유족들이 라든지 동학농민혁명의 유족들을 찾아다닌 30년 발굴의 성과가 이 책입니다. 그러므로 이 책은 역사학의 새로운 방향이나 해석을 제시한 것이라기보다는, 동학과 동학농민혁명을 공부하는 데 있어서의 기본을 닦은 것이라고 할 수 있 습니다.

1894년 동학농민혁명 운동 당시에 조선 인구가 천 52만 명 정도라는 기록 이 나옵니다. 30~40년 전국을 돌아다녀 보니까, 세 명에서 네 명 중 한 사람 은 직간접적으로 동학과 관련이 됩니다. 성인 남자로 치면, 친가가 있고 처가 가 있고 외가가 있잖아요. 그러면 반드시 한 집안은 동학 집안이었습니다. 그

있다.

것이 제가 40년 동안 몸으로 얻은 결론입니다. 그러니까 조선 인구의 최대 3분의 1, 조금 적게 잡아도 4분의 1이 동학농민혁명에 관계가 된 것이죠. 그렇게 엄청난 역사의 회오리바람을 불러일으킨 근거가 되는 책을 딱 하나로 꼽으라면 『동경대전』입니다. 그리고 그 『동경대전』을 쓰신 수운 최제우 선생님이 사실은 동학농민혁명의 역사적 태풍을 불러일으킨 주인공이고요. 그러니까 적어도 1945년 이전까지 우리나라 최고의 베스트셀러는 기독교 『성경』이 아니고 『동경대전』이었다고 말해도 틀린 말은 아닙니다. 당연히 수많은 판본이 (동학 경전이 처음 정식으로 성립된) 1880년부터 1945년 사이에 나왔습니다. 사료 정리가 우선 안 되어 있는데 무슨 새로운 해석이 나올 수 있겠냐는 생각이 들어서 박사과정 때 쓴 논문이 「동경대전에 관한 기초적 연구」입니다.

도올 선생님께서도 큰 작업을 하셨지만, 거기에는 조금 비약된 부분도 있습니다. 그분이 평생 동학을 하신 분이 아니어서 저와 대담을 하면서도 제가 적절한 수준에서 문제 제기만 하고 양보를 했지만, 많은 논쟁점과 검토해야 할 점들이 있습니다. 앞으로 동학을 제대로 연구하고 동학농민혁명을 세계사적 시각에서 조망하기 위한 가장 기본적이고 기초적인 과제 중 하나는 45년 이전까지 우리 민족의 베스트셀러였던 『동경대전』의 정본화 작업이라고 생각합니다.

**홍** 왜 총장님께서 이 책의 서문에 'No document, no history(사료가 없으면 역사학도 없다)!'를 강조하셨는지 더 여실하게 느낄 수 있었습니다. 저도 그러한 측면을 중요하게 여기는 후학으로서 이처럼 든든한 선배님을 만나 뵙게 된 것 같아 감개가 무량합니다. 이 책에 관해서 한 가지만 더 여쭤보고 싶습니다. 총장님의 또 다른 전공이 해월 최시형 선생에 관한 연구인데요. 해월 연구의 가장 기본을 닦은 연구라고 저는 생각합니다. 최근에 저와 더불어 동학을 공부하시는 분들과도 공유가 된 문제의식은, 『해월신사법설』이라는 텍스트 자체가 어떻게 형성이 된 것인지, 어떠한 순서로 편집되었는지, 해월의 글 글 중에서 어떤 것을 넣고 어떤 것을 뺐는지 등의 문제가 아직은 안개 속에 있다는 것이었습니다. 앞으로 『해월신사법설』을 새롭게 구성하는 정본화 작업이 정말 중요하다고 생각되기 때문에, 그 점에 관하여 선구적 연구를 남기신 총장님께 팁을 듣고 싶고요.

또한 이 책에서 흥미로웠던 것이 천도교호암수도원[10] 소장자료 중에 『궁경(弓經)』이라는 텍스트가 있다는 내용이었습니다. 거기에 「내칙」과 「내수도문」이 포함되어 있다고 적혀 있었는데요. 동학은 페미니즘 사상이고, 그중에서도 「내칙」과 「내수도문」 등이 동학 페미니즘과 관련하여 중요한 텍스트라고 저는 생각하는데요. 이 『궁경』이 제목부터 "궁경"인 이유와 거기에 얽힌 동학의 여성주의적 특성에 대해서 여쭙고 싶습니다.


【해월 법설의 정본화 작업】

**박** 「해월 최시형 연구」라는 박사논문을 쓰면서, 박사논문을 구성하기 위한 기초적인 연구를 몇 가지 했습니다. 그것은 아직 공개 안 했습니다. 그중에 하나가 해월 선생의 비밀 포교지를 조사한 것입니다. 해월이 1861년에 동학에 뛰어든 뒤로 1898년 음력 4월 5일에 체포되실 때까지 38년간 숨어 지내면서 동학의 가르침을 전파하고 제자들을 수련시킨 포교지들이요. 90년대에 할 수 있는 수준에서는 최선을 다해서 비밀 포교지 조사를 수행했습니다. 그것은 부분적으로 발표가 되었습니다.

두 번째 작업이 『해월신사법설』 연구였습니다. 그것은 발표되지 않은 논문 파일로 갖고 있는데요. 법설 연구를 해보니까, 공식적으로 해월 선생의 법설이 정리된 것은 1927년입니다. 그때가 해월 선생 탄신 100주년입니다. 『신인간』 특집호와 『천도교회월보』에 탄신 100주년을 기념해서 최초로, 그때 수준으로

10 호암수도원: 전북 부안군 상서면 감교리에 위치하며 포덕89(1948년) 2월 20일 개원되었다.

는 가장 종합적으로 정리가 된 것 같습니다. 27년 이전에는 단편적으로 해월 선생의 지도를 받은 제자들이 '나는 이런 가르침을 받았다', '만사지(萬事知)가 식일완(食一碗)이다',[11] 이런 단편적인 가르침을 1910년 『천도교회월보』가 창간되었을 때부터 기록으로 남겼고요. 『신인간』은 1926년에 창간됐잖아요. 『신인간』에서는 1927년에 처음으로 공식 정리가 되었고, 그전까지는 단편적인 기록만 전해져왔습니다.

그 이후에 천도교가 신파와 구파로 분열되고, 친일 논쟁도 일어나면서 여러 분파가 생기잖아요. 그 과정에서 해월 선생 법설 정리 작업이 지체되거나 제대로 되지 않았습니다. 해방 이후에 천도교 시절에 들어와서 사료적 근거라든지 불교로 말하면 불전 대결집 같은 공식적인 절차 같은 것이 없이 제자들, 후손들, 천도교 간부들이 정리한 것이 현재의 『해월신사법설』입니다. 이것도 우선 정본화가 필요하다는 말씀을 드립니다.

해월 선생님의 경우에는 세 번에서 네 번 정도로 본인의 생명을 포함한 가족 또는 동학 교단 전체가 위기에 빠지는 대사건을 겪습니다. 첫 번째로 1863년 12월에 스승 수운 선생과 핵심 제자들 22명이 체포되는 큰 사건을 겪잖아요. 두 번째는 1871년 3월, 역사학에서는 '이필제의 난'이라고 부르고 동학 천도교에서는 '영해 교조신원운동'이라고 부르는 사건입니다.[12] 부사를 처단하는 등 역적의 행위를 하는 엄청난 사건에 휘말리는 것이죠. 세 번째가 동학농민혁명 대봉기입니다. 이런 엄청난 역사적 사건을 겪기 때문에, 법설과 같은 말씀을 공개적으로, 공식적 절차를 통해 마음 놓고 하실 수 없는 상황이었습니

---

[11] "만사지 식일완"은 '만사를 안다는 것은 밥 한 그릇을 먹는 이치를 아는 데 있다'라는 뜻. 현재 『해월신사법설』 중의 「천지부모」편에 나오는 표현이다.

[12] 교조신원운동(敎祖伸寃運動): 동학 교조 최제우(崔濟愚)가 혹세무민(惑世誣民)의 죄명으로 처형당한 뒤, 동학교도들이 그의 죄명을 벗기고 교조의 원을 풀어 줌으로써 종교상의 자유를 얻기 위해 벌인 운동. 1871년 3월 10일(음력) 이필제(李弼濟, 1825~1871)가 제2대 교주 최시형과 손을 잡고, 동학의 조직망을 통해서 동학도 2백여 명을 동원해 야간 기습 작전으로 영해(寧海)에서 봉기해 부사를 죽이고 군기를 탈취하였다. 이것이 '이필제의 난'이라 불리는 제1차 교조신원운동이다.

다. 그래서 제자들 한두 명에 의해서, 또는 동학 천도교 교단 전체를 향한 것이라기보다는 특정 인물과 특정 장소와 특정 시기에 몇 사람 앞에서 하신 말씀들이 대부분입니다. 그런 부분들에 있어서 조금씩 견해 차이가 있잖아요. 이런 부분들 때문에라도 한 번 더 정본화 작업이 필요합니다.

그와 관련해서 묻혀 있는 내용이 너무 많습니다. 예를 들면 초기 동학의 자료를 가장 충실하게 보존했던 측은 3대 수제자 중의 한 분인 구암(龜菴) 김연국[13] 선생 본인과 그 후손 계열의 동학 인사들입니다. 그 계열에서 보존한 자료 중의 하나가 『최선생문집 도원기서』이고, 최근 천안에서 발견된 목천판(계미중춘판) 『동경대전』도 사실은 구암 계열에서 보존한 자료입니다. 이처럼 동학의 오리지널한 역사나 해월 선생님의 가장 정통적인 가르침, 또는 사실에 가장 가까운 내용들은 구암 김연국 선생 계열에서 보존하고 기록해온 것이 많아요. 그런데 이분이 천도교에서 빠져나갔잖아요. 그러다 보니 중요한 자료들이 천도교 측에 수용되지 않은 부분이 있어요. 특히 현대 천도교를 공부하다 보면, 크고 작은 내부의 정통성 시비 사건들이 있습니다. 60년대, 70년대, 80년대, 90년대에 걸쳐서요. 대체로 보면, '천도교만이 동학의 정통이 아니다', '왜 구암 계열은 무시하냐' 같은 점들 때문입니다. 이런저런 점을 종합하면, 역시 해월 선생 법설도 다시 사료적 근거 등을 찾아내서 정본화를 해야 합니다. 필요하면 내가 갖고 있는 해월 선생 법설 연구 논문도 공개해서 도움이 될 수 있게 하면 좋겠습니다.

[13] 김연국(金演局, 1857~1944): 동학 제2대 교주 최시형의 3대 수제자로서, 손병희(孫秉熙)·손천민(孫天民) 더불어 '삼암(三菴)'의 한 사람이다. 1907년 천도교 대도주(大道主)가 되었으나, 손병희와의 불화로 1908년에 탈퇴, 이용구(李容九)가 조직한 시천교(侍天教)의 대례사(大禮師)가 되었다. 1912년 이용구가 죽은 뒤에는 송병준(宋秉畯)의 조종을 받은 박형채(朴衡采)와 대립하여, 시천교총부(侍天教總部)를 별도로 조직하였다.

**【동학과 페미니즘, 시적 상상력에서 역사적 사실화로】**

다음으로 페미니즘과 관련해서 말씀을 드리면, 이 부분은 박맹수가 최초로 문제 제기한 것은 아니고요. 이미 동학의 페미니즘에 관해서는, 젊은 세대 연구자들이나 후학들은 어떻게 생각할지 모르나, 김지하 시인이 80년대에 탁월한 견해를 제시한 것입니다. 지난 박근혜 정부 때에 김지하 시인이 보인 여러 가지 행적들과는 별개로, 80년대에 민청학련 사건[14]으로 감옥에서 사형 선고를 받고 복역을 하다가 석방된 이후 건강을 회복해서 가장 왕성하게 동학 사상에 관한 탁월한 해석들을 80년대 중반, 85년 이후부터 제시하였거든요. 『남녘땅 뱃노래』, 『살림』, 『이 가문 날에 비구름』 등의 저작들에서 이미 '한국 페미니즘의 원조는 동학이다'라는 이야기를 한 적이 있고요. 나도 『남녘땅 뱃노래』를 통해서 굉장히 계발을 많이 받았습니다. 그런데 그분과 저의 차이는, 그 양반이 시인의 상상력을 통해서 그 점을 말씀하셨다면 나는 발로 뛰어가면서 그것을 뒷받침하고 증명했다는 데 있습니다. 예전에 그분과 자주 만나서 '저는 결국 선생님이 문제 제기하는 것을 현장 확인과 사료 발굴로써 뒷받침하네요'라고 말씀드리니까 웃더라고요.

　왜 동학이 페미니즘의 원조냐? 동학은 처음에 개인 신앙 형태로 신앙 행위가 이루어지는 것이 아니라 가족 단위로 이루어집니다. 왜냐하면 동학은 주자학에 반대되는 사상이잖아요? 소위 좌도(左道)예요. 이단(異端) 사술(邪術)이에요. 그러니까 아들이 동학에 뛰어들면 가족이 함께 뛰어들어야 보호가 되

---

[14] 1972년 10월에 있었던 유신 체제 발족과 1973년 8월 8일에 있었던 김대중 납치사건은 박정희 정부에 대한 대한민국 국민의 반발심을 환기하였으며, 1973년 10월부터 시위 등을 통한 박정희 정부 반대 운동이 일어나기 시작했다. 박정희 정부 반대 운동이 한창이던 1974년 4월 초에 전국민주청년학생연맹(민청학련)을 중심으로 유신 반대 투쟁이 거세지자 박정희 정권은 그 배후로 '인혁당 재건위'를 지목한다. 민청학련 사건이 발생하자, 이 사건을 수사하고 있던 중앙정보부는 1974년 4월 3일에 긴급조치 4호와 국가보안법을 위반을 이유로 240명을 체포했다. 2005년 12월에 국가정보원 과거사건 진실규명을 통한 발전위원회는 재조사를 통해 "민청학련 사건은 학생들의 반정부 시위를 '공산주의자들의 배후조종을 받는 인민혁명 시도'로 왜곡한 학생운동 탄압사건"이라고 발표했다. 2009년 9월 재판부는 민청학련 사건 관련자들에게 "내란죄로 인정할 증거가 없다"며 무죄를 선고했다.

는 거잖아요. 할아버지가 동학도가 되면 손자까지 해야 보호가 됩니다. 그래서 동학의 신앙 단위는 개인이 아니라 가족 단위였습니다. 그러면 가족 단위의 50%는 누구입니까? 여성이잖아요. 이 점을 우선 유념해야 합니다.

또 하나는 수운 선생이 초기에 득도하시고 나서 여자 노비 두 명을 해방하잖아요. 한 사람은 수양딸로 삼고, 한 사람은 며느리로 삼고요. 그것은 소춘(小春) 김기전[15] 선생이 「대신사 수양녀(收養女)인 80 노인과의 문답」이라는 인터뷰 기사를 남겼기 때문에 증명이 됩니다. 수운 선생을 위대하게 신비화하려는 작업이 아니라 실제로 그렇게 했던 기록이 나오고요. 그리고 동학의 제1호 제자가 수운 선생의 사모님인 박씨 부인입니다. 이러한 여러 가지 유례들이 있습니다.

수운 선생이 신분해방, 남녀평등, 양성평등 등에 눈을 떴던 사상적 배경도 연구자들이 꼭 알아야 합니다. 수운의 아버지인 근암공(近庵公) 최옥[16]의 영향이 있다고 생각합니다. 최옥 선생이 남긴 문집으로는 두 가지가 있습니다. 하나는 『근암유고』이고, 다른 하나는 『근암집』입니다. 『근암유고』 속에 매우 진보적이고 혁신적인 두 논문이 있어요. 하나는 「허개가사의(許改嫁私議)」. 여성들의 재혼을 개가를 허용해야 한다는 것이죠. 또 하나의 파격적인 논문은 「파과거사의(罷科擧私議)」. 신분제나 양반 제도를 없애버려야 한다는 것입니다. 이런 글들이 근암공의 논문 중에 있습니다. 수운의 아버지 자신이 상당히 열려계셨던 분인 것 같습니다.

다음으로, 동학의 기본 사상은 시천주(侍天主) 사상입니다. 시천주라는 것, 즉 하느님을 모시고 있다는 것은 하느님을 남자만 모시고 있다는 것도 아니고

15 김기전(金起田, 1894~1948): 호는 소춘(小春)으로, 보성전문(普成專門)을 졸업한 뒤 1909년 천도교에 입교, 매일신보사 사원으로 일했다. 1923년 '천도교 청년당'을 창당하여 청년운동을 전개했으며, 『개벽』지의 주간으로서 많은 글을 발표했다. 1921년 이정호, 방정환 등과 함께 천도교소년회를 조직하여 소년운동을 전개하였다.

16 최옥(崔鋈, 1762~1840): 경주군(慶州郡) 현곡면(見谷面) 가정리(柯亭里)에서 탄생하였는데 경주 최씨로서 자(字)는 자성(子成)이다. 63세 때에 재가녀(再嫁女)인 곡산 한씨를 아내로 맞아 최제우를 낳았다.

양반만 모시고 있다는 것도 아니고 모든 사람이 모시고 있다는 것입니다. 수운 선생의 사상 형성 배경 자체에 요즘으로 말하면 페미니즘적 요소에 관한 아버지의 영향이 있었다고 보아야 하고, 그 측면을 초기부터 득도하시고 나서 자기 가정에서부터 착실히 실천했다고 보아야 합니다.

　이런 부분들이 그대로 해월 최시형 선생에게 계승되었습니다. 해월 선생은 이렇게 말씀하셨죠. '앞으로 도래하는 시대에는 여성들 가운데 도통한 사람들이 많이 나올 것이다.'[17] 이런 말씀을 하시면서 1888~89년 무렵에 「내칙」과 「내수도문」을 경상북도 김천 복호동에서 선포해서 여성 수도 규칙을 제정하셨습니다. 그런 맥락에서 여러 가지 필사본 형태로 퍼졌다고 봅니다. 전라북도 부안의 천도교호암수도원에서 발견된 『궁경』에 대해서는 나도 복사를 해 놓고 있지만, 그것이 초기에 어떻게 그곳으로 정착되었는지 자세한 검토는 안 했습니다. 그러나 그 자료 일체를 보존하고 있었던 분은 해월 선생님께서 대단히 아꼈던 부안 동학 대접주 김낙철[18] 선생의 후손들 또는 제자들이었습니다. 결국 수운 선생 가르침을 어떻게 보면 가장 충실하게 계승·실천하고 있었던 분이 해월 선생이고, 그 해월 선생의 가르침을 가장 충실하게 계승·실천하고 있었던 제자가 부안 대접주 김낙철 선생인데, 이 맥락 속에서 그런 자료들이 보존되고 알려졌다는 정도로 말씀을 드릴 수 있습니다.

**홍** 동학 천도교 경전을 공부하면 굉장히 추상적이고 관념적으로 이해를 하기 쉬운데요. 총장님의 현장 이야기 또 역사 이야기를 들으니까, 동학 경전과 그 내용이 실제로 우리 민중들의 삶 속에서 어떻게 구현이 되었는지, 그리고 그

---

[17]　현재 『해월신사법설』 중의 「부인수도(婦人修道)」편에 나오는 구절. "부인 수도는 우리 도의 근본이니라. 이제로부터 부인 도통이 많이 나리라. 이것은 일남구녀를 비한 운이니, 지난 때에는 부인을 압박하였으나 지금 이 운을 당하여서는 부인 도통으로 사람 살리는 이가 많으리니, 이것은 사람이 다 어머니의 포태에서 나서 자라는 것과 같으니라(婦人修道吾道之大本也 自此以後婦人道通者多出矣 此一男九女 而比之運也 過去之時婦人壓迫 當今此運 婦人道通 活人者亦多矣 此人皆是母之胞胎中生長者如此)."

[18]　김낙철(金洛喆, 1858~1917): 전라북도 부안 출신. 도호(道號)는 용암(龍庵), 자는 여중(汝仲). 개항기 부안 대접주를 역임한 천도교인. 김연국과 더불어 시천교(侍天敎)에 몸을 잠시 담았으나, 1917년 천도교에 다시 입교하여 성도사(誠道師)가 되었다.

이론의 살아 있는 모습이 어떠하였는지를 느낄 수 있습니다. 관념이 아닌 구체를 만나는 느낌입니다.


【동학의 사상은, 몸과 마음을 다하는 가운데 나온다】

**박** 하나 더 덧붙여서 말씀을 드리면, 동학에는 한국적 페미니즘 사상과 더불어 한국의 생태주의적 사상이 풍요롭고 다채롭게 포함되어 있습니다. 주로 생태주의적 사상은 수운 선생보다는 해월 선생에서 꽃을 피웠는데요. 가장 명료한 예를 들면, 해월이 수운 선생님의 시천주 사상을 계승해서 그것을 사람뿐만 아니라 만물까지 확대한 것이 삼경(三敬) 사상이잖아요.[19] 경천(敬天), 경물(敬物), 경인(敬人). 그것을 요약한 해월 선생의 가르침이 "천지만물(天地萬物)이 막비시천주(莫非侍天主)", 즉 '천지만물이 시천주하지 아니함이 없다'는 가르침이잖아요.[20] 이는 적극적으로 높게 평가할 수 있습니다.

이것을 몸으로 느꼈던 적이 있습니다. '아, 그분이 이런 미래지향적인 생태주의적 사상을 실감 나게 표현한 것은 이런 여건 때문에 가능하지 않았을까'라고 느낀 적이 었었죠. 1980년대에 해월 선생의 비밀 포교지를 답사하러 간 곳 중의 하나가 강원도 정선이었습니다. 거기서 해월 선생이 숨어계셨던 데는 하루에 버스가 두 번 들어가는 곳이었어요. 아침하고 저녁. 게다가 버스에서 내려서도 15km 정도를 고개 몇 개를 넘어서 가야 하는 그런 곳이었어요. 그렇게 걸어가는데 하늘밖에 안 보이고, 인가(人家)도 하나도 없고, 새소리와 개울물소리와 바람 소리밖에 없었어요. 그런 환경을 38년 동안 이분이 돌아다니

---

[19] 삼경 사상: 최시형이 사람이 공경해야 할 세 가지로 하늘, 사람, 만물을 제시한 사상. 현재 『해월신사법설』 중 「삼경(三敬)」편에 그 사상이 나타나 있다.

[20] 현재 『해월신사법설』 중 「대인접물(待人接物)」편과 「영부주문(靈符呪文)」편에 나오는 구절.

셨잖아요. '그렇게 38년 동안 그분이 체포되지 않도록 그분을 보호해줬던 존재들은 누구였는가? 사람을 포함해서 하늘이 보호해줬고 바람이 보호해줬고 풀벌레들이 보호해줬고 개천이 보호해줬던 것이구나!' 해월 선생이 남긴 기록을 보면, 요즘 우리가 맛있게 먹는 비빔밥에 들어가는 채소 중 하나인 곤드레에 관한 언급이 나옵니다. 그때는 곤드레비빔밥의 곤드레가 유행하지 않았을 때예요. '아, 곤드레가 해월 선생을 살리셨구나, 도망자 또는 수배자 생활하시면서 자연스럽게 자연과의 교감·공감·소통을 평생 생활화하셨겠구나, 그래서 '천지만물 막비시천주'라는 사상이 자연스럽게 나왔겠구나'라는 생각이 들었습니다. 해월 선생이 강원도 양구에서 제자들한테 물어보잖아요. "저 새가 지저귀는 소리가 무슨 소리냐?" 제자가 뭐라고 대답하니까, 해월이 "저것이 천주 소리다"라고 대답하셨죠.[21] 그래서 『해월신사법설』만 연구하면 경전 자체는 앞뒤 맥락이 생략되어 있으니까 이해가 잘 안 되지만, 여러 가지 법설이 등장하는 그 앞뒤 이야기를 이해하니까 아주 재밌고 자연스럽게 이해가 되었던 기억이 납니다.

**홍** 공부하시면서 몸으로 느끼신 바도 여쭙고 싶었는데, 이렇게 자연스럽게 흥미로운 이야기를 들을 수 있었습니다. 곤드레 이야기도요. (웃음) 강원도 정선군과 무척 잘 어우러지는 이야기입니다. 저도 강원도에 가면 곤드레비빔밥을 곧잘 먹는데요. 최근에 조동일 선생님께서 '책에서 배우는 것보다, 사람에게서 배우는 것보다, 자연에게서 배우는 것이 진짜 학자다. 진짜 학자가 되려면 자연에서 배워야 한다.'라고 하셨는데요. 그 이야기와도 상통하는 지점인 듯해서 무척 재밌습니다.

　다음으로 총장님의 또 다른 역작(力作)인 『개벽의 꿈, 동아시아를 깨우다』에 관한 몇 가지 질문으로 넘어가겠습니다. 저는 이 책이 대한민국 국민이라면

---

21　현재 『해월신사법설』 중 「영부주문」편에 나오는 구절. "천지만물이 다 하늘님을 모시지 않은 것이 없느니라. 저 새소리도 또한 시천주의 소리니라(天地萬物皆莫非侍天主也 彼鳥聲亦是侍天主之聲也)."

'그렇게 38년 동안 그분이 체포되지 않도록 그분을
보호해줬던 존재들은 누구였는가? 사람을 포함해서
하늘이 보호해줬고 바람이 보호해줬고 풀벌레들이
보호해줬고 개천이 보호해줬던 것이구나!' 해월 선생이
남긴 기록을 보면, 요즘 우리가 맛있게 먹는 비빔밥에
들어가는 채소 중 하나인 곤드레에 관한 언급이
나옵니다. 그때는 곤드레비빔밥의 곤드레가 유행하지
않았을 때예요. '아, 곤드레가 해월 선생을 살리셨구나,
도망자 또는 수배자 생활하시면서 자연스럽게
자연과의 교감·공감·소통을 평생 생활화하셨겠구나,
그래서 '천지만물 막비시천주'라는 사상이 자연스럽게
나왔겠구나'라는 생각이 들었습니다.

반드시 읽어야 하는 책이라는 생각이 들었습니다. 총장님 연구의 엄청난 분수령을 이루는 저서인데요. 여기에서 특히 흥미로운 점은 본격적으로 생명에 관한 이야기가 나오고, 동학의 역사를 해석하는 총장님의 관점이 나온다는 점이라고 생각합니다. 동학농민혁명을 '생명'이라고 하는 관점으로 봐야 한다는 것이 그 뒤의 저서인 『생명의 눈으로 보는 동학』으로까지 계속 이어지는데요. 저는 이 부분이 책의 핵심이라는 생각이 들어서, 이에 관한 질문을 드리고 싶었습니다.

예컨대 『사료로 보는 동학과 동학농민혁명』의 마지막 부분, 즉 칼노래와 칼춤에 관한 연구에서부터도 그러한 관점이 드러난다고 보이는데요. 그 당시 조선왕조를 지배한 권력의 시각으로 보면, 칼노래나 칼춤은 상당한 반역성이 있는 것이고, 반란의 성격이 가장 강한 의례 또는 행위라고 할 수 있습니다. 총장님께서는 동학의 칼노래와 칼춤이 오히려 서양 오랑캐들로부터 이 땅의 민중들을 지키는 주체적 저항의 행위이고 그 점이 동학농민혁명의 저항성으로까지 이어진다고 해석하셨습니다.[22] 그런데 이러한 해석은 총장님의 동학 연구를 관통하는 주된 관점이 '생명'이라는 점, 그리고 총장님의 저서인 『생명의 눈으로 보는 동학』에서 동학농민혁명을 '살림의 군대'라고 해석하시는 점과 언뜻 상충하는 것처럼 보이기도 합니다.[23] 일반적인 독자의 견해로 보면, 동학농민혁명은 일종의 전쟁이고 무력을 사용한 행위일 텐데, 이런 폭력적 측면은 '동학농민혁명군은 살림의 군대'였다는 관점과 논리적으로 모순을 이루는 것 같습니다. 이 모순되는 두 지점을 어떻게 연결해서 이해할 수 있는지, 죽임과 살림, 폭력과 생명이라는 이 양자가 어떻게 어우러질 수 있는지가 궁금합니다.

22  박맹수, 「동학의 칼노래와 칼춤에 나타난 반침략적 성격」, 『사료로 보는 동학과 동학농민혁명』, 앞의 책, 323~334쪽.
23  박맹수, 「동학과 동학농민혁명의 세계사적 의미」, 『생명의 눈으로 보는 동학』, 모시는사람들, 2014, 110쪽.

## 【'생명의 차원에는 좌우가 없다'】

**박** 한 사람의 인간으로서는 제약된 시간과 공간 속의 삶을 영위하면서 모든 것을 다 성공할 수 없고 잘할 수 없잖아요? 그와 마찬가지로 제가 '생명'이라는 화두를 전면에 내세우기까지는 너무나 가슴 아픈 좌절과 시행착오와 실패가 전제되어 있습니다. 이 이야기를 해야 생명의 의미가 조금 더 명확히 드러날 텐데요.

원래 저는 서울에서 이른바 '괜찮은 명문고'를 다녔습니다. 저는 명문고라고 하면 휴머니즘적이고 학생들이 상대방에게 배려도 잘하는 곳일 줄 알았더니, 들어가서 보니까 주번들이 점심시간에 물도 안 떠오고, 분단 별로 청소해야 하니까 남으라고 하면 다 도망가서 한두 명밖에 안 남더군요. 그때부터 고등학교 생활이 재미없어져서 책을 많이 읽기 시작했던 것 같습니다. 그러다가 원불교를 만나서 '사은(四恩) 사상', 즉 '[우주만물은] 천지·부모·동포·법률이라는 네 가지의 은혜가 만들어낸 존재다'라는 사상에 '필(feel)'이 꽂혔습니다. 원불교에 가면 내가 멋진 삶을 살겠다 싶어서 고등학교를 졸업하고 원불교학과에 왔습니다. 그때 꿈은 아주 단순했습니다. '마음씨 착하고 수행을 잘하는 교무[24]가 되어서 내 얼굴만 봐도 모든 사람이 행복해지고 구원받으면 참 좋겠다.'

이런 순박한 생각으로 4년을 보낸 뒤에, 군 복무를 해야 하니까 ROTC에 지원해서 장교로 갔다가 군대에서 5·18을 겪었습니다. 5·18 당시에 '이건 무언가 이상하다', '이건 조금 문제가 있다'라는 생각을 했지만, 양심선언을 할 수도 없었고 문제를 제기할 수도 없었고 항명을 할 수도 없었고 탈영을 할 수도 없었습니다. 그렇게 끙끙 앓으면서 5공 정권의 하수인이 되어 시민들을 학살하는 계엄군 편에서 군대 생활을 마치고 나와서 보니까 역사의 죄인이 되

~~~~~~~~~~~~~~~~~~~~~~~~~~~~~~~~~~~~~~~~~~~~~~

[24] 교무(敎務): 원불교 성직자의 호칭.

어 있는 거잖아요. 그때부터 심각한 고민에 빠졌던 것 같아요. 나는 왜 나의 의지와 관계없이 민주 시민들을 학살하는 편에 가담할 수밖에 없었을까? 돌이켜보니 대학교 다닐 때 너무 순박한 생각만 했던 거죠. 한국 사회의 구조적 모순도 몰랐고, 우리 민족의 근현대사의 파행적인 전개 과정에 대해서도 아무런 인식도 없었고요.

그래서 군부독재를 타도하자고 외치는 후배들과 함께 야학 운동을 시작했습니다. 라인홀드 니부어[25]가 말했듯이, 아무리 개인이 양심적이어도 사회 전체가 그 양심을 지켜주지 못하는 비도덕적 사회라면 그 양심이 작동하기 어렵잖아요. 내 마음씨가 아무리 착하더라도 사회구조가 이걸 지지하고 지켜줘야 하는 거죠. 나만의 양심이 중요한 게 아니라 집단의 양심이 중요한 거 아니냐는 생각이 들었습니다. 그러면서 우리 근현대사에 눈을 뜨고 현대 한국사회의 모순에 눈을 떴습니다. 역사에 대한 무지, 사회에 대한 무지 때문에 대학원을 갔습니다. 요컨대 광주의 비극이 내 학문의 출발, 동학 연구의 원초적인 기점이었다고 말할 수 있습니다.

사실 대학원 석박사 과정에 다니면서는 학문 자체보다는 '군부독재 타도'와 '한국 사회의 민주화'를 위한 학문에 더 관심이 많았습니다. 제가 대학원 시절에 3관왕 했잖아요. 노동조합 만들고, 어용 교수 물러나라는 데모의 주동자로 찍히고, 88올림픽 전에 '북한바로알기운동'을 해서 『조선전사』를 보급하다가 안기부에 걸렸습니다.[26] 그 과정에서 한계에 부딪혔습니다. 박사논문도 쓸 수 없을 만큼 압력이 저에게 가해지던 무렵에 한살림[27]을 만났습니다. 석사

[25] 라인홀드 니부어(Karl Paul Reinhold Niebuhr, 1892~1971): 미국의 기독교 윤리학자이다. 대표 저서로는 1932년 발간한 『도덕적 인간과 비도덕적 사회』가 있다. 이 책에서 니부어는 개인적으로 도덕적인 사람도 자신이 속한 집단의 이익을 위해 비도덕적으로 행동하기 쉽다고 주장했다. 즉 개인의 도덕적 행위는 집단의 도덕성을 결정하지 못하며, 오히려 집단의 구조와 제도가 개인 행위의 도덕성을 규정할 수 있다고 본 것이다. 이렇듯 도덕적으로 불안정한 집단의 속성은 결국 사회 정의를 무너뜨리는 주된 요인이 된다.

[26] 『조선전사』: 북한의 한국사연구 성과를 집대성하여 79~82년에 33권으로 간행된 책.

[27] 한살림: 생명의 세계관을 바탕으로 도농 직거래 운동과 지역 살림 운동을 펼치는 비영리 생활협동조합이다. 최시형의 동학 사상과 장일순의 생명 사상이 한살림 운영철학에 녹아 있다. 「한살림 선언」(1989년)에 의하면 한살림 운동은 다음과

논문을 쓰고 박사과정에 들어가 있을 때 무위당(无爲堂) 장일순[28] 선생을 만났어요. 저와 함께 근무하던 조교가 '원주에 도사가 한 분 계시다'고 말했습니다. '어떤 도사인데?' '해월 선생을 무지무지 좋아하는 도사다.'

제가 박사과정에 있을 때는 전봉준에 관한 이야기를 하지 않고 해월 선생에 관한 이야기를 하면 미친놈 취급을 받았어요. '저 자식은 나사가 하나 풀린 놈 아닌가' 하고요. 군부독재를 타도해야 한다면서 전봉준 연구는 안 하고 무슨 해월 연구를 하냐는 것이죠. 아무도 주목하지 않던 시기에 해월 선생을 무지무지 존경한다는 분이 계시다고 해서 6월항쟁 무렵에 원주로 찾아뵈었습니다. 그때 장일순 선생이 '너는 왜 해월을 연구하려고 하냐'고 질문했습니다. 다른 놈들은 다 전봉준에 환장해서 그리로 달려가는데 어떻게 너는 해월을 공부하느냐는 질문이었죠. 뭐라고 말씀을 드렸는지 모르지만, 지금 생각해 보면 봉사가 문고리 잡은 격이죠. 제 답변이 기특하셨나봐요. 제가 답변으로 한 3시간 동안 떠들었던 기억이 나는데, 하여튼 그래서 그분한테 많은 사랑을 받았습니다. 어려움이 있으면 자주 찾아오라고 하셔서, 어려움이 있을 때마다 찾아갔습니다.

그렇게 시간이 흘러 「한살림 선언」이 나오죠. 장일순 선생님께서 제게 조그만 책자를 주면서 '한번 읽어봐라. 너의 생각과 통할 것이다.'라고 하였습니다. 그때 제가 확 바뀝니다. 내 마음속에 어떤 미움이나 증오 같은 것이 남아 있어서는 근본문제 해결이 어려운 거구나. 그때 그분이 던져주셨던 말이 '전두환

같다. 첫째, 생명에 대한 우주적 각성. 둘째, 자연에 대한 생태적 각성. 셋째, 사회에 대한 공동체적 각성. 넷째, 새로운 인식, 가치, 양식을 지향하는 '생활문화운동'. 다섯째, 생명의 질서를 실현하는 '사회실천활동'. 여섯째, 자아실현을 위한 '생활수양운동'. 일곱째, 새로운 세상을 창조하는 '생명의 통일활동'.

28  장일순(張壹淳, 1928~1994): 사회운동가, 교육자이며 생명운동가이다. 경성공업전문학교 재학시, 미군 대령을 총장으로 하는 후신 국립 서울대학교 설립안 반대운동(국대안 파동)을 하다 제적되었다. 그후 강원도 원주에 정착하여 대성학원을 세웠다. 그러나 중립평화통일안을 주장하였다는 이유로 1961년 5·16 군사정권에 의해 3년여 동안 옥살이를 하였다. 1971년 10월 지학순 주교 등과 함께 박정희 정권의 부정부패를 폭로하는 가두시위에 참여하는 등 사회운동을 하였다. 이후 농민운동을 전개했으나, 김지하 등과 함께 운동을 반성해본 결과 기존의 농민운동이 실패했다고 판단하여 도시와 농촌이 직거래를 하고 자연요법으로 농사를 짓는 한살림운동을 시작하였다.

을 사랑해라'라는 말씀이었고, '생명의 차원에는 좌와 우가 없다', '혁명은 보듬어 안는 것이다'라는 말씀이었습니다. 1980년 5월 이후에 한국학중앙연구원 부설 한국학대학원에서 데모할 때 모든 대자보를 제가 썼거든요. (웃음) 그 자료집도 남아 있어요. 『한겨레』 신문 뒤져보면 맨날 박맹수 이름이 나오잖아요. 그게 이제 싹 녹아내리는 거예요. 내가 증오심에 불타서 이걸 했구나. 아직도 극복은 안 되지만 생명의 차원으로 가게 되는 두 번째 변화의 계기가 한살림과 무위당과의 만남이었습니다.

세 번째는 95년에 홋카이도 대학에서 아까 말한 동학 지도자 두개골이 발견된 사건입니다. 진상규명을 하러 가면서 내가 그쪽에서 도와주신 교수님한테 '나는 민족의 원수의 정체를 알고 싶어서 왔다'고 말했습니다. (웃음) 또 하나는 두 번 다시 일본에게 지면 안 된다는, 굉장히 좁은 민족주의적 생각으로 일본에 갔어요. 그런데 거기서 4년을 지내는 동안, 제국주의 일본이 저지른 과오에 대해서 나보다 더 진심으로 참회하고 반성하는 일본의 양심적 지식인들과 저널리스트들과 시민들을 만날 수 있었습니다. 또한 아이누 민족 운동가들과 오키나와 민족 운동가들이 매년 2월이면 한 번은 오키나와로 가고 한 번은 삿포로 가고 그래요. 거기에 나도 초대를 받아서 갔지요. 그리고 홋카이도 대학에 유학하고 있는 고려인 동포와 조선족 동포들을 비롯한 재외동포들을 한 번씩 초대해서 모임을 가졌어요. 그때 아이누 민족을 만나고 오키나와 민족을 만나고 조선족을 만나고 고려인을 만나보니, 대한민국에서 살았던 나의 고통이나 고민은 아무것도 아니더라고요, 19~20세기 제국주의 열강에 의해서, 강자들에 의해서 사회적 약자들이 너무나 많은 고통을 당했구나. 그게 한국에서만 벌어진 일이 아니구나. 그 점을 느끼면서 제 시야가 트이더라고요. 이처럼 한 인간이 살아가는 동안에 여러 가지 것들을 겪으면서 그 문제의식이 하나씩 하나씩 깊어지고 넓어졌던 것이지, 처음부터 확고하고 투철한 문제의식이 있던 것은 아니라는 점을 나는 꼭 말씀드리고 싶어요.

**홍** 저의 굳은 사고로는 동학농민혁명군이 살림의 군대라는 총장님의 말씀을 선뜻 이해하기 어려웠는데, 총장님의 삶의 이력들과 그 속에서 문제의식을 형성하고 확장해 나간 과정을 들으니까 총장님이라는 개인의 삶과 동학농민혁명의 흐름이 겹쳐지고 개체적인 것과 전체적인 것이 겹쳐진다는 생각이 듭니다. 총장님의 삶을 통해서 오히려 동학농민혁명을 더 선명하게 이해할 수 있는 듯합니다.

**박** 아까 살림의 사상과 폭력의 문제를 말씀하셨잖아요. 실제로 30몇 년 동안 원(原) 사료를 접해보니까 동학농민혁명의 실상이 너무나 왜곡되어 있는 거예요. 단순하게 생각하면 아까 같은 질문을 할 수 있잖아요. 평화라든지 상생이라든지 살림이라고 하면 폭력과 거리가 먼 것이 아니냐고요. 동학농민혁명은 죽창을 들고 화승총을 들고 무장봉기를 해서 싸웠는데 그것이 생명이나 살림과 무슨 관계가 있냐고 단순하게 질문할 수 있잖아요. 97년에 일본에 갔을 때의 재미있는 에피소드가 있습니다. 참 그것도 행운이었던 것 같아요. 딱딱한 대담을 재밌게 하기 위해서 실제 이야기를 하나 말씀드리면, 박맹수 뒤에는 수호신장(守護神將)이 수백 명 있답니다. (웃음) 재밌죠? 그 이야기는 97년 홋카이도 대학에 처음 갔던 첫해 7월의 일입니다. 홋카이도는 일본으로 강제 징용된 사람들이 제일 많이 끌려간 곳이거든요? 공식 기록으로만 해도 25만 명이 끌려간 곳입니다. 그중에 슈마리나이 호수(朱鞠内湖)라는 곳이 있어요. 홋카이도의 맨 가운데입니다. 거기에 댐을 만드는 과정에서 징용 노동자들이 많이 희생됐어요. 그 희생자들의 무덤도 있고요. 거기에 한일 평화주의자들이 모여서 희생자들을 발굴하는 워크샵을 하며 씻김굿을 하기 위해서 한국의 유명한 무당 한 분을 초대했습니다. 전라남도 순천 출신의 오 선생이라고 하는데요. 나도 그 소식을 듣고 함께 참관해서 행사를 마치고 저녁 교류의 시간에 서로 통성명을 했습니다. 그 오 선생님이 내 얼굴을 보더니 막 방글방글 웃는 거예요. 처음 만난 사람 보고 막 웃기에 내가 '아니, 오 선생님은 어떻게 저를 보고 그렇게 웃으세요?'라고 물었더니 '아, 박 선생님 뒤에는 수호신장 수백 명이 보이네요.'라고 대답하는 거예요. '아니, 그게 무슨 말씀이세요?' '박 선생님은 한을 품고 죽은 수많은 사람의 한을 푸는 일을 하는 분이 아니냐. 그래서 수호신장들이 와서 뒤에서 도와주고 있다.' 그다음 말이 더 기가 막힌 말이에요. '앞으로 박 선생님은 모든 일이 잘 풀릴 겁니다.' 실제로도 잘 풀린 것 같아요. (웃음) 그래서 그런지 '이런 자료를 찾으면 참 좋겠다'고 생각하면 그 자료가 실제로 나타났습니다. 제가 특정 자료들을 수없이 발굴했잖아요? 마음으로 염(念)을 오래도록 하면 자료가 거의 100% 다 나타났어요. 오 선생 말이 증명되는 거예요.


【죽창, 생명의 항상성 회복 운동의 지팡이】

그중에 하나를 말씀드리겠습니다. 과연 동학농민군들은 왜 죽창을 들었을까? 무위당 선생님은 동학의 살림 사상과 생명 사상을 무척 강조하셨는데, 과연 구체적으로 그런 것이 동학농민혁명에서 드러날까? 97년에 일본 외무성 산하의 외교사료관으로 원 사료를 찾으러 갔던 적이 있어요. 거기에 〈조선국 동학당 동정에 관한 제국 공사관 보고 1건〉이라는 파일이 있었어요. 한국 학자로서 최초로 봤습니다. 엄청난 행운이죠. 처음부터 끝까지 쭉 검토를 해나가는데, 중간쯤 가니까 〈동학당 속보〉라는 문서가 나옵니다. 그 문서에는 다음과 같은 내용이 들어 있었습니다.


'우리 동학군은 칼에 피를 묻히지 아니하고 이기는 것을 으뜸의 공으로 삼고,
어쩔 수 없이 싸우더라도 사람 목숨만은 해치지 않으며, 행진하면서 지나갈
때는 절대 민폐를 끼치지 않고, 효자·충신·열녀·존경할 만한 학자가 사는
동네의 10리 안에는 주둔하지 않는다. 굶주리는 자는 잠자게 해주고 병든
자는 치료해주고 도망가는 자는 쫓지 않고 항복하는 자는 사람으로 대한다.
불효자는 벌하고 매국노는 처벌하고 탐관오리는 처벌한다.'

그 문서를 발견하는 순간, 완전히 새로운 시야가 열려버린 겁니다. 아무도 그 자료를 찾아내지 못한 거죠. 우리 동학군은 칼에 피를 묻히지 않고 이기는 것을 으뜸으로 삼는다는 규율은 제1차 동학농민운동 과정에서 그대로 지켜집니다. 왜 그렇게 할 수밖에 없었는지도 이해가 됩니다. 백성들이 살기 어려워서, 생명이 위태로워서, 그 백성들을 살리려고 하는 것이 동학군이었는데, 그들을 해치면 그건 끝난 거잖아요. 그 대목에서 '살림의 사상', '살림의 혁명', '살림의 군대'라는 생각이 팍 오더라고요. 동학농민혁명의 후반부에 그 질서가 무너져서 일부 일탈 행위가 없었던 건 아니지만, 전봉준 장군이나 해월 선생 같은 분들이 철저히 그런 점을 지향했습니다. 폭력을 영순위, 일순위로 내세웠던 것이 아닙니다.

동학농민군이 무장했던 이유는 정당방위를 위해서입니다. 저쪽에서 막 총을 쏘고 근대식 무기로 공격하니까, 살아남기 위해서, 그 공격을 막기 위해서 그랬던 것입니다. 그 뒤로 한국에 돌아와서 수많은 분에게 동학농민혁명 답사 안내를 했습니다. 어느 때 생물학을 하시는 분이 오셨습니다. 그 답사 중에 아까 같은 질문이 나와서 제가 뭐라고 대답을 했습니다. 그러자 그 생물학 전공하신 분이 딱 손을 들면서 "박 교수님, 앞으로 이렇게 답을 하시면 어떻겠습니까?" "뭔데요?" "생물들의 세계에는 항상성(恒常性)이라는 것이 있습니다." "항상성이 뭡니까?" "정상적인 상태가 비정상의 상태로 됐을 때, 예를 들면 사람이 지렁이를 밟았을 때 지렁이에게 고통이 가해지잖아요. 비정상의 상태일 때는 정상적으로 되돌아가려고 꿈틀거린다는 것이지요. 그러니까 모든 생명은 비정상의 상태를 정상으로 돌리려고 하는 성질이 있습니다. 그걸 항상성이라고 합니다. 동학농민군들도 본래의 생업과 생활이 위태로워지니까 그걸 되돌리려고 했던 겁니다. 이것은 폭력과 전혀 무관한 것으로 설명이 가능합니다." 아, 그래서 생명의 본질에 관해서 이야기되는 것 중의 하나가 항상성이구나. 저항성이라는 말과는 또 다르잖아요.

동학농민혁명은 사실 비정상을 정상으로 되돌리기 위한, 생명이 생명 자체로서 존재하기 어렵게 모든 여건이 악화되니까 그걸 정상으로 되돌리기 위한 생명의 본질적 행위입니다. 실제로 2차 동학농민혁명 당시에도 일본군과 동학군이 싸우면, 동학군의 전술은 높은 산을 먼저 점령하고 거기에 많은 사람이 모여서 북치고 고함치고 깃발 날려서 적이 겁먹어서 도망가게 하는 전술이었어요. 여기에다 대고 연발총을 갈기면 게임이 안 되는 것이지요.

**홍** 책에도 그런 설명이 있었지만, 직접 총장님의 보충 말씀을 들어보니 이런 사상이나 이런 혁명운동이나 이런 생명 개념은 전 세계 문명사를 놓고 봐도 없는 것 같습니다. 서구적 사고방식에서는 이런 폭력 개념이라든지 생명 개념을 전혀 찾아볼 수가 없는 것 같고요. 예컨대 마르크시즘의 모순이나 변증법 개념 등과도 전혀 다른 식의 논리인 듯합니다.

**박** 하나 더 구체적인 실례(實例)를 이야기할게요. 전북 부안에서 발견된 해월 선생님 자료 중에 『해월문집』이란 자료가 있어요. 우리가 4~5년 전에 전부 강독을 했는데요. 거기에 동학 측의, 동학농민운동 측의 잘못한 도인들이나 농민군들에 대해서 벌주는 제도가 기록되어 있어요. 동학군은 어떻게 벌을 주는가? 다섯 개의 벌을 주는 단계가 있어요. 처음에는 '순행(巡行)'을 합니다. 사건이 나고 죄인이 생기면 지도자가 그 현장을 가는 것입니다. 두 번째는, 가서 잘 살피는 것입니다. '주찰(周察)'이라고 해요. 이렇게 전후좌우의 상황이 파악된 뒤의 세 번째 단계가 효유(曉喩), 즉 타이르는 것입니다. 효유를 한 다음에는 심리적 안정을 도모하는데, 이를 안접(安接)이라고 해요. 그러고서도 해결이 안 되면 그때서야 시벌(施罰), 즉 벌을 내립니다. 세상에 이런 처벌 제도가 어느 나라나 어느 역사에 있는지 모르겠어요.

그런데 벌을 내리는 것이 또 기가 막혀요. 어떻게 벌을 주느냐? 쌍벌제(雙罰制)예요. 동학은 기본 원리가 스승과 제자의 관계입니다. 스승을 연원(淵源)이라 하고 제자를 연비(聯臂)라고 해요. 예를 들어 박맹수가 무슨 잘못을 저질렀다면, 박맹수에게 동학을 가르쳐 준 스승을 같이 불러올립니다. 어디로? 해월 선생이 계신 데로요. 그 당사자만 벌 주는 게 아니라 그 당사자에게 동학의 가르침을 전한 사람도 동시에 책임을 지게 하는 것입니다. 당사자와 그 스승을 불러올린 다음에는 그들에게 어떻게 벌을 주느냐? 짧게는 1주일, 길게는 49일 동안 엄청난 수련과 교리 훈련을 시키는 겁니다. 이런 처벌법을 증명하는 사람이 매천(梅泉) 황현[29] 선생입니다. 이분이 쓴 『오하기문(梧下紀聞)』[30](한국어로는 『오동나무 아래에서 역사를 기록하다』라는 책으로 잘 번역되어 나와 있어요)에 보면, 매천 선생님도 감탄합니다. 동학의 처벌법은 매우 인간적이다. 사람 죽이는 것을 가장 꺼린다. 동학을 가장 비판하고 공격하고 반대했던 매천 황현 선생님조차도 자기가 쓴 역사책에서 동학의 처벌법은 매우 인간적이며 사람 죽이는 것을 가장 꺼린다고 썼어요.

이런 점들이 결국 무엇 때문에 가능했을까? 시천주 사상에 의해서, 해월 선생의 삼경 사상에 의해서 동학농민혁명 운동이 일어날 때까지 34년 동안 수련시키고 조직화하고 가르치고 교화한 맥락 위에서 그런 것들이 가능했을 것이다. 그래서 2차 동학농민혁명 때 일본군이 농민군을 학살한 숫자는 최소 3만 명인데, 동학농민군 총에 죽은 일본군은 딱 한 명이에요. '1:30000의 비밀'이 KBS 취재파일에도 보도가 됐습니다.[31] 이는 동학이 생명의 사상이었고 생명의 종교였고, 동학군이 살림의 군대였다는 것을 증명해줍니다.

**홍** 구체적인 사례를 들으니까 더 놀랍습니다. 저는 이런 벌 주기 방식은 처음 들어봅니다. 벌도 스승까지 같이 받고. 결국 벌의 내용도 수련과 교리 훈련이고. 이렇게 도덕적인 차원의 벌이 있을까요.

---

[29] 황현(黃玹, 1855~1910): 전라남도 광양 출신. 본관은 장수(長水). 자는 운경(雲卿), 호는 매천(梅泉). 1894년 동학농민운동, 갑오경장, 청일전쟁이 연이어 일어나자 급박한 위기감을 느끼고, 후손들에게 남겨주기 위해 경험하거나 견문한 바를 기록하여 『매천야록(梅泉野錄)』, 『오하기문(梧下記聞)』 등을 저술하였다. 1910년 8월 일제에 의해 강제로 나라를 빼앗기자 통분해 절명시 4수를 남기고 다량의 아편을 먹고 자결하였다.

[30] 『오하기문(梧下紀聞)』: 19세기 당쟁의 폐해, 세도정치의 폐단, 동학농민혁명, 일제의 침략과 항일의병 등에 관하여 서술한 역사서. 그중에서 특히 동학농민혁명에 관한 기록이 풍부하고 자세하다.

[31] ‹"전원 살육하라"…1:30000의 비밀›, KBS 1TV 취재파일 4321, 2012. 8. 20 방영(https://news.kbs.co.kr/news/view.do?ncd=2521721).

【동학의 포함삼교, 새로운 움직임들의 만남】

**홍** 총장님의 저서 『개벽의 꿈, 동아시아를 깨우다』에서 또 하나의 흥미로운 점은 동학과 불교의 연관성을 밝히신 부분이었습니다.[32] 김지하 시인이 얘기했듯이, 동학은 불교 중에서도 민중적인 불교, 유교 중에서도 민중적인 유교, 도교 중에서도 민중적인 도교를 집대성하고 승화시킨 사상이었다는 점도 동학과 불교의 연관성에 관한 총장님의 연구와 이어지는 듯합니다. 그래서 수운이나 해월이 어느 절에 머물렀다는 것 이상으로 당시 불교와 동학의 교섭을 더 설명해주는 부분은 없는지, 그리고 해월 이후의 의암 손병희 때에는 불교와 동학 천도교가 어떻게 연관이 되고 있었는지를 더 듣고 싶습니다.

**박** 그걸 깊이 이해하려면 조선 시대 사상사 전반의 흐름을 간략히 이해할 필요가 있는데요. 새로운 사상이나 새로운 철학이나 새로운 종교나 새로운 학문은 역사적인 대전환기나 큰 사건들과 맞물리는 경우가 대부분이잖아요. 송나라 주자에 의해서 만들어진 신유학(주자학)도 마찬가지죠. 금나라의 침략으로 송나라가 남쪽으로 천도하는 등의 여러 가지 역사적 배경이 있습니다. 그와 마찬가지로 조선 시대 사상사와 관련하여 교과서적으로 이야기하는 것이 숭유억불(崇儒抑佛)이잖아요? 그러나 실제로 실록을 중심으로 여러 문집을 연구해 보면 그것이 실상과는 상당히 거리가 먼 단순화된 용어임을 알 수 있습니다. 조선 초기만 하더라도, 태종·세종·성종 때에는 우리가 숭유억불이라는 말로 인해서 놓쳐버렸던 불교의 흐름이 초기 왕실뿐만 아니라 민중들 속에 활발히 지속되고 있었습니다. 고려왕조 전체가 불교였으니까요. 그것이 새로운 이데올로기를 하나 내세운다고 해서 갑자기 없어지는 것이 아니죠.

그럼에도 전체적인 기조는 유학이 지배적인데, 그 유학이라는 하나의 지배 이념이 민중들의 삶속에까지 침투하는 시기는 대체로 중종 연간 같아요. 이 무

[32]  박맹수, 「동학과 한말 불교계의 교섭」, 『개벽의 꿈, 동아시아를 깨우다』, 앞의 책, 79~103쪽.

렵에 소격서를 폐지하고, 조광조의 지치주의(至治主義)[33], 주자학 아래 사당들이 지방에 있는 양반집에 다 설치되죠. 다시 말해, 새 나라를 세우고 상당한 시간이 흐른 뒤에 유학 중심, 주자학 중심의 지배 체제나 생활 습속이 민가에 침투했다고 볼 수 있어요. 그것이 다시 흔들리는 역사적 대사건이 일어납니다. 그것이 임진왜란과 병자호란이고요, 그래서 임진·병자 양란 이후에는, 백가쟁명(百家爭鳴)까지는 아니더라도, 주자학 중심의 체제에 균열이 오면서 특히 민중들 사이에서는 다양한 사상적 흐름이 솟아올라옵니다. 지배적 이념을 담당하고 있었던 양반 지식인 중에서도 새로운 생각을 하는 사람들이 다양하게 등장하고요. 양명학이 발전되고, 나중에 실학이 나오는 것도 다 그런 것이죠. 그것이 19세기쯤 들어오면은 우리가 아는 것 이상으로 굉장히 활발해져요. 그러니까 불교 안에도 사실은 초의[34] 스님이라든지, 백파[35] 스님이라든지, 연담[36] 스님 같은 분들이 17~18세기에 풍요로운 사

[33] 조광조(趙光祖, 1482~1520): 조선의 문신, 사상가이자 교육자, 성리학자, 정치가. 중종의 훈구파 견제 정책에 의해 후원을 받아 사림파의 정계 진출을 확립하였다. 성리학 이론서 보급과 소격서 철폐 등을 단행하였다. 그는 성리학과 예로써 정치와 사회 기강과 교화의 근본을 삼아야 한다는 지치주의(至治主義)와 도덕론에 입각한 왕도정치의 실현을 역설하였다. 그것은 국왕 교육, 성리학 이념의 전파와 향촌 질서의 개편, 실력과 파벌에 구애받지 않는 인재 채용 등이었다. 그는 또한 국왕이 성리학자가 되어야 한다고 보았다.

[34] 초의(草衣, 1786~1866): 법명은 의순(意恂). 한국의 다도(茶道)를 정립했으며, 정약용·김정희 등과 교류하였다.

[35] 백파(白坡, 1767~1852): 법명은 긍선(亘璇). 1811년 "불법의 진실한 뜻이 문자에 있지 않고 도를 깨닫는 데 있는데도 스스로 법에 어긋난 말만을 늘어놓았다"고 하면서 참회한 뒤, 초산 용문동으로 들어가서 5년 동안 수선결사운동(修禪結社運動)을 전개하였다. 그 뒤 다시 청도(淸道) 운문사에서 선법을 현양하여 크게 이름을 떨쳤으며, 사람들이 호남선백(湖南禪伯)이라고 불렀다. 이때 선의 지침서인 『선문수경(禪門手鏡)』을 저술하였는데, 이 책은 당시 선사들 사이에서 일대 논쟁의 대상이 되었다.

[36] 연담(蓮潭, 1720~1799): 법명은 유일(有一). 선과 교학을 함께 회통(會通)시킨 고승으로서 불교강원에서 공부하는 모든 교과서에 대한 참고주석서를 지어 이후의 불교학 연구에 크게 공헌하였다.

상적 개화(開花)를 하는 작업들을 합니다. 동학이 등장하는 1860년대 무렵이면 여러 사찰을 중심으로 상당히 활발한 사상적 움직임들이 일어나고 있었습니다. 그 큰 틀은, 역시 단순화하기는 어렵지만, 기존 체제의 한계나 기존 사상의 모순을 극복하려는 움직임이라고 봐야 하겠죠. 그런 맥락에서 조선 후기 불교와 그 맥락 위에서 등장하는 동학 사이에는 친연성, 친밀감이 있을 수밖에 없었을 것입니다.

실제로 답사를 다녀보니까, 동학의 지도자나 교단이 위기일 때에 다 어디로 도망가냐 하면 불교의 품 안으로 간단 말이에요. 사찰 암자로. 해월 선생이 강원도 정선 고한의 정암사(淨岩寺)의 부속 암자인 적조암(寂照庵)에 들어가서 그곳의 스님과 문답한 내용이 특히 흥미롭습니다. 그때 거기로 들어간 해월과 몇몇 제자들은 수배자거든요. 그분들이 신분의 불안함 때문에 '사실은 우리가 동학입니다'라고 밝힙니다. 그러자 스님께서 동학에 대해 들어서 알고 있다고 말합니다. 스님이 해월과 제자들의 정체를 알고 있는데 받아드린 거죠. 그런 기록들을 보면, 불교 쪽에서도 동학이 새로운 세상을 열 수 있는 가능성이라든지 새로운 사상으로서의 참신성 같은 것들을 이미 인식하고 이해했던 것 아닌가 하는 생각이 듭니다. 그런데 후대에 오히려 동학 천도교 쪽이나 불교 쪽이 그런 부분을 제대로 인식하지 못하거나 제대로 평가하지 못한 측면이 있지요. 불교계에 문제를 제기하는 차원에서 동학과 불교계의 교섭에 관한 논문을 화엄학(華嚴學)의 대가인 김지견[37] 선생님의 정년논총에 발표한 이유가 거기에 있어요. 불교가 좀 알아라. 당신의 사상이 얼마나 열린 사상이고 얼마나 큰 사상인지를. 그 논문이 불교 쪽에서는 꽤 신선하게 받아들여졌던 기억이 납니다.

**홍** 지금 살펴보아도 이런 관점의 연구는 찾아보기 어려운 듯합니다.

**박** 나는 뭘 알아서라기보다도 발로 뛰어서 현장을 확인해보니까 그런 결론을

---

[37]  김지견(金知見, 1931~2001): 한국 화엄학 연구의 선구자. 1973년 도쿄 대학에서 「신라시대 화엄사상에 대한 연구」로 박사학위를 받았다. 동국대, 강원대, 한국정신문화연구원 교수 등을 역임하였다.

얻은 거예요.

**홍** 오늘 총장님 말씀을 들어보니까 논문이 너무 간단하게만 쓰였다는 생각이 듭니다. 논문의 행간에 들어 있는 이야기가 너무 많은데요. 이 점이 역사학의 특징인 것 같습니다. 객관적인 이야기만 한다, 실증할 수 있고 사료로 보여줄 수 있는 것만 얘기한다는 태도로 느껴집니다. 그래서 직접 말씀으로 들을 때 그 속에 담긴 점이 더 풍부하게 드러나는 듯합니다. 총장님의 저작은 겸손의 극치에 있는 글이구나, 역사학적인 글쓰기가 이런 것이로구나 싶습니다. 연구한 내용을 어떻게든 부풀려서 쓰는 저로서는 반성이 많이 됩니다.

**박** 역사학의 장점이기도 하고 한계이기도 합니다. 확인하지 않은 건 이야기 안 한다.

【역사학에서 철학사상으로, 철학에서 역사로】

**홍** 역사학은 매서운 정신의 산물이군요. 화제가 자연스럽게 실증에서 사상으로 넘어왔습니다. 그래서 특히 역사학 중에서도 사상사의 매력이 무엇인지를 여실히 느낄 수 있고, 총장님의 사상사 연구가 어째서 탁월한지를 잘 느낄 수 있습니다. 사상사의 관점에서 보았을 때 사상과 역사가 상호적으로 맞물리는, 그리하여 사상 연구가 곧 역사 연구로 이어지고 역사 연구가 곧 사상 연구로 나아가는 통섭이 이루어는 것 같습니다. 그와 관련하여 『개벽의 꿈, 동아시아를 깨우다』에서 또 하나의 돋보이는 점으로, 동학의 개념들에 관한 총장님의 독특한 해석을 꼽고 싶습니다. 예컨대 김경재[38] 선생님은 동학의 신관을 범재신론(汎在神論)이라고 보셨고, 그 이후로도 그분의 견해가 널리 받아들여졌는데

---

38 김경재(金慶宰, 1940~): 1970년 이후 35년 동안 한신대에서 조직신학과 문화신학을 가르쳐온 한국 진보적 신학계의 거목이자 대표적인 종교다원주의자이다. 한국크리스찬아카데미 원장, 함석헌기념사업회 이사 등을 역임했다.

요. 총장님께서는 그에 관한 주석을 통해서 동학의 하늘은 이법적(理法的)인 성격이 있다고 덧붙이셨습니다.[39] 그 주석은 범재신론 개념을 보충한 것인지, 아니면 범재신론이라는 개념규정에서 더 나아간 이야기를 하신 것인지 궁금합니다.

그리고 총장님의 또 다른 저서인 『생명의 눈으로 보는 동학』에서, 동학의 핵심 개념 중 하나인 무위이화(無爲而化)에 관한 총장님의 해석도 너무나도 신선하고 설득력이 있다는 생각이 들었습니다. 총장님의 해석에 따르면, 무위이화는 유위(有爲)에 대한 비판적인 극복이라고 합니다. 유위라는 것은 시대상에 따라 달라지는 것인데, 가령 노자 시대의 유위가 국가들의 문제였다면 최제우 때의 유위는 동서 문명의 충돌과 서구 제국주의 열강의 침략이라는 사태였다고 말씀하셨습니다.[40] 그것을 무위화(無爲化)하는 것이 무위이화라는 해석은 제가 처음 들어보는 것이었고 무척 흥미로운 것이었습니다. 그렇다면 동학에서 '무위화'라고 하지 않고 '무위이화'라고 하는 이유는 무엇일지, 또한 '무위이화'에서 '화'를 어떻게 이해해야 할지 여쭙고 싶습니다.

**박** 질문을 받고 보니까 홍 선생이 인터뷰 준비를 엄청나게 많이 하고 오셨구나, 답변을 함부로 하면 안 되겠구나 하는 생각이 듭니다. 그런 생각이 들어서 무척 감사하기도 합니다. 우선 범재신론과 관련해서 말씀을 드리면, 저는 정창렬 선생님을 스승으로 모실 수 있어서 참 복을 받은 사람이며 행운아라고 생각합니다. 제가 한국학중앙연구원 한국학대학원에 있을 당시에, 동학 전공자가 없으니까 박사과정 3년 동안은 독선생(獨先生) 모시듯이 제가 혼자 가서 발제하고 정창렬 선생님이 코멘트해주시는 식으로 공부했어요. 큰 은혜를 받았죠. 그때 범재신론에 관해서 정창렬 선생님과 격렬한 토론을 나눈 적이 있어요. 정창렬 선생님의 경우에는 전형적인 역사학자인 데에 반해서, 나는 학부

39  박맹수, 「동아시아의 고유한 생명 사상」, 『개벽의 꿈, 동아시아를 깨우다』, 앞의 책, 48쪽.
40  박맹수, 「동학 창도와 개벽사상」, 『생명의 눈으로 보는 동학』, 앞의 책, 123~125쪽과 130쪽.

때 유교·불교·도교나 종교학에 대한 오리엔테이션이 조금 된 사람이에요. 그러니까 입장이 조금 달라요. 동학의 천(天), 즉 하늘님을 서구식 릴리전(religion)의 관점으로 보는 것은 맞지 않다는 것이 처음부터 끝까지 나의 지론이었죠. 더 넓게 이야기한다면, 고대로부터 현대에 이르는 동아시아 사상사·종교사의 맥락에서 하늘님을 이해해야 하늘님의 정확한 모습이 드러날 수 있다고 생각합니다. 저는 김경재 교수님을 존경하고, 김경재 교수님도 저를 예뻐하시지만, 그분은 신학적 관점 또는 기독교적 관점으로 동학의 하늘님을 바라보십니다. 거기에 대해서 나는 '그렇지 않다'고 생각한 거죠. 천(天) 개념은 고대로부터 유학의 가장 큰 화두였잖아요? 그런 맥락에서 제가 이법적 천이라는 얘기를 했던 기억이 나요.

거기에 덧붙여 설명한다면, 지금도 저의 지론인데, 서구식 릴리전의 관점으로만 접근하면 동학이나 원불교나 대종교 등에 관해서 분명히 놓치는 부분이 있습니다. 서구식 릴리전의 측면이 없는 건 아니에요. 분명히 있습니다. 릴리전을 종교로 번역했으니까요. 서양의 릴리전 관점에 부합하는 측면이 동학에도 있고 천도교에도 있고 대종교에도 있고 증산교에도 있고 원불교에도 있습니다. 그러나 그 관점으로만 보면 놓치는 부분이 있어요. 그 부분은 동아시아의 도(道)—우리가 전통적으로 써왔던 유도·불도·선도라고 말할 때의 도—또는 학(學)이라는 관점에서 바라볼 필요가 있습니다. 유·불·도의 경우에는 기본적인 전제가 초월적 존재를 얘기하더라도 그 초월적 존재와 나 사이의 합일 가능성을 항상 열어 놓잖아요. 이런 관점은 내재적인 맥락이라고 볼 수 있고, 유·불·도나 동학이나 여러 한국 개벽 종교가 서구식 릴리전 개념을 뛰어넘는 자생적인 맥락이라고 볼 수 있습니다. 그러한 우리 고유의 사상적 맥락을 우선 주체적으로 세워놓은 다음에 서양의 관점을 보조적으로 보아야 한다는 것이 저의 문제 제기였습니다.

그다음으로 무위이화와 관련해서는, 제가 동학 연구의 몇 가지 기존 통설에 대해서 통렬하게 문제를 제기했던 것입니다. 그렇지만 반응이 없어서 굉장히 서운해했는데 오늘 홍 선생이 얘기해줘서 정말 감사합니다. 우선 근현대 세계사에서 민중종교, 민중운동, 민중사상의 흐름을 요약·종합한다면, 그 흐름은 종교적 양상 또는 종교적 형태를 띤다는 거예요. 이건 저의 이야기가 아니라 그 흐름을 연구하는 전 세계 연구자들의 공통된 문제의식인데요, 일본의 경우는 그 대표자가 고(故) 야스마루 요시오[41] 선생이고, 그 후계자가 조경달[42] 선생이고, 한국은 저라고 볼 수 있습니다. 다시 말하면, 전근대에서 근대로의 이행기에 일어난 사상적 움직임이나 종교적 움직임이나 사회 변혁운동 등의 모든 움직임들은 종교적 양상과 형태를 띤다는 거죠. 결론적으로, 근현대 세계 사상사, 종교사, 민중운동사를 이해할 때 종교를 빼놓고 이해하는 것은 불완전한 이해가 되는 거예요. 그건 한국도 마찬가지인 거죠.

그럼에도 동학농민혁명 100주년 때까지만 하더라도 연구자들이 동학이라는 말을 쓰지 말자고 주장했어요. 특히 서울대 국사학과나 연세대 사학과 같은 SKY 역사 연구자들에게 그런 식의 사고가 강했습니다. 그 사람들이 중심이 된 기념사업이 한국역사연구회에서 발간한 (나도 참여했지만) 5권짜리 『1894년 농민전쟁연구』(역사비평사)입니다. 이것은 그 내용이 아무리 좋다고 하더라도 치명적인 결함을 노정(露呈)해버렸어요. 그와 동시에 그 시기 우리 역사연구자들의 수준과 한계를 잘 보여준다는 점에서 장점 또한 있습니다. 동학이라는 말이 들어가야 하는데, 동학농민전쟁 연구라고 해야 하는데, 동학이라는 말을 안 썼어요. 어떻게든지 갑오년 민중대봉기에서 '동학'을 빼고 싶어 했던 것이 100주년 때까지 역사연구자들의 한계였습니다. 종교사나 사상사 쪽에서

---

[41] 야스마루 요시오(安丸良夫, 1934~2016): 전공 분야는 일본사상사로, 60년대 안보투쟁의 좌절과 교훈으로 민중사상사 연구에서 독자적 영역을 개척한 연구자이다. 민중사상사의 관점에서 근대 천황제를 분석하였다.

[42] 조경달(趙景達, 1954~): 1954년 일본 도쿄에서 태어나 주오(中央) 대학 문학부를 졸업한 후, 도쿄도립대학 대학원 인문과학연구과 박사과정을 수료했다. 도쿄도립대학 인문학부 조교를 거쳐 현재 지바(千葉) 대학 문학부 교수로 재직하고 있다. 한국 근대사, 근대 한일관계사(비교사상) 전공. 저서로는 국내에 번역·출간된 『민중과 유토피아』, 『이단의 민중반란』 외에 『植民地期朝鮮の知識人と民衆─植民地近代性論批判(식민지기 조선의 지식인과 민중─식민지근대성론 비판)』 등이 있다.

는 사료에 관한 자신이 없으니까 그에 대해서 반박을 못 했습니다. 그래서 그런 결과가 나왔죠.

그렇게 동학의 역할을 빼거나 무시하거나 축소한 역사연구자들이 '무위이화'를 일종의 운명론, 운수(運數)론, 운도(運度)론으로 해석을 해놓았습니다. 그 원흉이 (제가 존경하지만) 재일(在日) 사학자 고(故) 강재언[43] 선생이에요. 강재언 선생의 책 가운데 『한국근대사연구』라는 제목으로 번역된 저서(일본어 제목으로는 『조선근대사연구』)에 동학 관련 논문이 많습니다. 거기에서 무위이화를 그러한 식으로 해석해놓은 거예요. 사람은 아무것도 하는 일이 없고 그냥 하늘의 질서가 바뀌면 거기에 맡겨서 돌아가는 대로 하는 것이 무위이화다, 이런 식으로요. 해석이 실상과 전혀 다른 거예요. 동학하는 사람들이 만약 그런 식의 운명론을 믿었다면 왜 동학에 뛰어들었겠습니까?

그 당시의 유위(有爲)는 세 가지로 정리해볼 수 있겠습니다. 조선왕조 500년 지배체제의 한계를 역사적 용어로 말하면 삼정(三政)의 문란[44]이에요. 삼정의 문란을 세금제도의 문란이라는 좁은 의미로 이해해서는 안 됩니다. 조선왕조 500년 체제의 근본적 한계를 상징하는 용어입니다. 그것이 유위의 첫 번째입니다. 두 번째는 서세동점(西勢東漸), 웨스턴 임팩트(Western impact)죠. 이양선의 출몰, 서학의 전파, 각종 양요(洋擾) 등이 우리의 전통적 체제와 문화를 흔들었습니다. 이렇게 밖으로 서세동점의 충격이 오고 안으로 봉건적 모순이 폭발하니까 백성들이 살 수가 없는 거예요. 그래서 백성들이 다 들고일어납니다. 이것이 세 번째 유위입니다. 19세기를 민란의 시대라고 부르잖아요. 민란의 시

---

[43] 강재언(姜在彦, 1926~2017): 교토 하나조노(花園)대 교수로 재직하면서 『한국의 개화사상』, 『한국의 근대사상』, 『한국근대사연구』 등의 저서를 통해 조선후기 실학을 계승한 개화파가 형성되는 과정을 밝혔다. 또한 『조선의 서학사』, 『서양과 조선』 등의 저서를 통해 서양 문화와 종교의 한국 전래도 추적했으며, 한·일관계를 역사적으로 조망한 『조선통신사의 일본견문록』, 『한일교류사』 등의 저서도 냈다. 재일교포의 현실과 권익 향상에도 깊은 관심을 기울여, 뜻을 같이하는 학자·문인들과 함께 잡지 『삼천리』, 『청구』의 편집위원으로도 활동했다. 2006년 국민훈장 모란장(학술 부문)을 받았다.

[44] 조선 시대 국가 재정의 3대 요소인 전정(田政)·군정(軍政)·환정(還政: 정부 보유 미곡의 대여 제도)이 문란해졌음을 말한다.

대는 좋게 해석하면 민중 의식의 성장이라고 볼 수 있죠. 그렇지만 일반 백성들을 놓고 볼 때는 날마다 여기저기서 민란이 터지니까 살기가 더 어려워지는 것입니다. 이런 현실을 수운은 무위이화하자는 거예요.

『동경대전』을 보면 계속 천(天)에 관한 이야기가 나오잖아요. 천명(天命)과 천리(天理)를 잘 모르고, 잘 모르니까 제대로 된 실천을 못하고 자꾸 어긋난 행위를 할 수밖에 없고, 그 결과로 잘못된 질서에 이르렀다고 보는 거죠. 그걸 되돌리자고 하는 것이 무위이화입니다. 그래서 "경천명(敬天命) 순천리(順天理)"라는 말이 『동경대전』에 나오잖아요.[45] 천의 질서를 회복하자는 것이죠. 그것을 구체적으로 본다면, 유학(儒學) 본연의 지향이었던 민본주의(民本主義)의 회복이라고 볼 수도 있습니다. 그런 맥락에서 무위이화를 해석해야 정확한 해석이라고 문제를 제기했는데, 역사학자들이 (나도 역사학자지만) 사상사·종교사·철학사에 무지해요. 문제 제기했는데 아직도 반응이 없어요. 엄청난 이야기를 했는데, 틀렸으면 틀렸다고 반박을 하든지. 그런데 오늘 모처럼 내가 기분 좋은 인터뷰를 합니다. (웃음) 알아봐주셔서 감사합니다.

**홍** 아닙니다. 이 부분이 탁월한 견해이고, 동학하는 사람들이라면 곰곰이 숙고해 보아야 할 명제인 것 같습니다. 무위이화와 이법적 하늘 개념에 대한 총장님의 해석은 상당히 실감이 있으면서도, 기존의 숙명론적 해석을 극복하는 부분이어서 무척 흥미롭습니다. 역사학이 실증적인 고찰에만 머무르면 자료 더미를 모아놓는 일에 그칠 위험이 있는데, 역사학이 결국 이런 수준으로까지 나아가야 한다는 것이 총장님을 통해서 증명되는 듯합니다.

---

[45] 경천명 순천리: '천명을 공경하고 천리를 따른다'는 뜻. 최제우, 『동경대전(東經大全)』, 「포덕문(布德文)」에 나오는 구절.

【무위이화, 자기 수양으로부터 열리는 세계】

박 거기에 한 가지를 덧붙이자면, 무위이화는 '나'부터 시작하고, 나아가 함께 해서, 세상까지 바꾸자는 것이지요. 그러니까 7~80년대 민주화운동을 할 때에는 특히 사회주의 사상의 영향을 받은 운동권들의 한계나 시대적 특수성 때문이었겠지만, 자기 수양을 전제하지 않은 채 세상 변혁만 추구한 운동은 궁극적으로 실패하였습니다. 그러니까 수운 선생이 득도했다고 이야기하는 것은 결국 자기 자신이 종래까지의 유위적 삶을 무위적 삶으로 극적으로 바꾸었다는 것을 뜻할 수 있습니다. 제자들을 가르치고 수련하고 부적을 만든 행위들은 나를 무위이화하자는 것이고, 그렇게 자기 자신을 무위이화한 사람들이 모이자는 것입니다. 그 모임을 『용담유사』에서는 "동귀일체(同歸一體)"라고 하잖아요?[46] 누가 함께 모여서 하나가 되자는 것이냐? 나를 유위에서 무위로 바꾸려고 하는 사람들의 결사체 또는 운동, 바로 그것이 동귀일체죠. 동귀일체를 해서 결국 무엇을 하자는 것이냐? 궁극적으로 보국안민(輔國安民)을 하자는 것이죠. 보국안민에서의 '국'도 오늘날의 '내셔널 스테이트(national state)' 개념으로만 생각하지 말고 생명을 가진 모든 존재가 어울려 사는 열린 공동체로 해석해보면 어떨까요? 나로부터 시작해서, 이웃과 세상이 함께 무위이화하고, 그 힘으로 세상 전체를 무위이화할 수 있다면, 그 무위이화되는 세상을 이상적으로 표현한 것이 동학에서 말하는 보국안민일 것입니다.

홍 그러니까 무위이화는 어떤 시대적 과제인데, 이것이 결국에는 나부터 시작한다는 것, 자기 수양에서 시작한다는 것이 동학의 중요한 특징이군요. 세계 변혁의 기본 전제를 지금 여기에서 찾는다는 것. 그래서 자기 수양과 세계 변혁은 동시적이라는 것.

박 동학에서는 무위이화의 구체적 방법론을 주문 수련으로 제시했습니다. 21

<hr />

[46]  동귀일체: 최제우, 『용담유사(龍潭遺詞)』, 「교훈가(教訓歌)」·「권학가(勸學歌)」·「도덕가(道德歌)」에 나오는 구절.

자 주문 수련, 그것을 요약하면 13자 주문 수련이죠.[47] 제가 26년 동안을 이론으로만 동학을 공부하다가, '과연 이게 되는 건가?' 싶은 마음이 들어서 2006년에 경기도 가평에 있는 화악산 수도원[48]으로 일주일 수련을 들어갔어요. 그랬더니 그게 되더라고요. 수운 선생이 했던 체험을 나도 했어요. 그러니까 무위이화가 되는 거예요. 앞으로 이 체험을 논리화하고 과학화하고 다듬는 과제가 남아 있어요.

주문 수련을 하니까, 처음에는 주문을 외우는 내가 있고 그 주문을 외우는 소리를 듣는 내가 있더라고요. 처음에는 주객이 분리된 상태로 수련을 하는 것입니다. 주객이 분리되어 있을 때에는 다리도 아프고 허리도 아팠는데, 3~4일쯤 되니까 아픈 게 싹 사라져요. 나흘째 되니까 주문 소리만 남는 거예요. 주문을 외우는 내가 없어요. 우주에 주문 소리만 있는 거예요. 그러면서 몸이 떨리는 등의 체험들이 이루어지더라고요. 그 신비 체험, 종교 체험을 하면 일곱 가지 커다란 감정의 변화가 일어난다고 합니다. 이건 내 의견이 아니라 수련에 깊은 조예가 있는 김춘성[49] 선생님의 이야기입니다, 대환희, 대용서, 대참회, 대봉사심 등등. 그 '대(大)'라는 것은 '완전히 열려버린다'는 것이지요. 『소학(小學)』부터 사서삼경까지 읽어야 성인이 된다는 유학의 가르침에 비해서, 주문 수련 일주일 하면 감정이 확 바뀌어버리니까 민중들이 요즘 말로 환장을 하는 거죠. 실제로 동학이 그 당시에 삼 년 만에 경상도 일대에 싹 퍼지니까요. 수운 선생은 수련법이라고 할 수도 있고 시천주 체험이라고도 할 수 있는 무위이화의 방법을 가장 대중화하고 가장 단순화한 것이죠.

[47] 동학 주문은 21자로 하면 '지기금지 원위대강 시천주 조화정 영세불망 만사지'이며, 13자로 하면 '지기금지 원위대강'을 제외한 '시천주 조화정 영세불망 만사지'가 된다.

[48] 경기도 가평군 북면 화악리 화악산 중턱에 위치하고 있으며, 포덕111(1970)년 (음력) 5월 5일에 개원되었다.

[49] 김춘성: 한양대 철학과 박사, 부산예술대학교 교수와 동 부설 동학연구소 소장, 천도교 종학대학원 원장 등을 역임했으며. 현 천도교교서편찬위원회 위원을 맡고 있다. 김춘성 교수와 박맹수 총장의 대담은 '범동학진영'에 천도교(동학)의 주문수련에 대한 관심과 이해를 심화하고 고양하는 계기가 되었다. 「동학문명의 시대를 열어가는 길」『신인간』통권668호, 2006.4) 참조

**홍** 원래 동학에서의 신(信) 개념이 무엇인지, 그리고 동학을 어떤 자세로 공부해야 하는지를 마지막 질문으로 드리고자 했는데, 신통하게도 그에 관한 답변이 총장님께서 방금 해주신 말씀에 다 들어 있는 듯합니다. 몸 공부와 마음 공부가 하나라는 것이 그 답변이라고 생각합니다. 앞으로 글도 더 많이 써주시고, 깨달으신 바도 저희 후학들한테 더 많이 보여주시기를 정중히 부탁드리며, 건강하게 지내시고 왕성하게 활동하시기를 기원합니다.

**박** 40년 연구를 총괄해서 한 걸음 더 나아가라는 채찍질로 알고 분발하겠습니다.

『동경대전』을 보면 계속 천(天)에 관한 이야기가
나오잖아요. 천명(天命)과 천리(天理)를 잘 모르고,
잘 모르니까 제대로 된 실천을 못하고 자꾸 어긋난
행위를 할 수밖에 없고, 그 결과로 잘못된 질서에
이르렀다고 보는 거죠. 그걸 되돌리자고 하는 것이
무위이화입니다.

왼쪽부터 『다시개벽』 편집위원 홍박승진, 원광대학교 총장 박맹수, 『다시개벽』 편집인 조성환

【인터뷰이의 에필로그】

이번 인터뷰의 백미로는 '해월 법설의 정본화 문제'와 '해월의 비밀 포교지 답사에서 몸으로 느낀 바'와 '무위이화의 새로운 해석' 등을 꼽을 수 있다. 이 대목들은 지금까지 역사학의 아름다움이 무엇인지를 깊이 체감하지 못하던 내가 새로운 눈을 뜰 수 있게 하였다. 사랑이라는 낱말이 머리에서 심장으로 내려오는 데 한평생이 걸렸다는 고(故) 김수환 추기경의 고백처럼, 역사학은 우주의 무한한 변화에 따라서 끊임없이 새롭게 생성하는 사유가 이 땅에서 육화(肉化)하는 흔적을 밝히는 일이었다.

# 문명전환의 시대에
# 동학의 답은 무엇인가

## 창비 좌담「다시 동학을 찾아
## 오늘의 길을 묻다」를 읽고

강주영

특별한 일이 일상이 되면 긴장은 사라진다. 코로나대유행 초기의 현재 문명에 대한 긴장감이 사라진 시점에서 창작과비평(이하 창비)의 특별좌담「다시 동학을 찾아 오늘의 길을 묻다」(창비 193호, 2021년 가을, 백낙청, 김용옥, 박맹수 좌담, 이하 좌담, 인용 쪽 생략)를 흥미롭게 읽었다. 좌담의 모든 내용을 여기서 다룰 식견이 필자에게는 없다. 동학·천도교의 개벽성을 중심으로 김용옥의 견해를 중점적으로 다룬다. 지금 시대에 동학에서 길을 묻는다는 것은 무슨 뜻일까?


【역사 위기가 근대만의 고유한 문제다】


지금 시대인 근대[i]만의 문제는 무엇인가? 불평등은 전 인류 역사에서 늘 있었던 문제로 근대만의 문제는 아니다. 생물대멸종의 진행, 기후위기, 자원고갈, 과학기술의 압도적 지배력 확대, 핵 위협과 공포, 자본주의의 지구화 등이 근대만의 문제라고 꼽을 수 있다. '지구화'란 지구 사람들의 연대를 지향하는 이타성을 말하지만, 문명의 획일성, 지구적 자본주의에 의한 지역의 소멸이라

---

i     여기서 근대는 현대와 구분하지 않고 현대를 포함하는 개념으로 사용한다.

는 부정성을 말하기도 한다. 문명의 단선적 직선 발전 사관을 추종한 획일성은 문명 파멸의 파시즘이다. 문명 변이 즉 문명 다양성이 없다면 문명 진화[2]는 없기에 인간 역사는 종언을 고한다. 정리하면 '지구와 인류문명의 위기' 한마디로 '역사의 위기'가 근대의 고유한 문제다. 인류의 전사(全史)가 전사(前史)가 될 운명에 처한 것이다.

좋게 보아 역사상의 사회주의가 불평등을 완화했다고 보이지만 그들 역시 생산력주의와 단선적 시간관, 발전관으로 역사의 위기에 가속도를 더했을 뿐이다. 이렇다면 자본제냐 (역사상의 사회주의가 아니라) 비자본제냐는 문제는 불평등의 대안으로 제시되는 게 아니라 근대문명의 대안으로 제시되어야 한다. 자본주의 불평등에 대항한 것으로서 마르크스의 사회주의는 유효하다 할 수 있지만 역사·지구 위기 시대에 마르크스의 사회주의는 근대의 문제를 해결할 수 있는 대안이 될 수 없다.


【『동경대전』 판본 – 동학(東學)은 동학(動學)이다】


김용옥은 『도올동경대전주석』[3]에서 수운 『동경대전』 판본의 오리지날리티를 매우 강조한다. 창비 좌담에서도 『동경대전』의 판본 문제를 상당히 다룬다. 학자들이 어떤 사상의 원저를 중요시하는 것은 당연하다. 그런데 김용옥이 판본을 다루는 태도는 일반적인 근원의 중요성이 아니라 그 이상의 뜻이 있는 것으로 보인다.

그러면 김용옥의 『노자와 21세기』, 『노자가 옳았다』의 저본은 무엇인가?

---

[2]  '진화'는 이전보다 고등해진다는 발전의 개념, 또는 진보가 아니라 생명과 물질, 문명의 '자기전개'라는 뜻으로 쓴다

[3]  이하에서 수운의 『동경대전』은 『동경대전』으로, 김용옥의 『동경대전 – 1 나는 코리안이다』, 『동경대전 – 2 우리가 하느님이다』, 김용옥, 통나무, 2021, 두 책은 『도올동경대전주석』으로 표기한다.

가장 오래된 노자 저본으로 알려진 1993년 발견된 죽간본(竹簡本)이 아니고, 왕필(王弼)이 16세쯤에 『노자』에 주석을 단 판본, 보통 왕본(王本)이라 부르는 것을 저본으로 하고 있다. 알려진 바에 의하면 노자 죽간본에는 도가도 비상도(道可道 非常道)라 하는 형이상학적인 『도덕경』 1장은 없다고 한다. 그렇다면 지금 우리가 읽는 '도덕경'은 '노자'가 아닌 것이 된다. 노자를 따랐으되 새로이 창발된 '노자' 아닌 '노자'다. 이런 김용옥이 『김용옥동경대전주석』에서는 인제경진년 판본이라 알려진 수운 『동경대전』만을 저본으로 삼아야 한다고 유독 주장한다. 필자는 수운의 원본이 중요하다는 김용옥의 견해를 부정하려는 것이 결코 아니다. 하지만 김용옥이 수운의 오리지널한 원본의 중요성을 강조한 것은 동학의 사상개벽운동, 시대운동은 긍정하나, 한울님 영성의 고양을 통한 신인간으로의 탄생[4]이라는 종교적인 맥락, 천도교에 대한 폄하가 있기 때문이라고 본다. 김용옥은 이렇게 적고 있다.

> "하여튼 긴말을 하지는 않겠으나 동학이 천도교로 바뀐 것은 시대적 요청이요,
> 필연이라 하겠으나, 동학을 천도교라는 종교로서 인지한 자들에 의하여
> 변형되어 간 언어들은 깨끗이 세척해버려야 할 오구(汚垢; 더러운 때-필자주)에
> 불과하거늘 그것에 기초하여 썰을 풀고 앉아있는 학인들의 모습은 가련키
> 그지없다."[5]

동학·천도교에 대한 견해를 학문적으로 비판하는 것은 동학·천도교를 깊고 넓게 하는 일이니 고마운 일이다. 그러나 김용옥은 궁극적으로 천도교와 수운의 동학을 다른 것으로 말하고 분리하고 싶어 한다. 수운의 동학에 대한 해석이 천도교에만 독점된 것은 아니다. 하지만 천도교를 동학이 아닌 듯 말하는

---

[4] 이것을 동학·천도교인들은 오심즉여심의 심법 도통 전수라고 한다.
[5] 『도올동경대전주석1』, 김용옥, 통나무, 2021, 411쪽

것은 다른 문제다. 필자는 동학(東學)을 개벽운동의 동학(動學)이자 개벽종교로 바라본다. 동학은 수운의 사상과 삶이 중심인 것은 틀림없으나 수운에만 갇힌 영역은 아니다. 동학은 수운의 득도 이래로 2021년 지금까지 전개된 동학의 역사적 총체다. 동학은 경전화된 텍스트로서의 동학(東學)을 넘어 역사화된 운동으로서의 동학(動學)으로서의 사상·문명·종교운동이다. 동학은 분명 종교로서 창도된 것이자, 사상문명운동이다. 하지만 김용옥은 동학의 종교성을 명확하게 부인한다.

"동학은 종교운동이 아니었다. 동학이 평범한 종교운동으로 전락한 것은 제3대 교조 의암 손병희가 동학을 천도교라 이름하고 하나의 종교로 선포한(大告天下) 1905년 12월 1일 이후의 사건이었다"[6]고 한다. 동학의 핵심은 천주(天主), 즉 한울님을 모신다는 시천주(侍天主)다. 『동경대전』「포덕문」첫 구절부터 '천주조화지적'(天主造化之迹) 즉 '한울님 자취'라고 하는데 한울님 또는 하느님이든 하늘님이든 이것은 신관이 아니고 만인만물을 모시는 애니미즘이란 것인가? 천도교에 대한 비판적 태도 때문에 동학의 종교성을 부정하는 것은 받아들일 수 없다. 서양의 종교Religion의 개념과 동학의 '종교'(宗敎) 개념의 차이를 논할 수는 있지만 동학이 종교가 아니라는 것은 궤변이다. 동학의 '한울님' 신관을 떠나 동학을 사상으로만 여기는 것을 받아들일 수 있지만, 그렇다고 동학은 종교가 아니라고 하는 것은 인정할 수 없다.

판본론은 최초의 원전이 무엇이냐는 것도 있지만 판본과 후대의 해석과 연관하여 그 고전들이 당대에 어떻게 사회화, 역사화 되었는가를 빼고 텍스트로만 읽는 것은 말 그대로 '훈고학'의 태도이지 고전에서 길을 묻는 태도는 아닐 것이다. 김용옥이 비판하는 『동경대전』 '구송설'(口誦說)은 수운의 원고가 그대로 지켜졌는가와는 별개로 당대 동학인들의 동학하는 태도와 그 역사적 실천으로서 해석해야 한다. '구송'이란 대선생의 가르침을 지키는 것을 넘어

---

[6] 『도올심득동경대전』김용옥, 통나무, 2004, 122쪽, 이하 본문에 '심득'으로 표기

치열한 토론과 실천이 있었음을 상징한다. 수운의 글 '도유들은 마음을 급히 갖지 말라.'는 「탄도유심급(歎道儒心急)」은 동학인들의 치열한 토론과 행동을 말하고 있다. 그 계승과 실천의 과정에서 동학은 깊고 풍부해지면서, 1894년 동학혁명이나 천도교, 3·1혁명 등이 가능했다. 그것은 시천(侍天), 양천(養天), 체천(體天) 즉 모시는 삶이었다.


【동학은 민본이 아니라 만인만물의 주체화와 관계의 질적전환이다】

사람중심주의 즉 인본주의(人本主義)는 오직 사람만을 위한, 사람 중에서도 특정 계급 중심의 산업문명이 중심이 된 근대 병통의 원인이다. 서구로 말하면 르네상스 시대 이래로 전개된 인본주의는 역사의 진전을 인지하고 신의 독재로부터 사람을 해방시킨 진보적인 역할을 하였다. 그러나 산업문명이 대세가 되면서 사람과 지구에 대한 수탈이 일상화, 가속화, 고착화되고 결국 지구가 자기회복력을 상실한 채 종말을 향해 속절없이 추락하는 지구위기, 문명위기, 역사위기를 가져왔다. 지구는 가만히 놔두면 스스로 자기회복을 할 것이기에 사람만이 문제라는 점에서 지금은 인본·인문의 개벽이 필요한 시대다. 그것은 인문학(人文學)이 아니라 천지인문학(天地人文學)일 것이다. 『도올동경대전주석』의 핵심 관점이자 창비 좌담에서 토론된 '민본'이 '인본·인문의 개벽'은 아니다. 김용옥이 민본을 말한 것은 신과 인간의 평등성, 사람들 내에서의 평등성을 말한 것으로 보인다. 동학이 민본성을 가진 것은 분명하지만 동학의 핵심이 민본이라고 할 수는 없다. 민본은 불평등의 관점에서 중요한 가치이지만 불평등은 인류 전사全史의 문제이지 근대만의 고유한 문제는 아니다.

　김용옥의 민본성(民本性)-플레타르키아는 "정체의 권력이 민중의 권위와 합의에 뿌리를 둔다는 프린키피움(principium), 즉 원리를 의미하는 것"(심득, 46쪽)이라며 "우리 역사가 추구한 민본성, 플레타르키아는 그 문헌적 연원을 유교[7]적 전통에서부터 찾을 수 있다."(심득, 46쪽)고 한다. 형이상학적, 철학적 논의가 아니라 민본의 현실적 의미를 정확히 전달하는 김용옥의 내용은 아래 인용구일 것이다. 민본이 민을 위한다는 것인지, 민 주체인 것인지, 민과 우주자연은 어떤 관계인지 독자들은 판단해 볼 수 있을 것이다.

'민(民) 전체가 지배하는 사회'라는 것은 근원적으로 불가능한 개념이다. …
따라서 '데모크라티아'(엄밀하게 번역하면, '전민치(全民治)가 될 것이다.)라는 것은
인간세의 사실적 사태를 기술하기보다는 하나의 이상적 개념을 규정하는
것이다. … 내가 생각하기에 민주란 뭐 대단한 이상이 아니라 한 사회를
지배하는 권력의 정당성(legitimcy)이 보다 더 많은 다수의 합의(consent)를
지향하는 모든 정치 형태를 추상적으로 지칭하는 것이다. 따라서 나는
민주(民主)보다는 민본(民本)이 보다 더 현실적이고 구체적이고 정직한
개념이라고 생각한다.(심득, 42~43쪽)

결론 삼아 김용옥은 말한다.

민본의 사회의 이념은 자유(Feedom) 아닌 협동(Cooperation)이며, 대립 아닌
화해며, 분열 아닌 통일이다. 그러나 이때 조심해야 할 것은 자율적 규율은
어떠한 경우에도 규범적일 수 없는 것이다. 공맹지도(孔孟之道)는 규범적 도덕의
체계가 아니다. 인의예지(仁義禮智) 사단(事端)의 모든 덕목이 인(仁) 하나로
귀결되는 것이다. 인이란 도덕적 규범이 아니라 끊임없는 심미적 완성을 향한
인간의 느낌의 체계이다. 인(仁)이란 궁극적으로 끊임없는 심미적 완성을 향한
인간의 느낌의 체계이다. 인이란 궁극적으로 천지생물지심(天地生物之心)이며
파괴의 아픔을 생성의 즐거움으로 승화시키는 평화의 느낌(Feeling of

---

[7]  유학, 유교, 성리학, 주자학을 구분하지 않고 사용한다.

Peace)이다."(심득, 144~145쪽)

김용옥은 그의 고전 읽기에 충실하게 '민본'을 자신의 말대로 '공맹지도', '주자학'의 관점에서 제시하고 있다. 2021년에 출간된 『도올동경대전주석』도 '주자학'과 '노자'의 관점에서 바라보고 있다.[8] 김용옥은 이 책 「조선사상사대관」에서 노자, 공자, 주자학 등에 대해서 민본의 전통이 있다고 말한다. 이와 반대로 유학, 주자학 등을 민학(民學)이 아니라 권력을 위한 권학(權學)이라고 비판한 이들로는 기세춘과 박홍규 등이 있다. 박홍규는 공자를 첫 폴리페서(정치교수)라고 하고 맹자에 대해서도 이렇게 말한다.

맹자는 차별을 국가의 성립 조건으로 본 차별주의자였고, 그래서 평등을 주장한 묵자를 부로를 모르는 금수라고 했다. 공자 이상으로 차별주의자인 맹자는 '노심자치인 노력자치어인(勞心者治人 勞力者治於人, 『맹자』 「등문공 상」)이라고 해서 인간을 두뇌 노동을 하는 통치 계급(귀족)과 육체노동을 하는 피통치 계급(서민)으로 나누고 노동을 철저히 천시했다. … 맹자가 유학을 권학으로 번성시킨 것이, 공자의 예론(禮論)과 그 중심인 천명론(天命論)을 계승하면서도 천명을 천성天性으로 내재화해 뒤에 주자가 천성이 곧 천리(天理)요, 인성(人性)이라 본 주자학으로 이어진다. 노예제적 봉건 도덕규범인 예가 군주가 만든 제도가 아니라 인간 본성에 내재하는 천리가 되어 그 어떤 비판도 거부하는 절대적 진리로 바뀌었다. 영원한 진리 운운하는 학문처럼 변한 것이다."[9]

[8] 『동경대전』을 읽는 김용옥의 노자, 주자학 관점은 본 글의 주제가 아니므로 여기서는 더 언급하지 않는다. 다른 기회에 이점은 더 밝히겠다. 다만 이 글에서는 수운의 무위이화(無爲而化)를 김용옥은 노자의 도법자연(道法自然)과 같다고 한 점에 대해서만 뒤에서 잠깐 언급한다.

[9] 『인문학의 거짓말1』, 박홍규, 인물과 사상사, 2017, 193~194쪽

김용옥은 "공자는 모든 인간이 주어진 현실적 제약이나 직분 속에서라도 인간 다웁게 대접받을 수 있는 사회의 가능성을 위하여 노력한 사람이었다. 그것이 그가 말하는 정명(正名)의 정치였다. 그것이 바름의 정치였고, 그 바름에는 분명히 보편적 인간의 지향성이 있었다."(심득, 49쪽)고 한다. 공자의 정명에 대한 김용옥의 해석에 대해서는 기세춘 등 여러 사람이 이미 비판했지만 여기서는 영남대 교수였던 박홍규의 글을 인용한다.

> "(김용옥 논어 - 필자) 오역의 사례로는 그 밖에도 많다. 예컨대 공자가 정치의
> 기본이라고 한 정명(正名)이다.(『논어』「자로」편 3장) 리영희는 모든 사물에는 바른
> 이름을 붙여야 한다는 비판을 하며 『논어』의 이 말을 자주 인용했다. 그러나
> 정명이란 명분(名分)을 바로잡는다는 뜻이다. 명분의 명이란 왕, 대인, 사민, 군신,
> 부(父), 자(子), 부(夫), 부(婦) 등 신분의 이름이고, 분이란 그 이름에 따른 직분과
> 분수(직분에 대한 책임-박홍규)를 말한다. 즉 명분이란 신분에 따른 분수를 지킨다는
> 뜻으로 '임금이 임금답고'를 운운하듯이(『논어』「안연」11장) 신분계급질서를
> 수호하는 것을 말한다.[10]

필자가 보는 공자의 학(學)이란 인(仁)이 아니라 '예(禮)'를 배우는 것이다. 공자 시대의 '예'란 변할 수 없는 '천명의 직분'을 따르는 것이다. 예란 철저히 기성 질서이며 지배논리이다. 그 상징이 종법제(문중)이며 그를 섬기는 제사이며 문중을 지키는 제가다. 그것은 효(孝)와 충(忠)의 숨겨진 가부장적 논리다. 이어서 김용옥은 "하늘로부터 명(命)하여지는 모든 권력은 백성이 명하는 권력일 뿐이다."(심득, 55쪽)고 한다. 말로만 보면 이보다 더 좋을 수가 없다. 하지만 그 '명'의 해석권은 누구에게 있는 것인가 묻지 않을 수 없다. 민심의 해석이란 필요가 없다. 민심이란 대리인이 필요 없이 곧 민이 하는 것이다. 국가 성립 이래

[10]  위책 186~187쪽

인류는 민주를 실현한 적이 없다. 창비 좌담에서도 나왔지만 미국 독립의 아버지라는 사람들은 대의정과 민주정을 구분했으며, 대의정을 선호했다. 대의과두제를 영속화하기 위해 그것이 민주제라고 지배 세력이 어느 순간부터 포장한 것이다.

> 민중이 스스로 숙의하고 결정했던 고대 민주주의는 좋은 정부의 특징을 단
> 하나도 가졌던 적이 없다. 그것의 본성은 전제정치였다.(해밀턴,1787)

> 민주주의는 낭비하고 기진맥진하게 만들고 자멸한다, 자살하지 않는
> 민주주의는 있어본 적이 없다.(존 애덤스,1814)[ii]

창비 좌담 앞머리에서도 민주의 한계를 언급했으며 김용옥도 이것을 알기에 "민본- 플레타르키아"라는 신조어를 만들었으나 결국은 대의정치를 지지한다. 김용옥의 민본은 결국 '민중을 위하는 대의정치의 정당성 확보'라고 보인다. 새로운 내용이 아니다. 대의정치란 파시즘을 점잖게 표현한 언어이다. 대의정치에 대한 김용옥의 견해는 결국 민학이 아닌 권학인 유학의 예학 복권이다. 파시즘이 몽둥이만을 말하는 것은 아니다. 민을 세뇌하는 권학의 서사슬이기도 하다. 역사는 개념들로 구성된 학의 역사가 아니라 만인만물의 삶이다. 군자들이 사단칠정을 논할 때 민들은 두레, 대동계, 계 등의 '민회'를 통해서 자기통치의 세계를 역사화했으며 노동을 통해 문명을 만들었다. 협동하지 않으면 생존할 수 없는 조건에서 나오는 해월이 말한 천지부모심(天地父母心)이야말로 민들의 학이었다. 그것은 사단칠정론이라는 개념 틀로 말할 수 있는 게 아니다. 김용옥은 민본에서 주자학의 공맹지도의 '인'을 말하나 그 '인'은

---

[ii] 『녹색평론175호』, 「민중의 이름으로 - 오늘날의 '민주주의'는 정말로 민주주의인가」 188쪽 이모보슬리의 논의에서 재인용

'예'에 갇힌 것이다. 동학은 천명의 직분에 따른 예를 타파하여 유학의 근본을 전복한 것이다. 해월의 '향아설위'(向我設位)가 대표적이다.

　　김용옥은 "플레타르키아의 인간학적 규정은 합정리성(Reasonableness)"(심 득, 140쪽)이며, "'합정리적' 판단이란 어떠한 신념에 도달하는 데 있어서 가능 한 한 많은 타당한 증거자료와 보다 더 많은 사람들의 공감을 획득할 수 있는 과정을 개방적으로 거치는 습관"(심득, 141쪽)이라고 한다. 동학은 김용옥이 말 하는 '민본', '합정리성'을 철저히 깨부순 것이다. 동학하는 사람들은 만물화 생(萬物化生, 『해월신사법설』 「천지부모」 2절)[12]의 '조화자'(造化者)다. 수운에게 지배, 피 지배는 근원적으로 성립할 수 없으며 따라서 지배하는 인(人)과 일하는 민(民) 의 구분도 없다. 인과 민이 없다면 민본성도 없다. 김용옥이 즐겨 말하는 수평 성이란 구분을 전제로 성립하는 말이다. 동학에서는 모두가 한울님인 사람과 만물만이 있다. 그것이 경천(敬天), 경인(敬人), 경물(敬物)의 삼경(三敬)이다. 사람 은 우주자연, 한울님과 동귀일체(同歸一體; 『용담유사』, 「교훈가」, 「권학가」)다. 수운이 사람이 '최령자'(最靈者; 『동경대전』 「논학문」, 1절)라 했을 때 우주만물의 그 어떤 생 명보다 사람이 더 귀하다는 뜻이 아니라 우주만물과 화생할 수 있다는 뜻이 다. 그것은 수직적 민본을 수평화한 것이 아니라 사람과 우주자연의 존재적 관계에 대한 근원적 개벽을 한 것이다. 서로 대등하다는 개념적 평등성의 수 평이 아니라 문명의 근원적 전환인 것이다. 여기서 우리는 평등에 대해 근본적 으로 다시 궁리하여야만 한다.


【동학은 서학과의 대결을 넘은 문명의 근원적 다시개벽이다】

창비 좌담에서 수운이 "철저히 서학과 대결하고 서양과 대결했던 분"(좌담, 백

---

[12]　천도교경전 『해월신사법설』 「천지부모」 2절 이하 천도교경전에서 인용한 글은 본문에 표기

낙청)이라는 것에는 대담자 세 분이 견해를 함께한다. 김용옥은 "천주학은 이런 인간평등에 대한 제도적 노력은 하지 않고, 오직 제국주의적 침략의 앞잡이 노릇을 하고 있다고 수운은 예리하게 간파한 것이죠. 수평적 '플레타르키아'의 핵심인 인간평등만은 오로지 인간과 신의 평등이 전제되지 않으면 달성될 수 없다고 그는 서학의 문헌들을 읽으면서 통찰했습니다. 천주학의 수직구조를 간파했습니다. 19세기 중엽에 이미 이런 발견이 이루어졌다는 것은 인류의 정신사에 유례가 없습니다."

이 견해에는 의문을 가질 수밖에 없다. 고려 시대 만적(萬積, ?~1198)은 "왕이나 귀족, 장수와 재상의 씨가 따로 있는 것이 아니다. 우리라고 해서 어찌 힘든 일에 채찍질 아래에서 고생하고 지내야만 하는가?"라고 외쳤다. 180여 년 뒤의 영국의 사상가이자 농민 반란 지도자이자 성직자로서 계급 타파를 주장하여 교회서 파문된 존 볼(John Ball, ?~1381)은 "아담이 밭을 갈고 이브가 베를 짜던 때에 누가 귀족이었는가?"라고 절규했다. 만적을 두고 박홍규는 "한반도 중세의 가장 위대한 사상가는 고려의 만적이라고 생각한다. … 나는 원효나 최치원, 의천이나 지눌보다 만적이 위대한 사상가라고 생각한다. … 그러나 한국에 나온 사상사나 철학사에 만적의 이름은 볼 수 없다."[13]고 한다.

신과 인간의 수직구조에 저항한 평등의 각성과 저항은 수운 이전에도 있었다. 수운의 평등관은 인간사회의 계급구조적 문제와 수평적 신관을 넘어서 만인만물이 우주적 조화자(생산자)로서 각자위심(各自爲心; 「포덕문」4절)을 버리고 동귀일체를 지향하는 데까지 나간 점에 있다. 이것은 근대의 평등관을 넘어서는 관점이다. 동학의 동귀일체는 협동이나 연대의 문제를 넘는다. 70억 인류와 500억 생명체 모두가 한울인 다양성의 개체적 실현체로서 우주적 사건들의 생성자, 신문명, 신인간, 새로운 우주관을 제시한 것에 있다. 이것은 동학·

[13]  박홍규, 『인문학의 거짓말 – 두 번째 이야기』, 인물과 사상사, 2020, 304쪽

천도교가 서구의 '실재론'을 극복했다는 것을 말한다. 실재론은 궁극의 원리가 실체로서 존재한다는 것이다. 동일성, 단독자성, 불변성은 실재론의 핵심이다. 기독교의 신이 대표적이다.

생성론은 실재론과 대비된다. 생성론은 궁극의 원리가 우주에서 일어나는 모든 사건들의 시공간의 연속적인 흐름에 존재한다고 한다. 매 순간마다 새로운 사건이 일어나니 담론이 고정될 수 없다. 생성론은 개방성, 협동성, 확장성, 입체성, 불확정성, 연속성, 비선형성의 특질을 가진다. 여기서 비선형성은 결과가 원인에 반드시 비례하는 것은 아니라는 뜻이다. 동일 원인에서도 다른 결과가 나온다. 종래에 인과율은 선형적이라고 봤지만 양자역학에 와서는 인과율이 없지는 않지만 그 결과는 비선형이어서 답은 여러 가지로 나올 수 있다. 이것이 우주와 문명의 확장성이다.[14] 동학의 조화자(造化者)는 생성자(生成者)다. 생성자는 무사불섭 무사불명(無事不涉 無事不命; 「논학문」 12절)하며 사건의 모든 과정에 있다. 이는 초월자의 사사건건 개입, 신의 독재를 말하는 것이 아니라 작은 먼지 하나도 전 우주적 상호성 속에서 생성된다는 뜻이다. 동학의 한울님은 초월자가 아니지만 보편자다. 보편자는 사건들에 내재해 있다. 논학문의 내유신령 외유기화(內有神靈 外有氣化; 「논학문」 13절)가 동학의 신관이다. 수운은 이를 두고 양학은 기화지신(氣化之神; 논학문 9절)이 없다고 하였다. 기(氣)는 신의 비인격적 요소로 동학의 신과 양학의 신이 결정적으로 다른 내용이다. 이것은 김용옥이 말하는 바의 수직적 신관을 수평적 신관으로 교체했다는 내용을 넘는 것이며, 수평적 신관이 수운의 핵심이라고 말할 수도 없는 것이다. 앞서 말한 대로 동학의 평등관은 근대의 평등관을 다시개벽한 것이며, 동학·천도교인들은 동학의 동귀일체적 평등관을 더 깊고 넓게 궁구하여야만 한다. 동학은 서구의 '실재론'과도 철저하게 대립했던 것이다.

~~~~~~~~~~~~~~~~~~~~~~~~~~~~~~~~~~~~~

[14] 동학과 현대물리학, 양자역학 등과 관련해서는 다음 저서가 있다. 최민자, 『동학과 현대과학의 생명사상』, 도서출판모시는사람들, 2021.

수운의 동학은 서학뿐 아니라 조선 성리학과도 철저히 대결한 사상이다. 동학의 문서들이 유불선의 용어를 쓰고는 있으나 그 개념들이 엮어내는 사상적 맥락은 유불선과는 전혀 다른 것이다. 완전히 새로운 질서를 가진 것도 과거로부터의 계승성을 갖지만 그것은 기존과는 다른 것이다. 이것을 '창발적 진화' 줄여서 '창발'이라고 한다. 생명은 단백질이 만들지만 생명은 단백질로 환원할 수가 없다. 부분의 합은 새로운 것을 만들지 단순 합이 아니다. 새것은 이전의 요소로 환원할 수가 없다.

동학이 '공맹지도'와 다른 것은 사람이 '성인'이나 '군자'가 아니라 시자(侍者)가 되게 한 것이다. 『동경대전』 「수덕문」에서 동학인들이 모인 풍경은 흔히들 말하는 '군자공동체'가 아니라 '시자공동체'다. 글자와 천명(天命)의 전통에서가 아니라 사람(人도 民도 아닌 '사람'이다.)과 만물에서 상호생성의 한울을 이루는 것이다. 수운의 '오심즉여심'(吾心卽汝心; 논학문 6절), 해월의 '인시천 사인여천'(人是天 事人如天; 해월신사법설, 대인접물 1절), 의암의 인내천(人乃天; 의암성사법설 대종정의 4절)은 천명의 직분을 통한 유학의 천인합일(天人合一)과는 완전히 다르게 질적으로 창발된 사상이다. 기세춘은 천인합일에 대해 이렇게 쓰고 있다.

동중서는 (공자의) 명(名)을 천명(天命)이라 주장함으로써 천제신앙을 말씀주의로 변질시켰다. 공자가 성인으로 추앙된 것도 그의 영향 때문이었다. 이로써 공자의 천명설(天命說)은 동중서의 천인감응설이 더해져 더욱 신비로운 것이 된다.[15]

(…)

인간의 운명과 역사는 하늘이 결정하지만 인간 역시 하늘에 영향을 끼치며 특히 군주는 천지(天地)의 사업에 참여하는 존재라는 것이다. 즉 인간은 천지의 축소판으로 천지는 대우주(大宇宙)이고 인간은 소우주(小宇宙)이다. 이러한

[15]  기세춘, 『성리학15강』, 묵자학회, 전주묵점학당, 6쪽, 이 교재는 『성리학개론』으로 2007년 바이북스에서 출판되었으나 『성리학15강』과 『성리학개론』이 어떻게 다른지는 『성리학개론』을 읽지 못하여 알지 못한다. 기세춘은 박홍규처럼 유학에 대해 시종일관 비판적인 것은 아니다.

동중서의 인간 소우주론은 훗날 주자의 성리학에서 천인합일(天人合一)사상으로 계승된다.[16]

박홍규도 '천인합일'에 대해 비판적이다.

맹자의 천재론은 동중서에 의해 완성되었다. 그는 모든 것이 하늘의 의지에 따라 이루어지고 자연의 모든 만물이 하늘의 의지의 표현이고 그 하늘의 뜻을 대표하는 자가 통치자인 황제이므로 신성불가침하다고 주장했다. 그에 의하면 성인만이 천명과 귀신을 알고 남이 보지 못하는 것을 보면서 천지(天地)에 명을 세우고 천의를 구현할 수 있다. 동중서는 공자를 하늘의 대변인이자 천재로 받들었다."[17]

여기서 천인합일자는 군주를 정점으로 하는 성인과 군자에 해당하지 일하는 민(民)은 해당하지 않는다. 천명의 직분에 민은 참여할 수가 없다. 동학이 말하는 시자는 유학의 천인합일자처럼 천에 감응하여 천명의 집행자인 왕에 충성하는 군자가 아니라 우주적 조화 생성에 참여하는 주체자인 것이다. 흔히들 시자(侍者)를 '모시는 이'라고 한다. '모신다'는 뜻은 너무도 당연히 동학의 '한울님'을 모시는 것이지만, 이는 한울님과의 단순한 감응자가 아니라 우주의 조화자, 생성자로 참여하는 것이다. 우주는 소우주, 대우주로 구분해서 말할 수 없다. 티끌이라도 우주 전 역사의 산물이고, 우주 자체인 것이다. 이것이 해월이 와서는 서택순에게 말한 베 짜는 아낙도 한울님이요, 매 맞는 아이도 한울님이요, 털벌레 삼천도 한울님이라 한 것이다.(해월신사법설, 대인접물) 이 대목에 이르러 동학은 유학의 형이상학을 현실학(現實學)으로, 유학의 권학(權學)을

위책 11쪽
『인문학의 거짓말 – 두 번째 이야기』, 박홍규, 인물과 사상사, 2020, 202쪽

박홍규가 말한 민학(民學)으로 창발한다. 그것은 주자학의 전복이다. 천도교 종지 인내천이란 인본주의도 민본주의도 아닌 만인만물의 개벽학이다. 그런데 동학의 핵심이라 할 오심즉여심의 심법을 유학의 천인합일과 같은 것이라고 김용옥은 말한다.

> 이것은(오심즉여심) 매우 신비롭고 애매하게 들리는 비어(秘語)처럼 생각되지만 실상 수운은 우리민족의 전통적 유교적 세계관·인간관을 좀 색다르게 표현한 것뿐이다. 이것은 정통 주자학에서 말하는 바, "천인합일(天人合一)"을 색다른 맥락에서 표현한 것이다.[18]

동학·천도교에서 말하는 도통은 오심즉여심의 심법을 만인만물이 계승한다는 뜻인데 김용옥은 계주대회의 바톤 패스(baton pass)처럼 말하고, 오로지 수운 원고의 수호만을 말한다. 김용옥은 『도올동경대전주석』 전체를 관철하여 주자학과 노자의 관점에서 수운의 『동경대전』을 풀고 있다. 수운의 동학은 김용옥에게서는 개신유학이나 개신노자다. 김용옥의 『도올동경대전주석』을 두고 창비 좌담에서 박맹수가 "동학사상 및 한국학 연구가 도올 선생님의 『동경대전』 이전과 이후로 나뉠 정도로 일대사건이라는 점", "기존의 연구를 도올 선생님이 개벽을 시켜 버렸습니다."라고 한 표현은 인사말, 덕담으로만 듣기에는 결코 동의할 수 없는 표현이다.

동학은 서양, 동양[19]의 구분을 떠나 지금까지의 문명에 대한 치열한 대결의 역사이다. 동학은 다시개벽 시대에 신문명으로의 창발을 위한 여행의 과정에 있다.

---

[18] 『도올동경대전주석2』, 통나무, 2021, 122쪽

[19] 사실 무엇이 동양이고 서양인지 그것도 모호한 점이 있다. 동양, 서양이라는 구분이 어떻게 나왔으며, 지구적 다시개벽시대에 그것이 유용한 관점인지는 깊게 생각할 필요가 있다.

수운의 서학과의 대결에서 김용옥은 『대선생주문집』과 『도원기서』에 전하는 1855년 '을묘천서'를 마테오 리치(Matto Ricci)의 『천주실의』(1403)라고 확정한다. 창비 좌담에서도 김용옥은 이 주장을 다시 한다. "수운의 삶에 등장한 을묘천서(乙卯天書)라는 것도 서학을 접하게 되는 루트와 관련하여 다양한 가능성이 있지만 역시 『천주실의』와의 대결에서 기독교 신관의 문제점을 파악한 사건으로 보아야 할 것입니다."(좌담) 이 견해에 대해서는 윤석산, 박길수, 남연호 등 동학·천도교인들의 비판이 있다. 이들의 주장은 '을묘천서'는 수운의 종교적 체험을 말하는 것이지 『천주실의』가 아니라는 것이다. 특히 윤석산은 김용옥이 『도올동경대전주석』에서 자신(윤석산)이 '을묘천서'가 『천주실의』라고 말하는 김용옥의 말에 동의한 것처럼 쓴 것에 대해 '천주실의'를 읽었을 것이라 한 것이지 '을묘천서'가 '천주실의'라고 동의한 것이 아니라고 하고 있다.

　　"내(윤석산 – 필자)가 볼 때 동학은 수운 선생의 신비체험, 결정적인 종교 체험이 없었으면 결코 창명(創明)되지 않았을 것이다. 그만큼 동학에서의 종교체험은 중요하다. 이런 점에서 나는 『을묘천서』는 실제 책이 아니라, 수운 선생이 겪은 신비체험이라고 본다. 동학 천도교의 가장 오래된 역사서인 『도원기서』에도 을묘천서는 신비한 사건이라는 관점이 기술되어 있다."[20] 남연호는 '을묘천서'가 '천주실의'가 아니라 수운의 '종교체험'이라는 것을 여러 근거를 들어 자세하게 논의하고 있다. 그의 주장을 요약하면 천주실의는 이미 당대에 많이 알려졌으며 많은 유학자들에 의해 비판받던 '일반상식'이었다는 것이다. 따라서 "동학을 창명(創明)할 정도로 의욕이 강했던 최제우가 을묘년(1855) 32세 나이에 이르서야 『천주실의』를 처음 접했다는 김용옥의 추정은 설득력이 없다"고 한다. 남연호는 "최제우가 『천주실의』를 통해 논리의 중요성을 발견하고, 서양의 종교·철학에 몰입하여 새로운 문명의 패러다임을 구성하였

20　윤석산, 『주해동경대전』, 도서출판모시는사람들, 2021. 16쪽

다고 김용옥은 강변하였다."고 비판한다.[21]

　　김용옥이 '을묘천서'가 『천주실의』와의 대결이라는 점을 유독 강조한 점에는 수운의 득도가 종래의 성리학이나 유학과의 치열한 대결이었다는 점을 회피하려는 것, 그의 유학에 근거한 '동학은 민본이다'는 생각 때문이라고 본다. 동학·천도교인으로서는 '을묘천서'에 대한 관점은 단지 서학에 대한 대결이 아니라 성리학을 포함한 이전 문명에 대한 다시개벽의 관점에서 동학을 창명한 근원적 문제로서 소홀히 할 수 없는 것이다.


【마치는 말 – 역사위기 시대에 문명전환의 다시개벽으로서 동학】


근대는 형이상학적인 개념으로 논의할 수 없는 역사적 실체이다. 김용옥은 "근대성을 아무리 다른 방식으로 이야기한다 해도 그 말을 하는 동시에 서양적 논리가 우위를 점해 버립니다. 그렇게 되면 우리는 근대성 논의에 있어서 항상 방어를 해야 하고, 서구적 근대의 기준에 의하여 우리 역사의 반성을 촉구하게 되고, 그래서 '전근대'니 하는 우리 자생적 역사에 대한 비하도 생겨나게 됩니다."(좌담)라고 한다. 하지만 실재하는 지구적 자본주의의 서구식 근대화의 실체를 인정한다고 '방어'와 '비하'의 태도 즉 조선에도 '자본주의 맹아'가 있었고, 역사는 '서구적 근대화인 자본주의'를 반드시 거쳐야 하는 역사의 필연적 단계론으로 떨어지는 것도 아니다.

　　"근대라는 걸 폭파", "(근대라는) 시간에 대한 개념적 폭력을 거부해야"해야 한다는 김용옥의 견해는 동의하지만 이 동의가 근대의 실체를 거부하는 뜻은 아니다. 백낙청의 "서양에서 발생한 자본주의가 지금 전 지구를 지배하고 있

21　『신인간』「'김용옥 동경대전'의 논리와 비논리」, 남연호, 2021. 본 인용문은 신인간 블로그에서 가져온 것이어서 쪽수를 명기할 수 없다.

고 이게 거의 빼도 박도 못할 우리의 현실이라는 데서 출발하지 않고 자꾸 멋있는 얘기만해서는 안 되지 않겠나. 근대라는 건 지금 전 지구를 거의 전일적으로 지배하고 있는 자본주의 체제라고 봅니다."(좌담)라는 견해는 김용옥의 견해에 대한 비판으로 읽힌다.

지금 동학에서 인류와 지구의 새로운 삶을 물을 수 있다는 것은 동학이 "우리 민족의 자생적인 사유에 기초하여 창출했다는"(김용옥, 좌담) '조선 것', '우리 것'이라는 점에서 비롯하는 것이 아니다. 그보다는 동학이 인류 전사(前史)에 대한 치열한 '다시개벽성'을 가져서이다. 동학은 국학, 조선학, 민족학을 넘는 지구·우주학이자 인류 문명학이다. 동학에서 사람은 노동하는 민(民)이 아니다. 동학의 주문 '시천주 조화정 영세불망 만사지'(侍天主 造化定 永世不忘 萬事知)는 만인만물에 내재한 한울님을 모시면(시천주) 우주적 사건들의 생성에 참여하게 되며(造化), 그 활동으로 우주적 이치와 한울님의 뜻에 합당하게 되어(定), 우주의 창발적 진화에 끝 없이(永世☐忘) 모든 일과 생명 활동의 주체자가 된다는 뜻(萬事知)이다. 해월은 이것을 털벌레 삼천까지 넓혔다. 수운의 불연기연(不然其然)은 무위(無爲)와 이화(以化)의 상호 되먹임이며, 혼돈의 가장자리에서 새로운 우주를 창발한다는 물리학 복잡계 이론의 원조에 해당한다. 수운의 무위이화(無爲以化)는 김용옥이 말하는 바의 '도는 스스로 그러하다'는 노자의 도법자연(道法自然)과 다른 말이다. "무위와 이화는 수평적 동일성, 동시발생성, 동시활동성을 나타내내는 활동적 계사"다.[22] 주체의 적극적 실천으로서 이전의 것을 계승하되 새롭게 질적으로 전환한 창발적 진화가 조화정이며, 불연기연이며, 무위이화다. 그것은 1974년 34살의 윤노빈이 『신생철학』에서 고발한, "분리하라 그리고 지배하라"라는 절대이성의 파시즘인 변증법과는 다른 것이다. 수운의 조화정은 개벽의 연속성 다시개벽의 현실화 과정이다. 생물학적으로 세포는 70여 시간마다 죽으며 새로운 세포를 만든다. 이것

[22]  김지하, 『김지하전집 1철학사상』, 실천문학사, 2002, 87쪽.

이 '늘 개벽' 즉 '다시개벽'이다. 죽지 않은 세포 우리는 그것을 '암'이라고 한다. 지금 시대는 인류전사(全史)의 암을 도려내고 문명의 새로운 세포를 창발할 때이다. 동학은 그것을 말하고 있다.

강주영

◈ 동학·천도교인, 전주동학혁기념관운영위원, 목수 ◈
한울님인 지구와 사람을 모시는 집을 짓지 못하고 잠자는
집만 짓고 있다 ◈ 역사위기 시대에 한울님들을 모시고
문명 전환의 다시개벽을 고심하고 있다 ◈

# 『다시개벽』을 함께 만드는
# 동사(同事)가 되어 주십시오.

## 지금 정기구독 신청하면 인상 전 가격으로 『다시개벽』을 받아보실 수 있습니다

**2022년 봄호(제6호)부터 『다시개벽』 가격이 인상됩니다.**

　　　낱권 12,000원 ➡ 15,000원

　　　정기구독료

　　　　　1년(4개호) 43,000원 ➡ 55,000원

　　　　　2년(8개호) 86,000원 ➡ 110,000원

　　　　　3년(12개호) 129,000원 ➡ 165,000원

정기구독료는 2022년 1월 31일부터 인상되며, 기존 구독회원의 추가 부담은 없습니다.


## 바로 지금, 정기구독 신청하세요

**정기구독 혜택**

1. 10% 할인된 가격으로 구독할 수 있습니다.
2. 구독기간 중에는 가격이 올라도 추가 부담이 없습니다.
　(기본 배송비 무료, 해외/제주/도서/산간 지역은 배송비 추가)
3. 다양한 이벤트와 혜택의 우선 대상이 됩니다.

**정기구독 방법**

전화　　02.735.7173(도서출판 모시는사람들)

이메일　sichunju@hanmail.net

인터넷　다시개벽 홈페이지(http://recreation1860.com) 접속 후 오른쪽 정기구독 신청 클릭
　　　　혹은 옆의 QR코드를 통해 정기구독 신청서 작성

정기구독 신청 후 아래 계좌로 구독료를 입금해 주시면 정기구독 회원이 됩니다.

**계좌정보**　　국민은행 817201-04-074493

　　　　　　　예금주: 박길수(도서출판 모시는사람들)

다시 있다

RE: CONNECT

# 조선인의 민족성을 논하노라

『개벽』제5호, 1920.11

이돈화

현대어역 박은미

【민족적 특성】

세계의 어떤 민족을 물론하고 이미 민족으로서 세계의 다른 민족과 대립이 된 이상은 그에 따라 민족과 민족의 사이에 대립할 만한 정신적 혹은 성질적 혹 물질이 고유하게 되는 것이다. 그것은 언어, 풍속, 종교, 도덕, 습관 등 모든 것에 다 같이 특별히 다른 차이가 나타날 뿐 아니라, 그 민족의 것으로서 민족 전체를 대표할 만한 즉 언어, 풍속, 종교, 도덕, 습관을 총 대표하여 그로써 융화되고 순화된, 어떤 특성이 그 민족의 가운데에서 스스로 드러나게 되는 것이라. 개인으로서 개인성의 특질이 각각 다른 것과 같이 민족도 또한 민족으로서의 특성이 각각 다르나니, 그것을 일컬어 그 민족의 '민족성'이라 통칭하는 것이다. 각 민족은 각각 그 민족에 있는 특수한 민족성을 가졌으므로 그 각 민족성에 말미암아 나타나는 문화의 빛도 또한 다소 특수한 색채를 나타내는 것은 실로 피치 못할 선천적 약속이라 하여도 과언이 아니다.

　이에 갑·을·병(甲·乙·丙) 각 민족이 동일한 문명의 조류를 받았을지라도 그 문명이 각각 그 민족성에 의하여 조화되며 단련되며 융화되며 영적으로 변화되는 사이에는 이에 방식과 조직과 색채가 판이한 특종의 문화를 생성하게 되는 것은, 비유컨대 동일한 비(雨), 동일의 빛(光)을 받은 각 식물이 각각 그 식물성에 말미암아 복숭아나무에 복숭아를 맺으며 살구나무에 살구를 맺으며, 은행나무에 은행을 맺음과 같다. 그러므로 그 민족의 문화의 장래와 과거를 연구하고자 하면 먼저 그 민족성이 어떠한가를 고찰하는 것이 필요한 경로라 할 것이다.

동일한 그리스 로마의 문명 조류가 현대 서구 각 민족 사이에 유입하는 때에, 영국은 영국성(性) 문화, 프랑스는 프랑스성(性), 독일은 독일성(性), 러시아는 러시아성(性), 미국은 미국성(性) 등 각각 그의 특수한 문화적 색채를 띠게 하였고, 동일한 인도-중국의 고대 문명이 동양 제국에 보급-전래될 때 일본은 일본성(性), 조선은 조선성(性), 중국은 중국식, 인도는 인도식 문화가 생성되었나니, 이것은 민족이 조금씩 특별히 다른[特殊] 민족성을 가졌기 때문이라.

일찍이 어떤 외국인이 동양 3국의 고대 예술(특히 불상 조각)에 대해 말을 하였는데 중국은 순후(純厚)를 잘하고(善), 일본은 색채에 능(能)하고, 조선의 예술은 이 양자를 겸전한 관(觀)이 있다 하였다. 이는 지리적으로 관찰할지라도 그럴듯한 고찰이라 할 수 있다. 원래 조선은 중국의 예술을 받아들여 그것을 한층 더 미화한 후에 일본에 전하였으므로 조선의 예술은 스스로 이 양자를 겸전하였다 할 것이다. 이와 같은 관찰이 능히 동양 예술관에 적중한지 여부는 별문제로 하고, 여하튼지 동일한 문명을 받은 3국의 예술이 스스로 그에 대한 다소의 차이가 생기는 것은 사실이며, 그 차이는 각각 그의 민족성에 따라 나타나게 될 것도 의심할 바 없는 일이니, 그러면, 각 민족은 그 민족성이 있어야 처음으로 민족의 민족 된 가치를 나타낼 것이요, 민족의 민족된 표장(表障)이 있다 할 것이 아니냐.

【조선 민족의 민족성은 무엇이냐】

이와 같이 세계 각 민족은 각각 그 민족적 정신의 특수한 발휘가 있다 하면, 이제 그를 민족 심리학 상으로 관찰하여, 우리 조선 민족에게는 무엇이 가장 조선 민족을 총 대표 할 만한 민족성이 될까. 다시 말하면 조선 민족에게도 민족적으로 많은 좋은 점과 나쁜 점이 교차하여 있을지라도, 그중에 가장 어떠한 특성이 조선 민족의 정신화(精神化)를 대표할 만한 특성이 될까. 이를 한마디 하여 사회 비판을 구하는 것도 또한 한가로운 사람의 한가로운 일이 아닐 것이며, 그리하여 그를 전체 민족의 활동상에 도약하게 하여, 민족적 권선징악의 미덕을 발휘하게 하는 것도 필요하니, 그러한 후에야 가히 민족의 참 의의가 나타날 것이요, 또한 장래 문화의 참된 가치가 드러날 것이다.

우리가 유대인을 말할 때에는 스스로 그의 금욕성(禁慾性)을 연상하게 되며, 인도인을 말할 때에는 스스로 그의 형이상학적 이상심(理想心)을 연상하게 되며, 중국인을 말할 때에는 스스로 그의 근검심(勤儉心)을 연상하게 되며, 일본인을 말할 때에 충심(忠心), 프랑스인을 말할 때에는 진취심(進取心), 영국인을 말할 때에 진실(眞實) 보수(保守)의 마음을 연상하게 되나니 이와 같이 각 민족과 그 민족적 특성은 서로 연상적 표현이 된다 하면, 조선 민족은 그 민족의 특성으로 어떠한 성질을 연상하게 될까. 물론 조선은 역사가 장구한지라 스스로 언어가 다르며 풍속이 다르며 종교 도덕이 다르므로, 조선 민족이 민족 된 특별한 점을 가졌다 할지라도 끝에 가서 마침내 그 언어, 풍속, 종교, 도덕을 대표할 만한 정신화적(精神化的) 특성이 없지 않을 수 없으니, 그것을 한마디로 말하면 어떠한 것이라고 할까. 나는 일찍이 어떤 외국 잡지에서 동양인의 심리를 평한 가운데, 「중국인은 직심(直心), 일본인은 충심(忠心), 조선인은 선심(善心)이라.」고 쓴 구절을 언뜻 본 일이 있다. 나는 그것이 능히 동양의 세 민족의 심리를 대표한 관찰이라 추천하는 동시에 더욱이 조선인의 민족성을 적당히 고찰하였다 스스로 생각한다.

과연 조선인의 민족성은 선이다. 선(善), 이 한 글자로 능히 조선인의 미덕을 발휘할 만하다. 조선인은 선으로 능히 동방군자의 나라가 되었던 것이요, 반도의례(半島禮儀)의 나라가 되었던 것이요, 문명(衣冠文物)의 찬연한 도덕적 민족이 되었다. 그러므로 조선인을 논하면 반드시 선을 연상치 아니치 못할 것이요, 선을 논하면 또한 반드시 조선인을 연상치 아니치 못할 것이니 조선인의 미덕은 거의 이 선 한 글자로써 능히 그 정신(精神)과 같다고 느낄 수 있을 것이다.

또한 조선인의 민족성인 이 선심은 실로 역사적 심원한 근거로부터 우러나온 것이니, 아니 유사 이전에서 조선인은 이 '선'의 이상을 동경하던 민족이라 할 것이니, 그것은 단군신가(檀君神歌) 중에 '선'의 이상을 찬미한 점으로 보아도 능히 이를 증명할 수 있나니

어아어아 우리 한배금 높은 은덕
배달국에 우리들이 백천만년 잊지 마세.
어아어아 '선심'은 활이 되고
악심(惡心)은 과녁(貫射)이라.
우리 백천만인 활줄같이 바른 '선심(善心)'
활줄같이 일심(一心)이라.
열탕 같은 '선심' 중에 일점(一點) 설(雪)이 악심이라.

이는 단군신가 중 1절인데 이와 같이 조선인의 '선심'은 그 발원이 역사 이전에서 시작하여 단군 시대에는 이미 종교적으로 순화되었으며, 고구려 때에는 이미 군가로 사용하기에 이르렀다. 조선인의 '선심'주의는 민족적 특성이 되어 사천년의 장구한 광음과 함께 순화(純化)되었으므로 조선인에는 교화중(教化中) 모든 것에 속한 것이 선으로 표방하지 아니한 것이 없다. 사람을 찬양함에 선인(善人)이라 하며, 행실을 찬양함에 선행이라 하며, 일을 찬양하며 선사(善事)라 하며, 말을 찬양함에 선언(善言)이라 하며, "적선(積善)하는 집안(家)에 반드시 여경(餘慶)이 있다"고 말하며, "복은 선에 말미암아 생긴다"고 말하며, 자손을 가르침에는 반드시 선하라 하며, 제자를 가르침에 반드시 선하라 하며, 어린아이를 지도함에 반듯이 선하라 하나니, 이것은 실로 조선인의 미덕이

며 미풍이고, 자랑거리이며 광채이겠다. 우리가 지금 신문화의 수입을 주창하며, 신도덕의 건설을 절규하는 오늘날에 즈음하여, 아무리 구도덕·구인습이 여지없이 파괴를 당한다 할지라도 이 '선' 한 글자는 영원히 보존하며, 영원히 향상하게 하며, 영원히 미화하게 하여, 우리의 찬란한 미풍을 보존하고, 그리하여 그로써 신문화의 건설을 더욱 조장하게 하며, 더욱 크게 성공하게 하기를 간절히 바라노라.


## 【선(善)의 참 의의를 오해치 말라】

우리는 선언하노니, 우리 조선 민족에게는 민족성으로써 이 '선심'이 있는 것이 우리의 약점이 아니요, 그것이 있음으로써 조선인의 조선인 된 아름다운 점이 있다 하며, 우리는 어디까지든지 이 선의 참 의의를 정당히 해석할 필요가 있지 아니하랴.

　　근대 우리 조선인은 선을 너무도 소극적으로 해석하며, 퇴굴적·비열적으로 해석한 점이 많이 있다. 도식무위(從食無爲)을 가리켜 선이라 하며 퇴굴자약(退屈自弱)을 가리켜 선이라 하며, 천치적(天痴的) 무능을 가리켜 선이라 하며, 무주의(無主義) 무주장(無主張)을 가리켜 선이라 하였다. 이는 실로 이조 말기 문약(文弱)의 교화가 선을 오해하여 이에 이르게 하는 데에 급급하였던 때문이다. 그러므로 조선민족은 당초 선으로써 흥하고 다시 선으로써 쇠하였다 해도 과언이 아니다. 즉 단군, 고구려의 전성시대는 선으로써 흥하였나니 위에서 서술함과 같이 단군은 선의 신가(神歌)로써 그 백성을 발달하였고, 고구려는 선의 군가로써 그 백성을 강성하게 하였다. 그러나 이조 말엽에 이르러서는 선을 소극적·퇴굴적으로 오용한 결과, 마침내 인민으로 하여금 퇴굴무위(退屈無爲)에 빠지게 하였다.

　　그러면 선의 진정한 의의는 어디에 있는가. 우리는 이를 한마디로 하여서,

우리 조선 민족성의 아름다운 점을 열거하고자 하노라.

원래 우주 진리는 진선미로써 표현되었으며 인심의 표현도 또한 진선미의 발휘임은 다시 쓸데없는 말을 필요로 할 바가 아니었다.

원래 사람의 마음은 하나의 영체(靈體)이지만, 그 표현하는 방면과 활동하는 계급에 의하여 스스로 세 개의 다른 결과를 생겨나게 하나니, 즉 마음이 과학적 방면으로 나타날 때는 이를 진(眞)이라 칭하며, 종교·도덕적 방면으로 나타날 때는 이를 선(善)이라 칭하며, 예술적 방면으로 나타날 때는 이를 미(美)라 칭하게 되는 것이다. 이러한 의의에서 만일 선을 종교·도덕적 방면으로 보게 되면, 그중에 스스로 인(仁)이 있으며, 사랑[愛]이 있으며, 자비(慈悲)가 있으며, 인도(人道)가 있으며, 정의(正義)가 있으며, 평등(平等)이 있으며, 자유(自由)가 있게 될 것이다. 즉 '선'이 종교적 방면에서 인·애·자비 등 성질을 가지고 나타나는 것이요, 도덕적 방면에서 인도·정의·평등·자유의 성질을 가지고 나타날 것이다. 그러므로 선은 선 그것의 구체적 의미에서 인(仁)하여야 하며, 사랑하여야 하며, 자비하여야 하며, 인도정의를 실행하여야 하며, 평등 자유를 주창하여야 한다. 이에 응하는 자는 곧 선이 될 것이며 이에 반하는 자는 곧 악이 될 것이다. 그러므로 선은 결코 소극이 아니며 퇴굴이 아니며 비열이 아니며 도식자약(徒食自弱)이 아니니 어디까지든지 정진하고 스스로 닦아 나가지[精進自修] 아니할 수 없으며, 어디까지든지 도덕적으로 용왕매진(勇往邁進)하지 아니할 수 없다. 그러므로 우리는 선의 성질적 방편상 아래의 몇 가지 조항을 첨부하지 아니하면, 완전한 선이라고 말하지 못할 것이라고 단언한다.

첫째, 선은 생활상 모든 방편을 선(善)으로 활용하게 한다.

우리가 원래 주창하는 바는, 사람이 설정한바 모든 행위와 방편은 다 같이 사람의 생활을 최선으로 향상하기 위하여 그것을 설정하였으며 또 그것을 활용하는 것이라 단정하는 것이므로, 선도 또한 생활상 방편을 선하게 향상하게 함에서 그 의의가 특히 표현된다 하는 것이니, 가령 이를 종교 도덕학 상 의미로부터 해석하면 우리는 아래와 같이 단언하게 된다.

어떤 이유로 이와 같은 조직을 가진 우주가 있는가. 또 어떤 이유로 이와 같은 성정을 가진 인생이 있는가 하는 문제는 만고의 철인이 해결하지 못한 문제이다. 우리는 감히 이를 관여하지 못한다. 다만 우리가 이 사실로 알 수 있는 것은 이와 같은 성정을 가진 사람이 이와 같은 조직이 있는 우주 사이에 있어서, 밤낮을 이어서 경영하는 생활의 지속과 만족의 획득을 도모하는 것은 사실 중의 사실임을 인식하는 것이다. 때때로 사람은 우주의 근저를 탐구하고자 하며, 때로는 귀신의 뜻을 엿보고자 하며, 또 때로는 만유(萬有)의 목적을 알고자 하지만, 마침내 이러한 것은 대개 고유한 성정을 기초로 하고 생활을 지속하며 만족을 획득하고자 하는 방편에 불과한 것이라고 단언하여 두노라. 그것은 종교도 그러하고 도덕도 그러하고 또한 정치·법률·경제·과학 모든 것이 다 그러함을 단언할 수 있을 것이다. 이와 같이 단언한 하에서, 선이라 하는 것을 고찰하면 선은 사람이 고유한 성정을 기초로 하여 그의 생활을 지속하며 만족을 획득하고자 하는 유일한 방편으로, 그것은 어디까지든지 생활의 향상적 근본 의의를 떠나 결코 선의 진정한 의의가 없으리라 할 것이다.

둘째, 선(善)은 퇴굴이 아니요 활동이다.

앞에서 서술한 것과 같이 선이 이미 사람의 생활을 지속하며 만족을 획득하고자 하는 최고의 이상적 방편이라 하면, 선은 성질상 퇴굴이 아니요 활동 중의 활동이니, 잠자면서 복을 구하는 것이 선이 아니며, 안식(安息)하고 행운을 바라는 것이 선이 아니며, 우유(優遊)하면서 생애를 도모하는 것이 선이 아니며, 퇴굴하여 무료(無聊)을 즐기는 것이 선이 아니니, 그러므로 선은 어디까지든지 크게 활동하며, 크게 취(取)하며, 크게 먹고, 크게 즐기는 데서 진정한 선의 의의가 나타날 것이다. 만일 '선'을 근대 우리 조선인과 같이 활동 없는 퇴굴무위(退屈無爲), 안식우유(安息優遊)라고 스스로 판단한다 하면 그것은 이미 멸망의 도(道)이니 무엇이 우리 생활의 향상적 방편이 되리오. 그러므로 선을 위하는 것에는 옛사람이 말한 이른바 '살신성인'의 대 활동으로 자아를 위하며 가정을 위하며 사회를 위하며 국가를 위하여 최선을 다해 노력하고 최선을 다해 활동하는 자가 되지 아니할 수 없나니, 이러한 의미에서 현대 노동 문제와 같은 것은 선의 의의를 사실로 표현하는 것이라 할 것이다. 왜 그런가. 노동 문제는 활동을 본위로 하여 침식무위(寢食無爲)의 사회적 불한당을 배척하는 것이기 때문이. 그러므로 우리는 독선자존(獨善自存)하는 도학선생(道學先生)과 자고독락(自孤獨樂)하는 선인도객(仙人道客)은 결코 선을 위하는 자라 말하기 어렵고, 차라리 낮과 밤을 이어서 경영하는 노동 생활, 애써서 근면하는 지사(志士)의 행위, 이것이야말로 진정한 '선'을 계속한다 할 것이다.

셋째, 선은 허약[弱]이 아니요 자강(自强)이다

독일의 열광적 철학자 니체는 일찍이 선악을 판단하여, "강한 것이 곧 선이고 약한 것이 곧 악이다(强則善, 弱則惡)"라고 하였다. 이는 물론 과격한 말이라 우리가 이로써 선악의 표준을 삼을 바는 아니지만, 그러나 그 속에 일종의 신성한 교훈이 숨어 있음은 잊지 말아야 한다.

대개 선 속에 철두철미, 무조건의 강(强)을 의미하였다 것은 아니나 약(弱)의 중에도 또한 아주 많은 죄악의 분자가 없지 아니함으로써 보면, '선'은 어떤 의미에서 순수약(純粹弱)의 분자를 모두 제거한 자강의 정신을 가졌다 할 것이다. 다시 말하면 선은 어리석음으로 볼 수 있으나 뒤떨어짐으로 볼 수 없음과 같이 강한 것으로 볼 수 있으나 약한 것으로 볼 수 없나니, 이 점에서 강즉선(强則善) 약즉악(弱則惡)의 교훈도 해석상 적당한 진리가 포함되었다 할 것이다. 이상에서 서술한 것과 같이 선은 철두철미 사람의 생활 방침의 향상 방편을 말한 것이며, 그리하여 그 향상 방편은 철두철미 활동을 본위로 하여 나온 것이라 하면, 선의 의미에는 스스로 자강의 의미가 갖추어졌다 할 것이니 그러므로 자강하였으므로 능히 생활을 향상하게 하고 자강하였으므로 능히 최선의 활동을 계속할 것이 아니겠느냐.

자강이라 함은 물론 자기의 인격을 완성하였다는 의미니, 아니 자기의 인격을 완성키 위하여 스스로 용진불식(勇進不息)함을 말하는 것이니. 옛사람의 이른바 '학명이기자자위선(鶴鳴而起 孶孶爲善: 학이 울면 일어나서 부지런히 선을 행함)'이라 하는 것은 이 자강을 말한 것이며, '천류불식(川流不息: 냇물이 쉬지 않고 흐름)'이라 하는 것은 이 자강을 말한 것이며, '정진불퇴(精進不退: 부지런히 나아가며 물러서지 아니함)'라 하는 것은 이 자강을 말한 것이니, 사람으로서 자강이 없고서야 어찌 다른 사람을 교화하며, 또 다른 사람을 사랑하며, 다른 사람을 구제하리오. 그러므로 우리는 자강하기 위하여 앎을 구하지 아니하지 못할 것이며, 덕을 닦지 아니하지 못할 것이며, 몸을 수양하지 아니하지 못할 것이니 지(知)를 구하며, 덕을 닦으며, 몸을 수양함은 이것이 곧 자강인데, 우리는 지(知)를 구하기 위하여 부모처자를 떠나고, 만리이역에 기려생활(羈旅生活)하는 것도 할 수 있으며, 덕을 닦기 이하여 범정범욕(汎情汎欲)을 끊고 극기반성을 애써서 행함도 할 수 있으며, 몸을 수양하기 위하여 안식퇴굴(安息退屈)을 배제하고 밤에 달리며 산에 달리는 것도 할 수 있으니, 어찌 구구이 불원유(不遠遊: 부모가 살아 계실 때는 먼 곳으로 떠나지 아니함이 효도의 길)라는 옛 말에 얽매이며 또 어찌 구구히 머리에서 발끝까지(頭足正重)의 인습에 스스로 갇힐소냐. 그리하여, 그의 배운 바와 얻는 바를 가지고 세상을 구제함에 급급하며, 사람을 가르침에 부지런하고 또 부지런하면, 이 자강의 본의에 도달한 것이니 선의 도가 이에 이르러 거의 드러났다 할 것이다.


【 '선'의 정의(定義)로 돌아오는 세계 현상】

앞으로의 세계는 반드시 도덕 승리의 세계가 될 것이다. 도덕으로 세계를 지배하는 세계가 될 것이다. 그런데 여기서 도덕이라 하면 세상 사람이 문득 인습진부(因襲陳腐)한 관념을 가지고 이를 대할 수 있다. 그러나 본래 도덕이라는 말은 옛사람이 생각하는 것과 같이 고정적이고 편협한 것을 가리켜 말한 것이 아니므로, 어디까지든지 시대 흐름[時勢]과 동반하며, 진보와 병행하는 인생의 일상 행위를 지칭하여 말한 것임을 잊지 말아야 한다. 우리는 항상 인생의 일상행위라 하면 그것을 보통 비근용이(卑近容易)한 것이라고 생각하지만, 그러나 일상이라 하여 결코 비근용이한 것만이 아니다. 즉 우리의 일상행위는 아직도 완전히 '선' 그것대로 표현하지 못한 것은 사실이다. 그런데 이 도덕이 지금 문득 유력한 현상으로 나타났다 하는 것은 어떠한 이유로 말미암은 것이냐 하면, 그것은 근래 정치·경제·법률·가정사회의 모든 문제가 이 경향으로 나타 나옴을 보았기 때문이, 이른바 '국제연맹'이라 하며, '노동문제'라 하며, '부인문제', '인종문제'라는 것 등은 다 같이 도덕을 표상하고 일어난 것이며, 이른바 '민주주의[데모크라시]'라 하며 '인도정의'라 하며, '자유평등'이라 함은 다 같이 도덕을 방편으로 하고 나타난 것이라. 다시 말하면 앞으로의 모든 현상은 선을 표상으로 하며, 선을 방편으로 하고 나타날 것이니, 철학자가 이른바 "천지 우주는 나날이 선을 향하여 진화한다" 하는 말은 대개 이러한 소식을 누설한 것이라 할 것이다.

'호르토' 박사가 「전후의 세계」라는 제목의 논문 중에, 유럽 문명은 자살적(自殺的) 문명이라 스스로 단정하여 말하기를, 만일 이와 같은 자살적 문명이 계속하여 지금 정도의 전쟁과 같은 몹시 참혹한 상황이 2, 3회 계속 잇따르면 유럽의 천지는 머지않아 이와 같은 자살적 문명을 가지지 않은 황색 혹은 흑색 인종에게 점령되기에 이르리라 한 것은 확실한 사자후(獅子吼)라 할 수 있다. 즉 박사는 유럽에 있는 물질적 문명이 과거와 같이 계속하면 유럽 천지는 물질적 문명을 가지지 않은 다른 인종에게 점령되리라 한 것이니, 이와 같은 감상은 유독 호르토 박사뿐이 아니요, 다른 인도정의를 주장하는 모든 식자와 일반 인민은 다 같이 이 정신의 지배를 받는 것인즉, 만일 이와 같은 관념이 날이 지남에 따라 팽창하면 앞으로의 세계는 실로 물질문명의 세계가 아니요 확실히 도덕 승리의 세계가 될 것이 아니랴. 그러한 후에야 선의 진정한 승리가 각 방면의 활동에 의하여 사실로 나타날 것이니, 오호라, 지상의 천국도 거의 아무것도 없이 공허함이 아니라고 추측할 수 있을 것이다.

【조선인의 자랑거리】

조선인은 과거 세계 현상으로 보아 확실히 열패자(劣敗者)의 하나였다. 특히 물질문명의 패자였다. 물질로써 보면 빈혈자(貧血者)였다. 그러므로 조선인의 앞으로의 행로는 먼저 물질문명의 발전에 착수하지 아니할 수 없다. 물질을 연구하고 발달시켜 다른 사람과 같이 향상하며, 다른 사람과 함께 발전하지 아니할 수 없다. 과학에 전념하며 인공에 전문(專門)하며 기계를 만들며, 공예를 연구하지 아니할 수 없다. 그러한 후에야 조선인의 조선인 된 생존권을 얻을 수 있을 것이다. 그러나 조선인이 지금부터 아무리 물질문명에 전념한다 할지라도 그로써 세계의 열강에 웅비하여 '물질문명의 조선'이라 하는 휘호로 세계의 패명(覇名)을 얻기는 불가능할 것이다. 다만 물질문명은 직접 생활의 방침을 향상시키기 위하여 사람과 함께 견진병행(肩進倂行: 어깨를 나란히 하고 나아감)하기는 할 수 있다고 하려니와 그로써 사람의 선각자가 되며 선진자가 되기는 어느덧 시세(時勢)가 허락하지 못하는 바니, 즉 조선인이 지금부터 경천읍귀(驚天泣鬼: 하늘이 놀라고 귀신이 울고 갈)의 재주로 물질문명의 세계를 능가한다 할지라도 그로써 세계인의 자랑거리가 되지 못할 것이다. 왜 그런가. 금후의 세계는 물질문명의 세계가 아닐 것이기 때문이. 그렇다고 하여 나는 결코 물질문명을 배척하는 자는 아니니, 세계인이 대개 물질문명을 배척할지라도 오직 조선인 하나는 물질문명을 열배(熱拜)하지 아니하면 안 될 것이다. 그것은 조선인이 조선인의 생활과 다른 사람과 함께 향상하기 위한 것이며, 다른 사람과 함께 병행하기 위한 것에 불과한 것이요, 특히 조선인이 장래 세계에 문화적 방명(芳名: 아름다운 이름)을 후세에 전할 큰 원인은 조선인의 민족적 특성 되는 '선심'을 잘 해석하고 잘 활용하여 선심주의(善心主義)로써 세계의 비인도(非人道) 부정의(不正義)를 정복하는 것만 같지 못하나니, 그러므로 장래 조선의 자랑거리도 선심이며, 장래 조선 문화가 세계에 웅비할 큰 원인도 또한 선심이니, 조선인이여! 고유한 선심의 미덕을 발휘하여, 오로지 자강불식하라. 조선인이여,

신의 영광이 선심 위에 항상 비추고 있음을 잊지 말지어다.

　이 주제는 우리의 가장 중대한 문제와 동시에 중대히 연구할 필요가 있으므로 본 호에는 단지 사회 여론을 환기하기 위하여 그 문제만 나타냄에 불과하온바, 기회를 보아서 다시 구체적 연구를 거듭하고자 하나이다.


해제

1920년 11월은 한일합방과 3.1 운동의 좌절로 근대 국가 건설과 근대화에 대한 기대와 자신감이 꺾인 시기이다. 그런 측면에서 민족 정체성의 회복은 어떤 문제보다 중요한 문제로 이돈화도 "이 주제는 우리의 가장 중대한 문제와 동시에 중대히 연구할 필요가 있으므로 본 호에는 단지 사회 여론을 환기하기 위하여 그 문제만 나타냄에 불과하온바, 기회를 보아서 다시 구체적 연구를 거듭하고자 하나이다."라고 말하면서 후속 논의가 계속되어야 함을 보여주고 있다.

　민족이라는 개념은 근대국가 형성에 있어 기본 축이면서도 어떤 측면에서는 포괄적이고 명확하지 않을 수도 있다. 이런 측면에서 이돈화는 '조선인의 민족성'이라는 개념을 가져온다. "각 민족은 그 민족성이 있어야 처음으로 민족의 민족된 가치를 나타낼 것이요, 민족의 민족된 표장(表障)이 있다 할 것이 아니냐."고 하며 우리의 정체성에 대한 문제로 구체화시킨다. 이돈화는 우리 민족성의 기원을 『단군신가』부터 언급되고 있는 '선'의 개념을 가지고 온다. 이 선의 개념을 자강(自强)과 세계정의와도 연결시키고 자본주의에 대한 비판의식을 함께 보여주면서 우리민족의 나아갈 방향을 함께 제시하고 있다.

　이 글과 함께 『개벽』 10호에 실린 이돈화의 「사람 性의 해방과 사람 性의 자연주의」와 개벽 23호 이광수의 「 민족개조론」을 함께 읽어보면 그가 추구했던 우리 민족의 정체성에 대한 자각과 방향성이 좀 더 확실할 것이라고 보며 이런 고민들은 지금도 우리에게도 유효하다고 본다.

이돈화

◈ 이돈화는 1884년 생으로 천도교 지도자이며
사상가이다 ◈ 천도교 도호는 긍암(亘菴)이며 아호는
야뢰(夜雷)와 백두산인(白頭山人)이다 ◈ 1910년대
「천도교월보」에서부터 시작하여 『개벽』, 『부인』,
『신인간』의 주간과 편집인 겸 발행인으로 활약했다 ◈
『신인철학』에서 정신개벽, 민족개벽, 사회개벽의 3대 개벽을
주창하였던 그는 주로 독학으로 서구와 일본의 근대사상을
공부하여 천도교의 교리와 이론을 정립하였고 그런 그의
글이 민족이나 종교 한쪽에 기울이지 않는 역할을 하였다고
본다 ◈ 하지만 일본을 통한 이론 수용의 한계가 결국은
친일로 이어진 것이 아닌가 하는 생각을 한다 ◈ 그런 그의
사상의 정수는 인내천 사상을 바탕으로 한 '사람性주의'로
천도교 운동과 서구 사상과의 결합을 통해 조선의 운명을
바꾸고자 하는 열망과 근대에 대한 분투가 이론화되어
나타난 것이라고 본다 ◈

박은미

◈ 가족의 문제와 신동엽 시인에 대해 관심을 가지고 그에
관한 글들을 쓰고 있ㅍ요즘은 신동엽학회 선생님들과
온라인으로 만남을 지속하며 도스토예프스키의 『악령』을
1년째 읽고 있으며 「신동엽 시에 나타난 사랑의 의미
연구」란 논문을 최근에 탈고하였다 ◈ 문득 살아있다는
확인을 글을 씀으로써 하고 싶다는 생각을 띄엄띄엄하고
있다 ◈

# 한울은 사람이 사용하는 도구

## 天(천)은 人(인)의 器用(기용),
## 『천도교회월보』 제3호, 1910.10

큰 도구는 도구가 아니요, 큰 덕은 덕이 아니다[大器不器 大德不德].

형상이 없는 것은 도구가 큰 것이고, 형상이 있는 것은 도구가 작은 것이다 [無形器之大 有形器之小].

한번 형상을 이루면, 예를 들어 비록 지구가 아무리 크다 해도 결국 무형한 것에 포함될 뿐이다.

무형의 도구는 큰 것으로 작게 쓸 수 있고 작은 것으로 크게 쓸 수도 있지만, 유형의 도구는 작은 것으로 크게 쓸 수 없고 큰 것으로는 작게 쓸 수 없다.

먼저 자신을 다스리고 다른 사람을 다스리는 자는 모범이 되는 사람[規矩 準繩]이다. 이런 네 가지(규구준승)는 비록 도구로서 큰 것이라고 하나, 유형으로 한정되면 네모난 것은 원을 만들지 못하고 곧은 것은 구부러지지 못한다.

반면에 무형의 표준을 잡은 사람은 네모와 원과 직선과 곡선을 자유롭게 드나들어 마음대로 하니, 그런 뒤에야 큰 도구라 말할 것이다.

사람의 몸도 생각해 보면 또한 마찬가지니 한번 제도나 관습(관:官의 뼈:骸)에 머무르면 결국 서로 통하지 못한다.

(보통 사람들은) 눈의 도구는 한 시야에 막혀 자기가 본 것에만 집착하며, 귀의 도구는 한번 듣는 것에 막혀 자기가 들은 것에만 집착하며, 코의 도구는 한번 냄새 맡는 것에 막혀 자기가 냄새 맡은 것에만 집착하며, 입의 도구는 한 맛

에 막혀 자기가 맛본 것에만 집착하며, 피부의 도구는 한 감촉에 막혀 자기가 접촉해 본 것에만 집착한다. 그리하여 보는 것은 듣지 못하고, 듣는 것은 보지 못하니 이는 도구가 고정된 탓이다.

반면에 마음은 무형의 도구로 한 몸의 주인이다. 온 몸에 두루 흐르지만 무형이므로 찾지 못한다. 그러나 다섯 도구(안이비설신)에 통하여 그 쓰임이 무궁하며 모든 착한 것이 스스로 나오니 소위 큰 도구는 도구가 아니오, 큰 덕은 덕이 아닌 것의 예가 아닌가.

사람은 이위일체 한울[二於天也], 즉 무형한 성령의 한울에서 나온 유형한 육신의 한울이다. 무형한 한울이 사람의 마음에 자리하여, 한울의 도구로 사용하면 그 사람이 곧 한울 사람이요, (뭇) 사람을 위한 한울의 도구로서 쓰이는 것이니 (세상 욕심에 물든) 그 사람이 아니다.

한울은 또한 유형한 한울이 있고 무형한 한울이 있으니, 유형한 것은 춘하추동의 기운[氣]이요, 무형한 것은 원형이정(元亨利貞, 씨뿌리고 자라나고 거두어들이고 근원으로 돌아가는 생명)의 덕(德)이다. 여름은 겨울일 수 없으되 오직 원형이정의 덕은 사시를 관통한다.

알맞게 사용하는 것이 도구이니 사람이 한울을 사용할 때, 치우치지 않고 바르고 어질며 의로운 것[中正仁義]이 근본이 되는 마음이다. 이 마음으로 모든 도구를 잘 가르쳐 기르면 어느 것에나 쓰지 못할 곳이 없다[無適☐用]

한울을 쓰는 것은 윤리를 펴는 것을 먼저 해야 한다. 사람을 위해 아버지가 쓰면 사랑의 도구가 되고, 사람을 위해 아들이 쓰면 효도의 도구가 되고, 사람을 위해 임금이 쓰면 어짊의 도구가 되고, 사람을 위해 신하가 쓰면 공경의 도구가 되고, 아내를 위해 지아비가 쓰면 화합의 도구가 되고, 남편을 위해 부인이 쓰면 따르는 도구가 된다.

형과 아우, 어른과 아이, 친구에 이르기까지, 천하만사를 헤아림에 각각 알맞게 쓰지 않는 도구가 없으니 이것이 소위 천연한 도구의 사용이다.

사람을 쓰면 인간 세상이고, 한울을 쓰면 한울 세상이니, 이 세상이 한울 세상이 되게 하는 것은 우리 교가 할 수 있는 일이다.

성사(聖師 孫秉熙) 말씀하시길 "한울은 사람이 도구로 사용하는 것이라" 하시니 그 근원이 넓다. 우리가 이 가르침을 마땅히 늘 마음에 두어 잊지 않아야 한다.

사람이 매일 사용하는바, 음식을 먹는 것과 옷을 입고 움직이고 거주하는 모든 것이 알맞은 것이 한울을 사용하지 않음이 있으리오.[1] 한울을 사용하는 것이 작은 것은 작은 도구를 이루고, 한울을 사용하는 것이 큰 것은 큰 도구를 이룬다.

한울님[上帝]의 관점에 사람은 한울의 도구로서 사용하는 것이요, 사람의 관점에서는 한울을 사람이 도구로서 사용하는 것이니, 한울과 사람이 서로 사용하는 것이 함께하니 큰 보배요 큰 도구가 생긴 것이다.[2]

사람은 한울님[上帝]이 손에 쥔 표주박 (手軍持=瓢子也;바가지)이라, 이 표주박을 들고 한울의 즙(天漿; 한울의 진리)에 조미료(각각의 상황에 변용한 실천)를 더하여 모든 무리에 뿌리니 많고 많은 일과 일들이 각각 그 도구를 이룬다.

한울의 즙이 담겨진 그릇에 그 한울을 다시 돌려 사용하는 것은 사람이다.

한울의 도를 사용하여 세상을 (진리가 실현되는 한울 세상으로) 만드는 도구는 종문(宗門;천도교) 표주의 큰 빗장[關棙]이 아니면 불가하다.

천도교[宗門]를 따르는 복과 결과는 먹는 것이 이것(한울의 덕)을 먹는 것이요, 천도교[宗門]의 즐거운 선비는 거주하되 여기(한울 세상)에 사는 것이니, 한울 세

---

[1] "매일 행하는 모든 일이 도 아님이 없습니다[日用行事 莫非道]."(해월신사법설, 대인접물)

[2] "사람은 밥에 의지하여 삶을 이루어 갑니다. 한울은 사람에 의지하여 그 조화를 나타냅니다. 사람이 숨쉬고 움직이고 입고 먹는 모든 것이 다 한울님 조화의 힘이니, 한울님과 사람이 서로 돕는 기틀은 잠깐이라도 떨어지지 못할 것입니다."(해월신사법설, 천지부모)
"무릇 천지만물이 주객(주인과 손님)의 형세가 없지 아니 하니, 한울을 주체로 보면 나는 객이 되고 나를 주체로 보면 한울이 객이 되나니라. 이를 분별치 못하면 이치도 아니요 도도 아니니라. 그러므로 주객의 위치를 두 방향으로 지정하노라. 사람이 (한울이치와 상관없이)하고 싶은 대로 행하면 (사람 몸을 간섭해주는)한울이 사람의 명령 아래 있고, 한울이치만 따져 사람이 하고 싶은 것을 못하면 사람이 한울의 명령 아래 있게 된다. 이 두 가지는 다만 권능의 균형에 있느니라."(無體法經, 性心身三端)

상에 살며 한울의 덕을 먹어야, 무궁한 도구를 사용하고 무궁한 좋은 명예를 얻는 것이다. 먼저 모름지기 우리 천도교에 입교해야 할 것이다, 우리 지구상[大球上]의 동포여.


해설

사람을 신의 노예나 종으로 생각하던 시절이 있었다. 그러한 생각을 교리로 하는 종교도 물론 아직 있는 것은 물론이고 성세를 과시하고 있기도 하다.

여기 소개하는 글은 그런 기존 종교의 관념에 젖어 있는 분들에게는 좀 충격적인 논설일 수 있겠다. 예부터 동양에선 사람과 한울이 서로 돕는 천인상여(天人相與)의 가르침이 있어 왔지만, 여기서는 신[天, 上帝]이 사람이 사용하는 도구라는 개념까지 등장하고 있다. 더욱이 이 글이 발표된 시점이 요즘도 아니고 1910년이라는 것을 생각하면 과연 시대를 앞서가는 생각과 글이란 어떤 것인가를 새삼스럽게 돌아보게 된다.

요즘 문제가 되는 것이 소위 확증편향이다. SNS에서 아무 생각 없이 몇 가지 검색을 해도, 이후에는 내가 검색한 내용과 관련된 내가 관심 있어 하는 주제나 상품을 자동으로 추천해서 보여주는 알고리즘(인공지능)이 작동하는 결과로, 갈수록 그 경향이 가속화된다. 그런 인공지능이 인간 최고의 바둑고수를 이겨 화제가 되기도 했지만, 스마트폰이나 개인 컴퓨터 화면에서 자신이 보고 싶어 하는 주제만 반복해서 보게 되면서, 그 내용의 진위에 관계없이 거짓된 내용이라도 확신하게 되는 사람들이 많다. 그런 경우 다른 주장이나 다른 측면의 모습들은 보려하지 않아 사회적 갈등이 커지고 있다.

최근 코로나 백신을 둘러싼 거짓 정보들로 백신은 가장 많이 확보하고 있지만 접종률은 하위에 머물러 있고, 때문에 계속되는 대유행을 겪고 있는 미국의 사례가 그렇고, 여러 가지 정치적 사안과 사건들마다 자기 진영의 주장외에는 믿으려 하지 않아 갈등이 깊어지는 우리나라의 모습도 마찬가지다.

놀랍게도 111년 전의 이 논설에선 이런 모습을 정확히 지적하고 있다. 사람들이 자기가 본 "한 가지 시야에 막히고, 한번 들은 것에 막히며, 한번 냄새 맡은 것에 막히며, 한번 맛 본 것에 막히고 한 감촉에 막힌다." 자기가 보고 듣고 한 것으로 생각이 굳어(유형한 도구) 한 가지 사안에서도 다양한 시각과 해석이 있을 수 있고, 내가 보고 듣고 한 것이, 내가 판단한 것이 틀릴 수 있음을 인정하지 않는다는 지적은 오늘의 확증편향을 정확히 지적한 것이 아닌가?

그걸 해결할 해법은 물론, 그런 유형한, 한정된 도구에 얽매이지 말고 모든 선입견을 깬 무형의 도구, 즉 한울의 총체적인 시각을 회복하는 것을 제시하고 있다. 그렇게 한울의 시각-무형의 표준을 잡게 되면, 네모와 원과 직선과 곡선을 자유롭게 드나드는 즉 모든 사안을 자유자재로 객관적으로 파악할 수 있다고 하는 것이다. 이야 말로 큰 도구가 아니겠는가?

다시 말해 한울을 사용할 자격을, 자신의 주관적 소견이나 욕심에 갇힌 자가 아니라 객관적인 한울의 시야를 확보한 자로 분명히 하고 있고, 그런 시천주-인내천의 인간은 세상만사를 헤아림에 자유자재로 천연한 도구를 사용할 수 있다고 한 것이다.

"우리 도에 이르러서는 사람이 스스로 구하여 도를 이루는 것이 아니라 한울님이 반드시 바르게 보이고 바르게 들으니, 만에 하나도 의심이 없느니라. 바르게 보고 바르게 듣는 것은 성·심·신(性心身) 삼단이 합하여 보이고, 나누어 보임이니 세 가지에 하나가 없으면 도가 아니요 이치가 아니니라."(무체법경, 신통고)

이렇게 객관적으로 판단한 큰 도구를 실제 삶에 적용할 때는 치우치지 않고, 바르고, 어질며, 의로운 것(中正仁義)을 기준으로 실천하도록 제시하고 있다.

그러한 마음으로 아버지는 사랑의 마음으로, 아들은 효의 마음으로, 윗사람은 어진 마음으로 , 아랫사람은 공경의 마음으로, 부부간에는 화순의 마음으로 모든 삶에 실천하는 것을 천연한 무형의 도구라고 하였다.

그렇게 하여 사람이 한울의 무형한 도구(이치)를 실천하면 한울을 도구로 쓰는 것이고, 한울의 관점에선 무형한 한울이 유형한 사람을 통해 진리를 세상에 실현하는 것이니, 한울과 사람이 서로 돕는 기틀이 완성되는 것이다.

나용환(羅龍煥)
◈ 봉암(逢菴) ◈ 1864년 8월7일 평남 성천 출신 ◈ 20세까지 한문수학하고 1894년 동학에 입도 ◈ 동학혁명 때 나인협과 함께 평안도에서 활동 ◈ 접주, 수접주, 대접주, 3만호를 지도하는 의창대령, 진보회장, 대교령 등 교직 역임 ◈ 3.1운동에 33인 중 한 사람으로 참가하여 징역 2년 수형 ◈ 이후 천도교 장로, 종법사 역임 ◈ 1936년 8월1일 환원 ◈

라명재
◈ 증조부 때부터 동학-천도교를 신앙한 집에서 태어나 천도교에 자연스럽게 관심을 가지며 자랐다 ◈ 근대화와 독재라는 두 괴물이 전래의 전통적 가치와 사회구조를 파괴하고 단절하던 시기에 학생시절을 입시에 시달리며 평범하게 지냈다 ◈ 그러나 변화하는 사회를 체험한 기억은 보다 나은 세상에의 갈망을 항상 간직하게 하였고, 산업화에 의한 환경파괴와 인성 상실, 독재와 민주화의 시소 속에서 정작 사람의 삶은 피폐해져 감을 안타까워하는 학부형이자 가장이 되었다 ◈ 생명과 삶을 다시 살리는 길은 거창한 정치적 공약이나 구호가 아닌 일상의 삶속에 있다는 생각을 실천하고 확인하고 싶어 한다 ◈ 그러한 일상의 삶을 중시하는, 전통의 가치와 생명에 대한 가르침이 가득한 동학의 경전이 널리 읽히고 그로써 사람 살 만한 세상이 되기를 바라는 마음에서 교인들과 함께 공부한 것을 엮어내게 되었다 ◈

# 편집 후기

## 아래로부터, 여기서부터

눈 밝은 독자들은 느끼겠지만, 『다시개벽』 각 호의 필진 중 절반을 여성 필자가 맡는 것이 편집 목표 중의 하나이다. 이번 제5호 겨울호까지는 그 기준에서 크게 벗어나지는 않았으나 아직까지 아쉬운 바도 적지 않다. 이러한 염원을 품은 까닭은 평소 동학한다는 사람들의 모임에 가보면 대부분이 아저씨들이었기 때문이다. 이는 해월 최시형의 비전(vision)과 어긋난다. 그는 앞으로 동학하는 사람 중에 여성이 많이 나온다고 보았다. 그 까닭은 다음과 같다. 하늘은 모든 생명을 창조하는 원천이다. 모든 인간은 여성의 몸에서 태어난다. 따라서 여성이 하늘이고 동학의 근본은 여성의 길이다(『해월신사법설』 「부인수도」).

제5호의 기획 주제를 "동학, 어떻게 할 것인가 (1)"이라고 하였다. "(1)"을 붙인 이유는 다음 제6호의 기획 주제가 "동학, 어떻게 할 것인가 (2)"이기 때문이다. 구체적으로 (1)과 (2)의 내용은 어떻게 다를 것인가? 이번 겨울호의 (1)에서는 동학을 통한 서구중심주의 극복의 가능성과 방법에 초점을 맞추고자 하였다. 다음 봄호의 (2)에서는 동학 자체가 어느 만큼 급진적인 사유가 될 수 있으며 얼마만큼 보편적인 가치를 제시할 수 있는지 타진해볼 것이다. 이러한 짜임새는 매년 겨울호에서 서구중심적 사고방식의 극복을 모색하고 매년 봄호에서 자생적이고 창조적인 사유를 모색한다는 창간 당시의 기획에 따른 것이다.

그렇다면 (1)에서 서구중심주의 극복을 동학의 관점으로 모색한 까닭은 무엇인가? 역사사회학의 측면에서: 지금까지 세계사 또는 인류 문명사를 설명하는 주요 모델은 서구적 역사학이었다고 할 수 있다. 이에 따라 서구적 근대성을 유일하고 절대적인 문명화의 기준으로 삼고, 그 기준으로부터 얼마나 가깝거나 먼지에 따라 중심부와 반주변부와 주변부를 차등적으로 나누어왔다. 그러나 동학은 그 서구 중심적 모델에 균열을 일으킨다. 수양학의 측면에서: 전 지구적 자본주의 체제와 그것의 토대가 되는 서구 근대문명은 인간의 물질적 욕망과 과학적 이성을 지나치게 강조하고 영성적 수양의 영역을 도외시한 결과로 오늘날 삶의 공허함과 정신의 황폐함 같은 심각한 문제를 낳았다. 이에 서구 근대문명이 놓친 영성과 수양의 전통을 서구 바깥의 자생적 문화 속에서 재발견하려는 흐름이 활발하게 나타나고 있으며, 동학은 그 흐름의 중요한 원천 중 하나가 된다.

이번 호부터는 지역 사회에서 자생적으로 공부 공동체를 꾸려나가시는 씨알들의 목소리가 담기는 꼭지 ‹다시뿌리다›를 마련하였다. 동학을 공부하는 여러 지역 사회의 시민 공동체에 『다시개벽』의 매 호마다 원고를 청탁 드릴 예정이다. 이번에는 제5호의 주제와 관련된 글을 부탁드렸다. 우리에게는 우리 자신의 삶에서 맞닥뜨린 문제를 풀기 위한 갈망이 있을 것이다. 인문학 공부에 시민들의 관심이 날로 높아지는 것 또한 그 때문이라고 할 수 있다. 그러나 서구의 인문학을 공부해도 자신의 갈증이 풀리지 않기에 그와는 다른 사유를 찾아보기도 한다. 각 지역의 시민 공동체는 그러한 의미에서 중요한 공동체라고 생각한다. 자신이 어떻게 동학과 같은 한국 사상과 마주치게 되었는지, 그것에 매력을 느끼는 까닭은 무엇인지, 그것이 현재와 미래의 새로운 삶에 어떠한 의미가 있을 수 있는지 등을 자유로운 형식과 자유로운 내용으로 이야기하는 목소리들이 앞으로도 꾸준하게 발화하기를 바란다.

홍박승진

# 정기구독 안내

## 『다시개벽』을 함께 만드는
## 동사(同事)가 되어 주십시오.

**정기구독 혜택**

1. 10% 할인된 가격으로 구독할 수 있습니다.

2. 구독 기간 중 가격이 오르더라도 추가 부담이 없습니다.

　(기본 배송비 무료, 해외/제주/도서/산간 지역은 배송비 추가)

3. 다양한 이벤트와 혜택의 우선 대상이 됩니다.

**2022년 정가 및 구독료 인상 안내**

1. 2022년 봄호(제6호)부터 『다시개벽』 가격이 인상됩니다.

　12,000원 ⇒ 15,000원 / 1권

2. 이에 따라 정기구독료가 인상됩니다.

　1년(4개호) 55,000원

　2년(8개호) 110,000원

　3년(12개호) 165,000원

3. 기존 구독회원은 추가 부담하지 않으셔도 됩니다.

4. 2022년 1월 30일까지는 기존 구독료로 신청할 수 있습니다.

　(1년-43,000원 / 2년-86,000원 / 3년-129,000원)

**정기구독 신청 방법**

전화　　　　02.735.7173(도서출판 모시는사람들)

이메일　　　sichunju@hanmail.net

인터넷　　　forms.gle/j6jnPMzuEww8qzDd7

　　　　　　(오른쪽의 QR코드를 통해 정기구독 신청)

위의 방법으로 신청 후 아래 계좌로 구독료를 입금해 주시면 정기구독 회원이 됩니다.

**계좌정보**

국민은행 817201-04-074493

예금주: 박길수(도서출판모시는사람들)

책을 만드는 사람들

| | |
|---|---|
| **발행인** | 박길수 |
| **편집인** | 조성환 |
| **편집위원** | 성민교 안마노 이원진 조성환 홍박승진 |
| **편집자문위원** | 가타오카 류 김용휘 김인환 박맹수 박치완 |
| | 방민호 손유경 안상수 이우진 차은정 |
| **편집** | 소경희 조영준 |
| **아트디렉터** | 안마노 |
| **멋지음** | 이주향 |
| **마케팅 관리** | 위현정 |


다시개벽 제5호

| | |
|---|---|
| **발행일** | 2021년 12월 20일 |
| **등록번호** | 종로 바00222 |
| **등록일자** | 2020.07.28 |
| **펴낸이** | 박길수 |
| **펴낸곳** | 도서출판 모시는사람들 |
| | 서울시 종로구 삼일대로 457 (경운동 수운회관) 1207호 |
| **인쇄** | (주)성광인쇄 (031.942.4814) |
| **배본** | 문화유통북스 (031.937.6100) |

# 이 시대, 삶의 빅퀘스천은?

## 영성가 네 사람이 펼치는 삶과 토론 대담집

도영인 · 박영재 · 송순현 · 이영환 지음 ▪ 값 22,000원

---

안티쿠스
ANTIQUUS

열두 가지 주제로 들여다본 한국 디자인의 현실

# 디자인평론가 최 범의 『한국 디자인 뒤집어 보기』

## 디자인으로 본 한국 사회
## 사회로 읽은 한국 디자인

우리나라 어느 도시에 살든 길거리 조잡한 간판이나 기괴한 조형을 보며 한 번쯤 눈살 찌푸린 적이 있을 테다. 어쩌다 한국의 공공 시각문화는 이런 모양새가 되었을까? 한국의 공공 디자인은 시민과 교감하지 못하게 되었을까? 『한국 디자인 뒤집어 보기』는 이 같은 질문을 따라 어그러진 한국의 디자인 풍경을 근현대사와 그간 있었던 이슈를 통해 낱낱이 살펴본다.

최 범의 『한국 디자인과 문화의 전환』『한국 디자인의 문명과 야만』『한국 디자인 신화를 넘어서』『한국 디자인 어디로 가는가』『한국 디자인을 보는 눈』을 이은 여섯 번째 디자인 비평서이며 날카로운 사회 비평서이기도 하다. 더욱이 이 책은 단순히 디자이너만의 이야기가 아닌 민주주의 공화국에서 살아가는 시민 모두의 이야기이기도 하다.

안그라픽스

https://agbook.co.kr/books/

Instagram @ahngraphics

# 시대의 사유를 통한 현실인식의 가능성

오늘의 시인에게 필요한 것은 일상과 물신의 안에 깊숙이 들어가서 그 너머의 것을 볼 수 있는 마음의 눈이라고 말한다. 그에 따라 저자는 현실에 대한 비판적인 관심을 보여온 작품을 살펴 이 시대의 내면적 사유가 일구어낼 수 있는 현실 인식의 가능성을 타진한다. 한국 시가 가야 할 길을 모색하고 본원적인 성찰의 시선이 필요한 오늘날, 인간적인 삶과 세상을 위해 분투하는 시인들은 보다 나은 환경을 새로 구축해야 할 것이다.

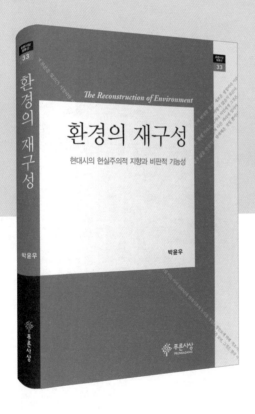

# 환경의 재구성

:현대시의 현실주의적 지향과 비판적 기능성

박윤우 평론집

http://www.prun21c.com    http://blog.naver.com/prunsasang

푸른사상
PRUNSASANG

## 상상적 신체

모이라 게이튼스 지음 | 조꽃씨 옮김 반양장본, 319쪽, 값 20,000원

페미니즘 이론의 난점 가운데 하나인 '젠더-섹스' 이분법을 넘어서 양자를 통합적으로 이해할 수 있는 지평을 열었다. 섹스-젠더가 전제하고 있는 신체-정신 더 나아가 수동-능동, 자연-문화 등과 같은 서구의 유서 깊은 이분법은 한 편의 항에 가치를 부여하고 다른 항을 억압하는 작용을 해왔다. 따라서 게이튼스는 '섹스의 대립물로서의 젠더'를 대체할 새로운 개념을 모색한다. 그것이 바로 이 책의 제목이기도 한 '상상적 신체'이다.

## 해러웨이, 공-산의 사유

최유미 지음 양장본, 303쪽, 값 22,000원

도나 해러웨이는 동물학·철학·영문학을 공부하고 생물학사와 생물철학 연구로 박사학위를 받은 뒤, 산타크루즈 캘리포니아대학에서 과학사와 여성학을 가르친 학자다. 복잡한 이력에서 짐작할 수 있듯이, 학문의 장벽을 넘나드는 융합적 사유로 페미니즘 이론의 전선을 확장했다는 평가를 받는다. 최유미 씨가 이 독특한 페미니즘 이론가의 저작들을 따라가며 그의 사상을 깊숙이 들여다본다.

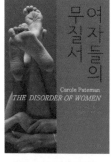

## 원문보기:여자들의 무질서

캐롤 페이트먼 지음 | 이성민, 이평화 옮김 반양장본, 348쪽, 값 22,000원

페미니즘의 고전. 쉬운 사례로 지금까지도 수많은 미디어와 문화 텍스트들은 여성들의 '노'를 '예스'로 해석한다. 페이트먼은 '여자들의 문제'를 단순히 '여성쟁점'으로서가 아니라 민주주의 이론의 급진화의 계기로 사유할 것을 제안한다. 혁명적 사고의 전환 없이는 어떤 사회의 발전도 여성의 배제와 종속이라는 딜레마에서 벗어날 수 없다는 게 저자의 지적이다.

## 여자가 없다고 상상해봐

조운 콥젝 지음 | 김소연, 박제철, 정혁현 옮김 양장본, 423쪽, 값 25,000원

라캉주의 정신분석학자 조운 콥젝은 충동과 윤리를 매개하는 수단으로 승화라는 개념을 끄집어낸다. 콥젝은 프로이트에게서 승화 개념이 불충분하게 발달되었다고 진단하고, 승화를 통해 우리의 결점을 꾸짖기 위해 초자아가 설정하는 상상적 이상들에 대한 우리의 굴종을 촉진시키는 그런 감정들로부터 정화될 수 있다고 말한다. 정신분석에서 통상 초자아는 윤리의 자리였지만, 콥젝은 초자아로부터의 해방을 승화와 연결시킨다.

도서출판 b  08772 서울시 관악구 난곡로 288 남진빌딩 302호 | 전화: 02-6293-7070 | 팩스: 6293-8080 | 메일: bbooks@naver.com | 웹: b-book.co.kr

# 주해 동경대전

## 부: 동경대전의 판본 이해

윤석산 주해 ▮ 608쪽 ▮ 양장 ▮ 30,000원

## 다시 읽고 다시 쓰고 다시 풀어낸 동경대전

평생 동학을 연구한 연구자이자 시인인 저자의 네 번째 동경대전 주해서. 1994년 첫 번째 주해서를 간행한 이래 지속적으로 보완하고 연구의 성과를 총 결집한 저자의 마지막 동경대전 주해서이다.

저자는 평생에 걸쳐 거듭해온 동학에 대한 다방면의 공부와 연구의 내공을 기반으로 『동경대전』을 단순히 텍스트가 아닌 신앙의 측면과 역사적 맥락을 함께 고려하고, 『동경대전』을 지은 수운 최제우의 또다른 저작집 『용담유사』와 해월 최시형, 의암 손병희의 법설에 이르기까지 종합적으로 검토하여 이 책을 냈다.

## 다시, 동경대전

이 책 『주해 동경대전』에는 '동경대전' 원문에 대한 주해만이 아니라, '동경대전' 초기 판본과 '동경대전' 간행의 역사를 다시 짚어본 그동안의 연구 성과들도 함께 수록해, '동경대전'의 문자적 기본 이해에서부터, 순수한 한글 동경대전, 그리고 학술적인 이해와 그 원본(영인본)을 통한 이해에 이르기까지 다면적으로 접근할 수 있도록 안배하였다.

위기의 세계를 맞이하는 현대인에게 동학 천도교의 사상은 근본적인 해결책을 제시할 만한 힘이 있다. 그리고 그 시작에 동학의 기본 경전, 동경대전이 있다. 지금 다시 '동경대전'을 꺼내 들어야 하는 이유이다.

---

**TEL** 02-735-7173 **FAX** 02-730-7173 **HOME** http://www.mosinsaram.com/ **EMAIL** sichunju@hanmail.net

# 방정환과
# 어린이 해방 선언 이야기

## 돋는 해와 지는 해를 꼭 보기로 해요

> **나**는 이 선언에 담긴 정신을 우리 겨레와 나라는 물론 세계 인류 발전을 위해서라도 깊이 살펴서 실천해야 한다고 생각한다. —여는 말 중에서

1923년 5월 1일 '제1회 어린이날'에 반포되어 널리 선전되었던 "어린이 선언"으로부터 100주년을 앞두고, 그 선언의 현재적인 의미와 세계적인 의미를 돌아보면서, 오늘 우리 사회 어린이들이 처한 현실을 이해하고, 어린이가 더 살기 좋은 미래를 전망한다. 당시의 어린이 선언 한 구절 한 구절을 깊이 음미하면서, 그 이후 지속적으로 계승되었던 여러 종류의 어린이 선언을 비교하며 고찰하고 또 세계 전역의 어린이 선언과도 비교하여, 방정환이 중심이 되었던 100년 전 어린이 해방선언의 선구적인 성격을 흥미진진하게 풀어나간다. 어린이는 약자이지만, 미성숙한 존재가 아니라 온전한 인격체로서 대우받아야 함을 저자의 생각과 연구와 삶을 통해 드러낸다.

## 이주영 지음
224쪽 | 13,000원

*전국 주요 서점에서 구입할 수 있습니다.